卡尔·W.卢克特 / 著

哥贝克力
山丘石器时代的宗教：
从狩猎到驯化，
从战争到文明

张佐堂 冯春波 贾荣慧 马宗保 / 译

黄河出版传媒集团
宁夏人民出版社

图书在版编目(CIP)数据

哥贝克力山丘石器时代的宗教:从狩猎到驯化,从战争到文明 /(美)卡尔·W.卢克特著;张佐堂等译. —银川:宁夏人民出版社,2017.8

ISBN 978-7-227-06732-0

Ⅰ.①哥…　Ⅱ.①卡…②张…　Ⅲ.①原始宗教—研究 Ⅳ.①B933

中国版本图书馆 CIP 数据核字(2017)第 221092 号

版权贸易合同审核登记宁版核字第 2017023 号

哥贝克力山丘石器时代的宗教:　　　　(美)卡尔·W.卢克特　著
从狩猎到驯化,从战争到文明　　　　张佐堂　冯春波　贾荣慧　马宗保　译

责任编辑　丁丽萍　闫金萍
责任校对　管世献
封面设计　晨　皓
责任印制　肖　艳

黄河出版传媒集团
宁夏人民出版社　出版发行

出 版 人　王杨宝
地　　址　宁夏银川市北京东路 139 号出版大厦 (750001)
网　　址　http://www.nxpph.com　　　　http://www.yrpubm.com
网上书店　http://shop126547358.taobao.com　　http://www.hh-book.com
电子信箱　nxrmcbs@126.com　　　　renminshe@yrpubm.com
邮购电话　0951-5019391　5052104
经　　销　全国新华书店
印刷装订　宁夏银报印务有限公司
印刷委托书号　(宁)0007081

开本　875 mm × 1194 mm　1/32
印张　11.625　字数　250 千字
版次　2017 年 11 月第 1 版
印次　2017 年 11 月第 1 次印刷
书号　ISBN 978-7-227-06732-0
定价　42.00 元

目　录

第三部分　变化和转化的例子

第一部分　赎罪所催生的新石器革命

在 600 万年的发展历程中，我们的原始人和类人祖先发展形成了一个捕食者的胃口和狩猎者的文化。在当时狩猎文化渐趋完成的同时，却出现了宗教方面的问题。人类智力进化过程中，我们的祖先试验着把树枝、骨头和石头做成人造的牙齿和爪子。人工增强的侵略行为和科技，需要良心、罪恶感以及宗教式的退却予以平衡。人类依性别分为两半：女性的拾荒者、采集者以及男性的捕食者。

第一章　六百万年历程到哥贝克力山丘

在灵长类动物的嬉戏地上

史前文化一瞥。沿着时间长河的下游，在灵长类祖先的嬉戏地发现了约莫 12000 年前由燧石矿工们用石灰石建成的最古老的神殿。在土耳其安纳托利亚东南部一个叫作"哥贝克力山丘"的人造小丘上，这些神殿标志着人类在狩猎和采集演进中的高潮。它们属于当今所定的陶器前新石器时代（PPN）。作为一个举行宗教膜拜仪式的地方，哥贝克力山丘标志着一个从采集、狩猎向驯化及超驯化过渡时期的开始。在过去的一万年间，尽管这个古老的宗教膜拜地的香客日渐

减少，但全球各地狩猎者及采集者文化的过渡却一直进行着。直到今日，这个过渡尚未在世界任何地方完全完成。任何驯化者或超驯化者只要偶尔从事狩猎活动或在建筑中使用从岩石衍生而来的矿物，他们所沿袭的依然是最先由石器时代的先驱们所取得的发明创造以及宗教式的合法化。

一批批工匠在哥贝克力山丘修建礼仪场地并创造了祭祀用物，他们当时就在模仿并改进早先——原始人和猿尚未区别开来时——学来的知识，至少早到比本作者能想象得到的时间。然而，尽管一个作者的感知力有限，但为满足形式逻辑，追溯时光应该还是需要的。我们面临的挑战是要借助考古学数据粗略地勾勒出一个哥贝克力山丘的史前文化，以便通过考察过去 600 万年间所发生的一切来观察我们现今的所在。

那么，人们应该从哪个角度进行这样一个进化性的考察呢？作为一个宗教历史学家，我曾经为寻找这个角度走遍世界各地，历时五十多年。我本想尽量多地展示一些引人注目的发现，但我没有。然而，如果我不能把我已经注意到的或者说总结出的一些东西展示出来，那意味着我没有尽到一个人应尽的分享知识的责任。

黑猩猩亲戚。这个关于黑猩猩的介绍部分只是非常简略地提及我们的原始人祖先的宗教，它仅是一个近似值。早期的原始人已经全部绝迹。我认为在他们的进化过程中，那些比他们更为年轻的堂表亲戚们非常成功地击败了他们。然而，作为唯一存活下来的类人种群中的具有反思能力的成员，我们本应对我们亲戚的命运保有兴趣。我们有足够的理由怀疑，我们那些远亲祖先谱系的消亡与我们的近亲祖先有着某种关联。他们当时的困境是不是与当今智人种群之间仍然存在的相互倾覆的某些缘由相同呢？这个问题可能永远不会由有罪者的后裔完整地作出回答。然而我们可以暂且通过观察现存的、我们最亲近的堂表亲戚来推定有关我们远亲的几件事，即使这些堂表亲戚肯定与我们自己的类人祖先有所不同。

当我们那些充满冒险精神的南方古猿先祖或地猿先祖离开森林时，黑猩猩却留了下来，它们充满了忧虑。看着那些骄傲的先进分子终于离它们而去，它们很可能有种松了一口气的感觉。黑猩猩留了下来，与树为伴，相对安全。我感谢它们的保守主义给我们提供了一个实例，使我们在今天还能看到远古时代我们的先祖有可能是如何生活的。甚至有可能我们的远亲猿类在远远观望那些逃离而去的亲戚时——看着那些先进分子在探求新出路中不断挣扎并遭受新的困境和失误——学到了保守主义的生存技巧。

无论如何，那些留在树林中的黑猩猩的故事可以当作一个比喻来品读和仔细考量，可以把它们看作一群群对其吃食之罪明显尚无反省的动物。然而，这些进化到现今程度的猿已经时不时地冒犯、扰乱其同类的生活和生存状态。黑猩猩以各种各样的物件为工具，但它们还没有发展到能够用坚硬石块敲击另一个坚硬石块制造牙齿和利爪等替代物，用以绑在树枝上、持于手中。这意味着它们还没有留下充足的证据，说明它们企图做长期预谋下的谋杀。在讲故事时，它们想遮掩的，不是在采石场上更改石英"牙岩"而犯下的石器时代的罪过，而是敢于偷吃属于神的果园中柔软果子的故事。

短短几十年前，我们发现我们的黑猩猩表亲们虽然善于在冲动中发动突袭、蚕食同类，但却远远没有达到它们本该有的残忍的程度。他们之间互相分享食物，早超出了父母与子女间的照料范围。黑猩猩中的雄性头领并不总是把最大的

一块食物留给自己享用，而它对于弱势群体所给予的特殊帮助会得到认可和奖赏，其发生频度不亚于人类社会。看起来黑猩猩之间在肉食分配中有一个特定的优先拥有权——也就是由狩猎、捕捉和杀戮决定的拥有权。有人曾看见大块头的黑猩猩向拥有食物的小个头乞求肉食。①

雌雄黑猩猩之间的个头大小差异几乎是可以忽略的，但雌性在生命保护方面的权威是突出的。曾有一次，弗兰斯·德·瓦尔观察到一个雌性和事佬从一个好斗的雄性手中没收过石块，累计不少于六次。然而对于雄性黑猩猩的行为规范并非只由积极的雌性的干涉来强制推行。典型的雄性黑猩猩也知道如何检点自己的行为。在与雌性发生冲突时，它不会用它的大犬牙，而是用普通的牙齿。这不可能是从某个雌性那里学来的，因为当一个雌性在自卫或保护幼崽时，只要能达到目的，她是不会发善心去计较该用哪些牙齿的。

珍·古道尔在黑猩猩中所做的开创性的工作给了我们精辟的见解，让我们了解灵长类堂表亲们是如何在荒野互动的。②研习灵长类动物和人类进化的学生应当永远感谢她的努力和观察。弗兰斯·德·瓦尔也在较远的地方设法观察了这些动物间的"政治"互动的全过程。

可是，就黑猩猩的宗教而言，我们能知道些什么呢？人类对于黑猩猩文化和宗教的误解是否与贡贝山脉雄性黑猩猩之间因相互不和而猛烈爆发的同类残食式的战争有关呢？我以为是有关的。

假如我们把自己摆在一个少年雄性黑猩猩的位置的话，那么

---

① 弗兰斯·德·瓦尔：《黑猩猩的政治》，纽约，1982 年，第 200 页起。
② 珍·古道尔：《希望的理由：精神之旅》，纽约，1999 年。

在没有外界干预的情况下，它会静悄悄地毫不尴尬地与处于领导地位的雌性家长培养个人友谊。一位从来都是安安静静地进行观察的智人女神——珍·古道尔——的存在是不是使年轻的成年雄性黑猩猩不得近前的缘由？在这种情况下，她的存在使得那个由女家长和年轻动物组成的缓慢移动的内圈受到更多的礼遇。那些青春期的雄性会不会因为无法与它们的小弟妹们玩耍而感到沮丧？假如没有外人的存在，它们的母亲会在自己的监护下默许它们那样做。温和的"家庭体验"的被剥夺会不会迫使那些青少年产生隔阂、感到沮丧并引发暴力行为呢？即便不是这样的，相对神圣的（即强大于黑猩猩的）珍·古道尔的存在至少阻止了青少年们参与"保姆学校"，并由此在青春期男子和年纪更小的成员之间造成一个代沟。当然了，在我们求知的这个阶段，还无法确切知道这些问题的答案。尽管如此，关于初级"宗教"问题本身，将在本书第二部分更系统地讨论。

为了对原始人的宗教演变进行一般性概述，我们将其看作一个持续智能化的过程是有益的。也就是说，将其看作一个开始于比猿的水平还要早的缓慢的学习过程。支配现象和等级层次的形成是理解文化与宗教的基础。在动物王国所有的物种之间，支配与等级分明的情况很盛行，与其并存的、更为基本的事实是对食物链和生态位的争夺。这同时也暗示了为生存而进行的奋斗。这些问题实际上没能在某个猿猴养育其第一个地猿后裔时被超越，也没有因为一对直立人父母生出了脑功能更好的智人一类的后代而遭到废除。智人的智力需要证明其自身的价值。但母亲除了爱她们所得到的，别无选择。

在一个食物链中对生存的追求，以及在社会等级层次中的竞争与流动，并未随着时间的推移而变得理性，而只是变得更加复杂。在后辈中，那些对上和下或高与低的等级层次的基本的感性认识顶多只是在选择性和细则方面有所升华，变得理性了。开始于动物层面上的分享以及类人的"假"捕食者演进为追逐、欺诈、抢劫、谋杀，直至最终对高于类人的捕食者做赎罪祭，所有这一切都是慢慢学会的，由此也必须求得与别的志向、能耐与局限之间的平衡。

假如基于"强大于人类"这个维度而就此问题做换位思考并考虑人类局限性的话，可以说人类活动的结果总是受到他们所遭遇的自然界或仙界的制约。这个结果一直不间断地受到恐惧、谨慎、退让以及宗教常识的调整。①

三种不同风格的适应。在寻找食物方面，有三种风格综合起来代表原始人生存及非洲早期文化的最古老而明显的阶层。这三种风格为采集、拾荒和狩猎。其中，前两种最终引发第三种的改进，即自发狩猎。一旦我们那些从猿到人各个阶段的狩猎者先辈们获得成功，都会控制住他们的猎物，不管是植物还是动物，以便结束它们的生命。正如地球上的所有生灵一样，他们"借助"或"应用"其他生命的遗体来延续他们自己的生命。他们终结陆上、水里和空中的生命主要是为了获取食物，但有时候也为了获取（即掳掠）衣服和住处所用的材料。

除了其自己的种类外，我们的祖先作为采集者、拾荒者和狩猎者尚未种植、繁殖或培育其他种类的后代。大概除了狗以外，

---

①不大习惯于把"文化"、"宗教"和"科学"关联起来考量的读者应该花点时间先读一读第十章。

心协力保护、养育他们的子孙后代。基本来讲，工具和武器的生产促使性别分界，但狩猎的成果又不时地把他们聚集到一起共度分享食物的时光。孩子是由他们的母亲养育的，但当他们长大成人、像他们的父亲一样成为全职捕杀者时，就有必要举行一个创伤性的、如同再生一般通过培训使下一代成为捕食者的仪式了。

非天然的捕食者。 从动物学和人类中心主义角度来看，几百万年前，当我们的祖先用他们的手捡起石块时，一个新的时代在地球上开始了。他们再也不只是在发脾气时随便冲什么方向抛出石块，而是瞄准一个具体的靶子——扔得越来越远、越来越有力，比他们吐唾沫都精确。随着时间的推移，我们先祖中的男性通过将木头、骨头和石头加工生产成人造的"牙齿"和"爪子"，把他们自己重新打造成了非天然的捕食者。科学冒险的方法和实验在那个发展阶段成了一种主流。他们学会了如何在很远的距离外去"咬住"甚至去杀死猎物。他们越做越精明，其实有时候也只是为了证明他们自己有这样的能耐。他们的嬉戏运动成了他们的职业（即猎人），而他们的职业确定了他们作为非天然捕食者的身份。通过上述所有这些，外加文化方面的改进，他们最终自我认可为智人。

文化是人类叠加在自然法则之上的，而在这里，自然法则的定义包括每一件事和每一个人，但不包括"非天然的"智人捕食者自己下意识扮演的角色。人类通过起名字和思考名字，以及人为地分配不同事物的类别和用途，已经把自己从自然界剥离出来了。科学与技术的进步是武器装备——与嗅觉相似——的一部分，它们是非天然捕食者这一种群所发出的、对敌人造成疼痛的蜇刺、牙齿、利爪以及燧石刀片。直到今日，人类的大多数技术都是那个古老军备竞赛的延续，这个竞赛是非天然捕食者针对"自然人"及他们的同类所发起的。

该竞争开始于对木棍、骨头和石块的改进，以及对硬石英岩结节（如燧石和黑曜石）的继续改进。再后来，在有了火之后，以及更晚些时候在金属和爆炸性化学物质作为燧石和肌肉力量的替代物被引入后，兵器技术进一步提高了。也许打火的发明是一个自然的、合乎逻辑的、持续学习使用燧石的过程——从偶然击出火花而学来的。

在非洲，人们在一个水塘附近发现了三百万年前依不同尺寸装起来的整箱整箱的石块。没有一个前来喝水的动物——这些沉重的储物箱就是冲着它们堆起的——可以忍受这么多石块从堰坝上滚下来砸到它们身上。当然，这些石块是为对抗安全距离内的侵略而设置的。对于近距离防守，我们推测棍棒和带刺的枝条会派上用场。即使是狮子，只要它们能够控制住自己火爆的脾气，也会尽量不让带刺的枝条碰到它们的嘴巴和鼻子。

在非洲大草原，一头角马有可能被一只幸运的母狮撂倒后撕裂、吞食。但三只土狼却可以把母狮赶走。一只土狼可以被五只狗击败。今天，竞争对手的这种安排依然可以确定这样一个次序，即在非洲大草原上"食物圈"的形成及使得捕食者可以有东西吃的次序。

当然，这种情景更多的只是一种假设。大多数母狮子是有饥饿的亲族和幼崽的自尊做靠山的，这可以挫败任何寻觅腐肉的土狼不劳而获的企图。土狼们也是倾向于成群的漫游和猎取。因此，等轮到寻找残羹剩饭的狗时，被猎动物的尸体应该只剩下骨头了。不过，运气好时，总会出现只有寥寥

几个捕食者竞争于某个特定地区的良机。因此，我们理论上的"食物圈"只是用来估计不同的结果之可能性的草图。

在狩猎的早期阶段，我们的类人先祖们必须在这些食物圈边缘以外很远的地方等待他们的机会。但是当他们以石块、树枝和充满智慧的策略及后来的火把将自己武装起来后，他们竟可以直接在混战当中抢夺部分尸体。使用工具的类人即刻占了上风。当其他捕食者需要头朝前撕咬被击倒的尸体并尽快地、尽力地吞咽时，类人却因为有武器和刀具可以先动手切割，头和眼睛可以高高抬起，留意任何袭来的危险。即使在所有的肉食都被吃完之后，一个挥舞工具的类人依然可以用两块石头砸碎骨头找到一些骨髓去吃。还有，他们始终在不断学习如何把骨头做成带尖的武器。

在他们生活富裕的时候，我们的类人祖先把他们的工作—体育演变成了玩耍—体育，而且最终演绎到了用以对抗其同类的地步。当氏族之间、部落之间的争斗恶化成战争时，游戏与激烈的竞争之间的界线随之消失了。体育运动演变成了这样一种东西：我们学会了赞美英雄主义，赞美其为"有序文明"的一部分。不过，在本书中，文明本身被重新定义为并非那么理想化，即"超驯化"，也就是最终把驯化做过了头。我们把体育看作是"血清"的社会等价物，它有可能帮助削弱继承下来的文化暴力和捕食的"毒液"。

罪过与内疚。在 600 万年的历史进程中，类人收集者、拾荒者和狩猎者已经养成了一种始于猿猴的简陋的创造性。我们在对进化中的文化和宗教进行描述时，无须担忧分界的准确时间，如智人属的某个亚种有可能是何时出现或何时消失的等。工具的使用大大早于智人。我们在这里是基于由恐惧引起的、由内疚导致的撤退这个范畴，对宗教行为进行分类的。我们可以假定，通过自觉的武器生产，杀戮及猎人们内疚意识的抬头，智人头脑中肯定建立起了一种因果关系。猿和狗能够意识到有罪的事实。狗确实惧怕并敬重严厉的、强大于犬科的人类主人，而这种惧怕恰恰是理解犬类宗教的开端。

在最近的西方哲学的"启蒙"阶段，罪过和内疚的感觉已普遍地不受重视，因为它是缺乏理性的麻烦——如禁用所致的恐惧或挥之不去的偏执。不过我认为，在数百万年的时间里，我们的远祖早已多次遭遇了比他们更具天赋的、强于原始人的捕食者。假如没有足够的理性和挽救生命的宗教恐惧，他们也不会存活足够长的时间来生产智人的后代。一个社会结构复杂的物种，只有在其成员能够意识到仅情绪反应一件事就足以导致灾难，并就此进行实事求是的交流，才有望生存下来。

我们古老的祖先就是通过理性与策略的结合来面对他们最大的恐惧的，我认为这是他们理性和信仰的一个重要方面。我们的祖先在进化的某个阶段感觉到了审视人类力量限度及恐惧的必要性。他们需要找到话语和名称来象征和物化那些恐吓并限制他们强大于人类的现实力量。

在进行宗教探究时，我们不仅要考虑智人的情况，同时也要考虑被智人投入感情的其他哺乳动物物种。至少，我愿意把我们在试图驯养或作为宠物饲养中所熟知的动物都考虑进去。被有些人认为能够理解和表达人的情感，或者能够学习内疚和恐惧所引起的行为举止的动物的数量确实很大。在我所接触的动物中，狗一般都是最宗教的。它们中的大多数把人类当作它们的强大于犬类的主人和神。在大约 15000 年

的时间里，有些犬类已经逐渐地顺从于人类了。它们的驯化可以被理解为一种依据"狗的宗教"标准的皈依。

人类尚且不知，在跨越了生态平衡的界限后，人造武器的增加再也无法给人们带来益处。改进的狩猎工具所带来的直接后果是被狩猎的动物越来越少，而肉食的短缺迫使人们适应使用替代物的生活方式，即收割或寻找滋养品。木头、骨头和石头技术被掌握在力求胜过狼、狮子及其他猛兽的非天然捕食者们手中后，促进了人口的兴旺。早在新石器时期，这样的技术足以抹去可能存在于野生蹄类动物中的食物过剩。

我怀疑，早在一万多年前，沿着新月沃地的上缘，定居后的猎人们越来越感觉到人为造成的野生动物短缺现象。很显然，在此前的3000—5000年，在人类尚无任何觉察之前，有些狼和犬早已感觉到了即将到来的危机。它们与人类做朋友，以期得到更好的生存机会。面对新时代的人类竞争者，它们做了必要的宗教般的调整。

当晚期石器时代的人因装备足够完善最终成为地球上最好的狩猎者之后，曾努力通过两条途径增加他们的食物产量：首先是通过改良他们的武器技术和策略，其次是通过增加训练有素的猎手的数目。技术与策略的改良曾一度促进了人口数量的增长，但与此同时也导致了狩猎业的快速消亡。我们怀疑，一万多年前，在新月沃地的北弧，"富裕危机"开始在逐渐增多的人口中形成，而充当急先锋的是哥贝克力山丘的燧石业。它导致了过度狩猎，造成了猎物的短缺。由于肉食的缺少，人类需要收集更多的野粮食、蔬菜、坚果和水果等进行补充。

普通的大众猎手被迫"狩猎"代用品来获取肉食。大约在一万年前，他们发展到了需要考虑繁衍和保护他们自身品种的程度。他们也学会了需要屈尊成为幼畜的"保姆"并变为他们亲手驯养的成年动物的"仆人"。他们需要制订培育策略以拯救濒临灭绝的群居动物——去拯救尽量多的尚可找到的那些依然游荡在野外的动物。一些有远见的猎人懂得他们那个时代出现的迹象，可另外的猎人却依据过时的自负、习俗及笃信资源不会终结而坚持不懈地继续狩猎。自从人类智慧意识到在有限的资源中无以充饥时，虔诚的正统受到了挑战：他们需要隐瞒因短见而带来的愚蠢和贪婪。

他们亦尚未掌握驯化和驯养动物的技巧。他们采集野果、树叶、蔬菜、根茎、坚果以及种子。他们抓获小型的和年幼的动物、掠夺鸟类和爬行动物产的蛋。他们从其他食肉动物所留下的死尸或过度杀伤物中拾捡残羹剩饭，渐渐养成了食肉的习惯。最终，随着工具的改进，他们制订了自己动手杀死猎物的策略，从而获得了新鲜的肉食。通过运用火石、发明刀具，我们的猎人祖先学会了如何有效地屠宰他们的受害者。

在数百万年的时间里，我们祖先的武器都是落后的，与自然环境中四处散落的东西没有什么差别。他们的狩猎能力有限，于是他们从依然非常神秘的领域的边缘进行"收割"。当他们壮着胆子决定玩命时，他们会闯入那些强大于人类的竞争者的领域。后者通常圈定和限制着前者的生存空间。

一种特殊类型的动物，即猿猴种类的突变后代，在其进化过程中一直在继续做一个觅食者和发展成为一个捕食者之间游移不定。只要条件许可，类人的女性都会选择一个温和的生活方式以便平平安安地养育后代。她们倾向于做觅食者。相比之下，人类男性则或多或少地与自然界的捕食者进行公开竞争。这也说明他们是敬重对手能力的。他们羡慕那些更有能耐的捕食者所能做到的一切。他们面临的挑战是能够像那些典范的捕食者一样进行捕猎，杀死并食用同样的猎物。

当男子们开始捡拾骨头和石头并通过将其打造成武器密集使用时，人类的生物性别就开始把自己区分为文化上的对立面。职业两极出现了，男性成了捕食者，女性却倾向于继续做收集者和觅食者。作为家庭，他们相聚在一起喂养并同

最古老的猎人的图腾是强大于人类的捕食者，我们的祖先把它们看作模范和神灵。图腾神祇被认为是动物的主人和狩猎的担保人。这些主子般的担保人一旦被男性猎人结识，便可以在母系氏族内部以各种各样的"荣誉的祖先"之名代代相传。这些神祇以变形的"前人类流变"神秘主义状态及相互依存的动物和神灵与人类共存。在狩猎者—采集者的社会里，萨满是知识精英，而且通常情况下，他们与众多神灵或图腾保持着关系。出现健康问题时，或者当猎人们请求帮助寻找食物时，就要请萨满出面与神灵疏通。

第二章　在萨满的帮助下狩猎

萨满是一个知识分子群体。哥贝克力山丘小规模宗教在当今学术界主要以一个考古学奇观而存在。为将我们的研究对象置于某种人类语境及历史焦点之中，我们也可能需要调整我们脑海中的天线使其指向世界其他地方的现存的类似的题材。我们必须在人类进化这个大背景下的其他地方去了解转型中的狩猎—采集。

在哥贝克力山丘石灰岩巨石柱上的浅浮雕开口说话前，我们需要弄懂那些可能给予雕塑者信息的图腾、社会及宗教背景。①很显然，那些图腾形象不可能是从半空中掉进石器时代工匠们的脑海中的。在此之前，在古老的东安纳托利亚肯定早已有过一个文化和宗教传统。从这样一个社会和宗教传统的视角去观察，才能推究并理解凿在石头上的形状。

作者随感： 我如何给一个初学者解释"图腾式的"和"图腾"呢？我清晰地记得，我的孩提时代曾经有一段时间，我在奔跑时模仿一辆汽车发动机的声音。三年后，当我已经放弃了这种习惯的时候，我弟弟和一个邻居家的男孩子也开始做同样的事。我们都像汽车一样地奔跑，而且有了机动车一般强大的力量：我们真可以超越我们的同龄人。那是一时的童年图腾崇拜。后来在堪萨斯上大学期间，我成了一个捷鹰，即一个介于蓝冠鸦和鹰之间的神话式的杂交物。在事物的进化机制中，学院式的图腾代表着野生动物的古老宗教般的屈从。现代学生在学习分裂铀、融合氢的同时，也"宗教般的"退回到一个他们的祖先还只是石器时代的不太致命的猎手的时代——那些祖先所遵从的捕食者神灵和神圣担保者现在看起来似乎是无害的，但依然强大到足以帮他们在球类比赛中获得胜利。

我是 1971 年在美洲原住民迪恩（纳瓦霍印第安人）保留地第一次接触石器时代的狩猎传统的，即该传统的暮色时

---

①在本书中，"巨石柱"的使用是与凯尔特人巨石研究中所谓的"站立起来的长形石头"相近的。

分。那时做田野调查需要与其他地方的狩猎传统的信息做对比研究。更多接触有关美国土著民狩猎、采集、驯化和治疗传统的事紧随其后。①

显然，从地球另一侧获得的比较性数据（而且是一万年后获得的）与哥贝克力山丘的数据有分歧应该是意料之中的事。不过，与美国原住民纳瓦霍人的邂逅（它帮助我理解哥贝克力山丘的宗教信仰），是在相似情况下——处在同样的进化漩涡之中——发生的，也就是说，是处在从狩猎和采集滑向驯化之中的。任何与近期文化相关联的对比性研究都采用民族志的数据。因此，研究者确实也会遇到因后期的现代的干扰所引起的含混不清。事实如此，历史性脱节的现代主义可以扭曲早期的情形。不过，我在这里所表述的关于哥贝克力山丘的背景的大多数判断都是从我自认为是与实际上的石器时代的猎人意识的互动中学到的东西——那些萨满本身也在试图应对相同的转型问题。

一个典型的、活跃在石器时代狩猎—采集社会的萨满曾经是一位智慧领袖。在母系氏族和应时组成的猎人协会里，他和任何猎人同伴一样，都具有同样的图腾成员资格。但他另外还与图腾和神圣帮手保持友好的关系。他与强大于人类的领域有着额外的宗教方面的"关系"。

我们在这里的解释主要是针对那些除了这几页文字也许无法近距离接触石器时代的氏族或部落的普通读者的。而近距离接触需要考虑具体地点的情景和差别。世界上没有一个地方的活着的

①卡尔·W. 卢克特：《纳瓦霍猎人传统》，亚利桑那大学出版社，1975年；卡尔·W. 卢克特《郊狼法，一个纳瓦霍神圣治病仪式》，亚利桑那大学出版社，1979年；卡尔·W. 卢克特编辑的、由北亚利桑那博物馆和内布拉斯加大学出版社出版的十二卷的《美国部落宗教丛书》(1977—1987)。

社会和宗教是被机械式的可以预见的规律所支配的。在现实生活中，而且在很多情况下，流动性和例外才是规则。智人的头脑要想有效地起作用，就需要大量的实验性的忍耐力和见解自由。一般水平的判断最终往往是过于简单化的缩写——只在偶尔作为入门假设时有用。

一般而言，传统的猎人萨满会从事两类活动：其一，受病痛折磨的人或者面临生命危险的人会期待萨满给予一定的帮助；其二，人们期待萨满占卜猎物的行踪。

无论猎物是否充足，帮助治病总是需要的。有着敏锐的地理方位感的猎人会期待萨满知道在哪里可以找到药剂或健康的来源——不管其形式是长在身边的药草，还是居住在远处的神明的管辖。狩猎动物的方略，以及找到健康的途径，都需要在富有启示的出神追求旅途中由直觉获知——仿佛对追寻和旅行的掌握不仅能提供获取营养品的技巧，而且能提供为健康找到药物的手段。

一些西方科学文化中有一个习惯，认为萨满是与"超自然"事件打交道的。但是，我们没有理由认为一万年以前的萨满有类似于我们的世俗概念上的"自然"。因此，我们不应该明知故犯，用"信仰超自然的东西"之类的带有非常诋毁意义的标签去歪曲古代猎人的世界观。在试图解释远古概念时，我们应该避开那些远古人们不可能明白的见解。全球范围内有一些游猎社会一直存活到我们这个时代，它们依然被当代西方历史学家和科学观察家审慎研究着。当我们在这样的观察家的帮助下重访处在转型中的幸存的游猎人时——我们会在第三章具体探讨——以及当我们全神贯注于原住民被鼓励后亲自讲述的片刻时，那才算我们以量子性的跨越走

近了哥贝克力山丘新石器时代的猎人的想法。

　　萨满教是猎人生活层面上的一个组成部分——恰如高等教育是现代社会的一个组成部分一样。在遭遇动物中的庞然大物时，早期的猎人们需要聚集起来结群劳作以便在较量中获胜，这样既保障了安全，也获得了食物。猎物充足时，萨满在勘探寻找方面的帮助实际上是不必要的。尽管这样，在猎人队伍中，多一个有额外经验的治病术士总不失为一桩好事，以备万一有人受伤。

　　再后来，等动物变得稀缺、猎人们不得不追踪到很远地方的时候，能带上一些头脑灵活的人也是合乎情理的。在那种情况下，最聪明的，有时候或者是最古怪的男子会被找到并邀请去做萨满。每个猎人都能举行一些萨满的仪式，可并非每一个人都能做到同等的好，或者做到足够到位。嗓音好听的萨满更容易出名。但是，当哥贝克力山丘地区的动物数量开始减少并开始消失在北向的群山中时，一个萨满占卜动物踪迹的任务就变得日趋困难了。

　　在猎人社会中行使职责的萨满真没有什么怪异之处。他们是理性的人，一般来说，他们的奇异古怪其实是他们那个文化圈子内的人们所期待的。而且，任何在其自己的文化圈中回答问题的人，在外界看来都是给出奇怪答案的人。要理解另一个文化的世界观和合乎逻辑的语境，就得先理解在该环境中那些学富五车的人所具有的各种数据。

　　通往萨满教的西方理解。20世纪50年代，米尔恰·伊利亚德通过研读印度、俄罗斯以及西欧的民族志资料以解读西伯利亚萨满教。在他的经典著作中，他把自己的研究发现解释为"古老的出神术"。他所作的是一个理性的解释，通过它，被导向西方心理学的读者可以与研究对象联系起来。①然而，伊利亚德阐释中的隐喻"术"最终却被马克·莱维和其他学者钻了空子。这些人将古老的萨满改头换面，弄成了"出神的技师"。可以断定，这些技师及其全部的北极特质能够相对保证现代艺术天才的常态。虽然说根据萨满们自己的习惯和技巧来强调他们的活动是合乎法则的，但是，鉴于任何一个说话者都有可以利用叙述性修辞的技巧，那么，把所有习惯于技巧的古老萨满说成技师就有些陈腐了。②

在我做纳瓦霍田野调查期间，我个人曾试图把伊利亚德对西伯利亚萨满教的描述与美国土著民的礼仪师傅联系起来，但我遇到了一些麻烦。英语中的"出神"（ecstasy）一词尽管可以继续用来从表面上解释西伯利亚萨满的行为，但对于严肃的纳瓦霍印第安祭司歌手和职业萨满所表现出的思想感情来说，则是一种毫无希望的夸张。

与此同时，我也曾有机会通过中国与亚洲的萨满产生联系。同样的，那里的萨满行为举止表现得相当理性。中国的萨满教所展现的是一个合乎逻辑、直截了当的行为风格——和任何从事脑力劳动的学术领域所能尽力做到的一样合乎逻辑——在本体论、神学、宇宙学、气候和地理之间反复思考。

首先，严格地讲，在古老的纳瓦霍萨满教中没有"灵魂"这样的概念，虽然纳瓦霍人确实会根据他们所处地方的

---

①米尔恰·伊利亚德：《萨满教：古老的出神术》，纽约波林根基金会，1964年。

②马克·莱维：《出神技师：萨满教与现代艺术家》，露丝·英格海因策划图书公司，1993年。

不同在"前人类流变"中（参见第十四章和第十五章）改变他们的外表。因此，人不会被无常魂灵渗入、附体或遗弃。也许除了一些"新近死亡者的灵魂"需要尽快遣送到朝北的地方外，没有从遥远的地方找回所谓失落或游荡的魂魄的必要。

为了对亚洲做个简单了解，让我来分享我在宁夏和一位中国母亲见面的故事，她展示了她是怎样为一个生病的孩子或一个家庭成员追回魂魄的。她用一个纸剪的人样儿（代表丢失了的魂灵）和一个顶上拴着毛茸茸的羊毛线的钓竿。她既没有用发狂的招数，也没有用危险的钓钩；她用的只是母亲的耐心和温柔的爱心去套住那个放在地上的、代表魂灵的纸人儿。她把它钓上去，放在病人的身上——为了示范起见，病人是躺在炕上的。这个经常给人用萨满式手法治病的母亲没有用出神术，也从未离开她病人的床边。

自然，一个职业萨满用以参照的病理学很可能不像这位母亲所示范的照料一个假设中生病的孩子所面对的那么简单。在亚洲有很大的空间和寒带气候区，因此，宇宙学和心理学已经变得相当复杂。每个人身上都有三魂七魄——每一个魄占据着人头颅上开着的一个"窍"——要照看好它们、让它们与人体绑在一起并非易事。任何一个曾在生活中产生过离家出走念头的人，不论男女，都会体会到那些魂魄的痛苦，因为它们本应该是待在一起、和睦相处的。在历史的某个时段，当中国人的宇宙被划分为地面和地下等领域时，就有了更多的丢失魂魄的去处。该问题的源头大致可以追溯到人们还居住在窑洞的时代——在当今的中国，零零星星还能见到那样的窑洞。

因此，请一个富有经验的职业追踪者，即一个超级猎人和超级萨满来帮忙意义重大。在西伯利亚，一个能干的萨满必须能够跨越寒冷的距离和空间，在那里，西伯利亚人的多个灵魂会迷失方向。在试图穿越寒冷的空间寻觅回春妙方的过程中，人们在看到萨满明显的伴以发抖的礼仪时，应该不会感到惊奇。此外，借助象征性的狂喜，或通过简单的心智飞行，最容易走过漫长的旅程。

解释西伯利亚萨满时不应该套用在树荫下的柔和微风中构思出的西方心理学分类。更为靠谱的解释应该直接从那些在自己的地理环境中、在自己的气候条件下帮助人们求生存的萨满中获得。也许世上根本就没有所谓的"极地疯狂"的典型的异常状态，而美国或欧洲学术界倒是真的有一个独特的异常状态。有些怪癖还真的得到了高调的重视。但相比之下，我大学时的一些教授为保持学生的注意力而创造的怪癖更为奇特——可以说，有些还是成功的。

哥贝克力山丘的萨满。有人可能会认为，正如全世界其他地方的猎人试图做的一样，哥贝克力山丘的巫师也打卦占卜猎物的行踪。他们所依靠的是有关地理、地形景观、季节、区域植被、动物足迹及吃草的习惯，并依靠长时间以来所形成的类似占卜的模式。大多数有蹄类动物都有自己的领地并在大圈子内游动。这些常识中的一部分包括很久以前的记忆——在神灵帮助下记起来并被智力超群的人保存下来的往事。

我见过的大多数近代萨满之所以成为萨满并不是因为他们情愿，更主要的是因为当他们的邻居前来请求帮忙时，他们无法拒绝。他们同意肩负起额外的，而且往往是吃力不讨好的，为他人分担生存忧虑的责任。拒绝一个需要帮助的人几乎是无法想象的——那样的话人们会认为一个本来可以帮

忙的萨满却眼睁睁地看着求助者蒙受痛苦或死去。

在野生动物的密度下降到一定程度的时候，萨满式的、通过神明启示给予猎手建议的方法还能起到足够好的作用。如果萨满再出神地诵唱一回，并在经过深思熟虑之后给出的第一个预言不灵验的话，对萨满并没有什么真正的损伤。神只是给予具有神性的人一副好嗓子，因而没有他人能像神一样唱得那么优美。然而，萨满为了确保自己既不担责任又能保住个人信誉，会把最终的结果归结到歌中所提到的神灵那里。萨满在下一次占卜中的努力也会容易一些，因为可选地理方位中的一个已经被尝试并排除了。况且，从深谷中的任意一点出发，通常只有两个理想的方向可供选择——上游和下游。

萨满可以重新念诵，向能帮助他的神灵请教猎物可能逃去的地方——被念诵到的神灵也许会听得更为专注些。然后，猎人们会根据他们得到的新的启示调整他们的路径。所以一个猎人团体迟早会发现新的踪迹——或者没有踪迹。如果一个萨满不断出错，猎人们可能会在下一次悄悄地另找一个萨满向导——和他的前任一样，这个被找的人无法拒绝他的邻居的请求。

上古的萨满有可能私下里对动物起源的本质及其最终的去向做过哲理性推理。但在为人办事时，他们却要面对那些必须优先考虑的更为紧迫的问题：一些特定的动物有可能跑到哪里去了。就在哥贝克力山丘附近的萨满开始意识到动物果真在减少的那一刻，这个问题的重要性就凸显出来了。在全职狩猎活动的最后两千年时间里，寺庙会所在燧石采矿营地蓬勃发展，与此同时，野生物的数量却正在减少。当这种"空虚"的危险逐渐增加并威胁要压倒他们时，新石器时代的猎人社团便对产业和宗教都做出了回应。

在处于无法避免的失败的时刻，一个萨满会着手弄清楚他猎取、屠杀并吃掉的野生动物的"生命本质"。一旦想到本质，会立即引发一个良心问题：哪些人或哪些动物是天生的应该猎杀另外一类的？如果把这个问题转换到物质层面，就比较好对付了。哪些肉体是为了滋养别的肉体而存在的？至少这第二个构想是从确立食物开始的。

在推理无法支撑时，歌曲和祈祷往往能继续一段路程。有时候，加上一些舞蹈与歌唱的动作会遮掩潜伏在内心的或者搅扰人类灵魂的不确定性和疑惑。大多数人都知道如何在黑暗中打口哨。多数萨满表演者不明白是什么东西给了歌曲以力量。如果向他们追问答案的话，他们就需要调用对莫名的伟大神灵存在的信仰了。

可以想象的是，在推理本质起源这个广阔的哲学路径上，一些古代猎人决定在哥贝克力山丘上修建他们的第一座露天圣殿——其目的就是要激活大地的繁殖力和善意。他们的礼仪事项需要联系现实，即需要有动物出生、死亡以供人类狩猎者食用、生存。因为这些人希望动物世界有更强的生育能力，所以当动物数量被猎人们减少时，他们会更广泛地推想到能给予地球上所有生命的卵巢。这个思路将我们的讨论带到了一个普遍水平，而哥贝克力山丘的修建者有可能就是在这样的认识水平上开始建造他们的圣殿的。但最可确定的是，他们所修建的大部分及后来所信奉的大部分，都在解释和改进他们之前所做的过程中得到了解决。人间的神学和哲学在一开始其实都是后验的——是现有条件和需要刺激产生的。

不言而喻，位于哥贝克力山丘的猎人世界的圆形礼仪平

台是由男人并为男人建造的。儿童和他们的母亲没有理由来这里。这不是一个很可能被他的重男轻女的成长过程或被某种神学性别歧视伤害的宗教历史学家的说法。不。这是一个曾经四处寻找过可能由女性创建的宗教的历史学家的说法。可他一无所获！除了很少几个例外，宗教的创立是为了解答从狩猎到驯化和超级驯化过程中遇到的问题。它们大都是由男性创建的，男性在六百万年的发展过程中策划暴力滥杀行为，才使得宗教式纠正成为必要。即使它们中的那些最不具沙文主义、最接近承认性别平等的宗教，即使不是男人创建，也是最终由他们来操控的——调整其效度以便在一个由男性暴力所预设的世界里盛行。

一直以来，吞噬文化、部族和文明的巨大冲突主要都是男人引发的。我所说的"男人"特指"猎人、驯化者、屠夫—祭司、超级驯化者、刽子手、国王、武士、工匠、制造商、商人、科学家和技术人员"。的确，晚近的圣书所确认的，也许在英语中会被判读为有具体性别的，大意是"男人乃死亡之根由"（《哥林多前书》15:21）。杀戮术的放大便是男人的所为，因而生命与救赎需要被已经变为生命障碍的男人带回来，至少需要被允许回来。

因此，在哥贝克力山丘，从雕刻他们的第一个石柱的创始时刻开始，到后来为了用从石灰岩上刮下的表皮和尾矿填充来掩饰那二十来个圣殿而做的周期性决定，这些人逐渐有了茅塞顿开之感。他们不仅需要明白较小猎物的内涵，还需要更好地理解他们自身的人的内涵，以及他们与强大于人类的保护者之间的图腾式的内在联系。

这些矿工和雕刻家所描绘在碑石上的图腾动物（神圣的波峰动物和保护者）一般来说都能被辨认出是雄性的——正如从事雕刻的矿工和采石工人也是男性一样。对他们来说，大多数图腾模型所象征的是某些类型的强大于人类的捕食者，它们非常适合于启发和授权那些发明武器并改进杀戮工具的人类猎手。作为富有智慧的非天然捕食者和屠夫，我们的先祖懂得解剖学，而且他们懂得绝大多数动物，尤其是哺乳类动物是如何生殖的。但是，一个理性进化的和人为训练的捕食者怎样才能弄懂"杀取食物"和"养育民众"奥秘的性别二分法呢？他首先做了他认为必须做的，那就是通过改进他的武器装备，把无法回答的问题推给将来。他做好打猎的准备，这样一来，就让他的捕食图腾参与了进来并兴奋起来——正如在低层次的狩猎中他的狗会变得兴奋起来一样。

但狩猎采集文化的所有矛盾返回家来与哥贝克力山丘的武器制造者栖息。在他们的工业建筑群内引起的无法理解的含混不清压迫着那些活跃的设计者的良心。当采石工人和武器制造者偶尔用石锤砸着自己的手指头流出鲜血时，他们的肉体和灵魂会感觉到疼痛。他们的血和用他们的武器从动物身上刺出来的血是同样的颜色。他们对此事的反应是：制造更尖锐的武器和锋利的砍刀比什么都重要。他们认真地寻求伟大的自然母亲首肯他们的所为，这样她很可能会心甘情愿地继续为他们提供更多更好的燧石块，并生产出更多的猎物供他们猎取。我们在未来的章节里会更多地论及这位女神。但是她会慢慢地展现自己，就像当今的那些石器时代神圣中的大多数神灵惯于做的那样。

人类改进他们的狩猎就像改进任何谋杀活动一样漂亮。他们把武器制造和捕食技巧改进得如此之快，以致猎物生殖的速度无法跟上、数字无法得以补充。这就是人类工业和科学的赐福。他们把世界简化成了"资源"和"材料"。人类

的大多数不自然之虞都是基于功利需求和供应无穷这样的逻辑。可是，正如佛站在不同角度指出的一样：所有苦难之本都是由欲望引起的。也就是说，不是由于"供应短缺"的经济因素而是由于"需求"的存在引起的苦难。对捕食者来说，从来都不会有足够的供应或者可以猎取的生命。就这样，在矿工和采石工的圣殿，在那个叫作哥贝克力山丘的一堆神圣的矿物碎片上，世界上的第一个工业道德战役打响了，而且战败了。我们在那里发现的不仅有对动物繁育的关怀，还有猎人和武器制造者自己的负罪感，以及他们正在萌生的对地球母亲的责任感。

扩展了的责任感和内疚感与我们当今对狩猎——一种在大自然绿色王国所进行的体育活动——的理解的关系并不密切。该问题将在本书的第二部分更系统地探讨。但这里我必须提前申明，在我对古老的狩猎传统所做的所有考察中，我至今尚未发现有哪个传统不是把罪过和内疚当作严重问题的。

当然，关于罪孽和内疚问题，无论哪个民族，总是以某种科学理论式的修补或某种宗教般的辩解而出现的——恰似用绷带快速地堵住严重的伤口进行保护一般。就这样，原始的猎人宗教的主要功能就像很多科学理论一样，似乎是用以平衡和舒缓杀手不安的良心的。

假使一个宗教平衡体系或我们的现代化的科学文饰的捷径真的能够辩解，那么罪孽和内疚问题就永远没有必要再提起。然而，对屠杀和吃掉的"辩解"依然是全球范围内敏感的智人行为中最讳莫如深的问题。在全世界，宗教的功能已经被有关罪过和内疚的痛苦预先想好了——或者用西方心理学的术语来解释的话，是对此的"错觉"——以便让人类继续吃下去——或者说带着最低的忏悔和禁欲继续杀戮和屠宰以便去吃。

我们可以对地球上的任何社会——不管是原始的还是现代的、信神的还是不信神的——进行调查，在有关流血、杀戮和吞食及缓解措施方面，我们会发现他们有着奇特的行为模式或推理方式。我们会调查被视为禁忌的食物的来源及它们被列为禁忌的原因。我们也许会考察优先所有权及规定在哪几天或几星期内某些食物不能吃的神圣日历；还有被认为适宜于阶级地位和等级高低的餐桌礼仪及着装规定等。杀戮行为也许会得到祝福和神圣化。"活体肉"有可能被认为是洁净的或者卫生的纯净"肉食"。假使没有强大于人类的代理机构最初的调解，具有理性的类人生灵将永远无法找到拥有"肉食"的途径，诸如仪式化的祈祷、感恩、唱赞美诗、吃圣餐、做赎罪祭、全面禁食（或放肆地吃喝）——除了规定的餐桌礼仪、正确使用餐具、旨在确定一个饥饿的食客与可疑的、预先采取的攻击性或不干净的屠戮行为或食品的常规化准备之间的合适距离。

哥贝克力山丘的意思是"腹部（或肚子）山丘"。它是12000—950年前燧石矿工和武器打造者用刨花、残杂碎片和从石灰岩上刮下的表皮堆积起来的。一度蓬勃发展的狩猎和武器打造业在动物变得稀缺后衰颓了。在晚冰期间冰段，向北弥散的动物和狩猎者在跨过冰川覆盖的托罗斯山和扎格罗斯山脉时不得不放慢脚步。冰川消融后，动物更为自由地散去，狩猎者和武器打造者紧随其后。

第三章　一座由工业猎手堆起的山丘

地名的由来。克劳斯·施密特是德国考古研究院（DAI，位于柏林）的考古学家。目前他正在土耳其安纳托利亚东南部的尚勒乌尔法城附近的石灰石高原一个人工堆成的山丘上进行挖掘。这个地方就叫作哥贝克力山丘。施密特教授把该地方翻译成德语时称作 Bauch Berg（腹山）或 Gebauchter Berg（凸起的山）。[①]在英

———————

[①]克劳斯·施密特：《他们建造的第一座寺院——石器时代猎人的神秘神殿》，慕尼黑·C. H. 贝克非小说出版社，2008（2006）。克劳斯·施密特的发掘报告至今没有英文版本，否则将有助于了解该教授的首选英文目录名称。

语中，该地名意为"腹部山"或"肚子山"。①我认为德语翻译比英语翻译更周全，但我是先用英文写此书的，在此情况下将自己视作"大地之子"，将怀孕的地母隆起的部分称作腹部应该比称作肚皮显得更尊重些。我确信"哥贝克力山丘"根本不是代表老爸的啤酒肚一类的东西。要想使后者成为可能的话，这座山上的前陶器石器时代的建筑工人就需要创建一个酿酒作坊之类的东西，应该有不少雕刻的石灰石容器。②但相反的是，他们修建了庙宇台子，竖起了石灰石巨柱。在巨石柱的表面上，他们刻了代表不同种类图腾动物的浅浮雕。③

土耳其语中的"哥贝克力山丘"这个名字的另一个德语翻译是肚脐山，有些新闻界人士喜欢用这个翻译，但这个翻译似乎在交际中传递了一个严重的错误。从西方学界向来对委婉词"肚脐"代表香火不断、将其视为宗教历史核心范畴之事来看，把哥贝克力山丘称作"脐山"肯定会违背那些将其堆起来的人们的本初意图。事实上，把这个地方称作脐山甚至会侮辱建造者们的智力和专业程度。西方学术界企图在

---

①前面提及的克劳斯·施密特著的关于哥贝克力山丘的"非小说类书籍"的英文本将以《哥贝克力山丘——安纳托利亚东南一个石器时代的圣殿》发行。该书计划由东方之光（**www.exoriente.org**）在2012年12月出版（译者注：此书已出）。

②我对此事所下的结论是基于尚不成熟的哥贝克力山丘的数据，而不是基于我给约瑟夫·H.莱茵霍夫教授所应做的答复。请对比莱茵霍夫的《为什么人类是定居的——我们历史中最大的谜团》，渔夫平装出版社，美因河畔法兰克福，2010年。

③在本书中，"石柱"即凯尔特人巨石研究中所谓的"站立起来的长形石头"。

子宫、阴道、阴茎、肚脐、鹤和鹳方面玩字眼，并不等于12000—10000年前石器时代哥贝克力山丘的猎人不知道动物幼崽是从哪里来的。作为猎人和屠夫，他们一辈子都是解剖学的学徒。他们毫无疑问能分辨出任何生灵的肚和脐。如果他们看得再仔细一点的话，甚至能看出一座山的肚和脐。我认为，他们也许对所有这些东西都有确定的名称。

即使近在1995年，当克劳斯·施密特第一次探测哥贝克力山丘时，那种认为有朝一日在这个地方会挖出一个展现了两千年之久的狩猎—采集文化的、拥有20多个史前巨石柱的"寺庙遗址"的事是不可思议的。这20多个寺庙，或者依我看是"猎人和碎石工的敬神专用会所"是由地球上最早的工业家建造在那里的。他们是猎人，以燧石块的矿工身份而聚集在那里。他们把石英岩结节削成切割用的工具，击打成武器的锋尖。为得到燧石节块，他们采掘、打碎一层层的石灰岩透晶体石板。

意思的存活。对于本章，我最初惊奇的问题恰恰就是"哥贝克力山丘"这个名字。在仔细审视了使这个地方与众不同的图像资料后，该地方奇异的名称就成了引人注目的事。这个寺庙建筑群的礼仪意图是如何得以比实际的宗教组织多存活了一万年呢？时至1995年，库尔德农民为什么还能够那么准确地用土耳其语给这个小山起了一个像胃或者腹部一样的"哥贝克力山丘"的名字呢？其最初的意思是如何经得住一万年之久的语言学猛攻的？自驯养开始以来，只有当一个驯养者群体的核心持续不变时才会在某种程度上使这种偶然事件成为可能。

那么，我为什么要坚持对一个地名的翻译之事制造一个语言学旋风呢？这个地方在几年前只有当地的土耳其库尔德农民才知道！这个问题的答案让我大吃一惊——是的，即使像我这样已经在接触史前巨石画像过程中经历了多次类似震惊的人都被再次震惊。这个山的顶部是人工造成的。它是堆在石灰石高原上用以代表地母的腹部的。

21世纪的评论者怎么会知道这些事呢？他会的，因为哥贝克力山丘的建造者面对这个人造山丘的所作所为就是把它当作地母的腹部的。[①]每一个被竖起的石柱都代表着对那种信念的认可。建设者们用石器时代猎手们生机勃勃的男子汉语言，以绘画般的想象力表达他们的思路。他们以人类的"非天然捕食者"身份出现以寻求与他们母亲之间的调和。我对发掘记录的解释最终将证实我在此所肯定的"腹山"的意思。

现在有了重构哥贝克力山丘宗教故事的可能。我们就从高原的西南山角（参见后文中的示例图）开始，就在两个基岩"边框底座"依然矗立在发掘场地基岩高度被调整过的地方（图6）。这些地基结构看上去是为竖立一对更早的丁字形巨石柱而设计的。这个以"哥贝克力山丘"为名流传至今的岗子有可能在几个上山采燧石的矿工到达那里的当天就被看成是腹部山的——也就是说这片处女高原还没有被人类的锤子和锛所触及。

与施密特教授的实地考古学工作不同的是，我对哥贝克力山丘的发现可谓平淡无奇、几乎过于简单化。然而，因为此书中所传达的解释有可能具有深远意义，我至少应该给读

---

①在这一点上，我不想追溯库尔德语的名字"Xerawrek"的语言学来源。参见 K. A. 肯特著《哥贝克力山丘文明》，伊斯坦布尔2012——承蒙吉恩斯·诺特洛夫推荐。

者做个交代，说明为什么像我这样一个远离考古发掘现场的人竟敢表达自己的观点。如前所述，我们所有的知识都归功于居住在桑利乌尔法和柏林的克劳斯·施密特教授。他把"史前史"的长度缩短了几千年，作为补偿，他有效地延长了寺庙建造者的历史。

1995年，当施密特教授在东安纳托利亚的哥贝克力山丘开始他的挖掘工作时，我依然在中美洲、非洲以及中国忙于我的美洲原住民宗教和类似课题的田野调研。我的更为广泛的学术兴趣涉及同样的进化阶段，亦即智人从采集和狩猎向驯化的过渡。这期间我一直没有关注克劳斯·施密特的工作。然而，2011年1月11日（我将永远不会忘记这一天）那天，我发现了他2008年出版的一本书的标题——《他们建造的第一座寺院——石器时代猎人的神秘神殿》。正由于他的这本书，我的学术领域，即"宗教历史学"或宗教科学骤然膨胀并有了新的形体。

我是在写作一个当时暂定名为"进化中的宗教"的相关主题时，发现了施密特教授的著作。鉴于哥贝克力山丘的发现，我在阅读施密特教授的数据前所写的大部分内容需要往后推并改为第二和第三部分。哥贝克力山丘及其可以教给我们的，理应被放在最前面，作为新的时空上的定位点。在本书中，我的"进化中的宗教"主题应该从哥贝克力山丘这样一个全新的史前焦点出发。

然而，由于在该地的考古发现最近被《国家地理》杂志誉为"宗教的诞生"（2011年6月刊），我必须自划界线，与这一类的夸张说法撇清关系。一个混杂着寺庙、会所和雕刻的巨石柱并不能组成人类宗教所有方面的种子，更别提会组成所谓的"宗教的起源"了。我必须坚持这种基本观点，以便能够与我的学术领域"宗教历史"保持一致。

关于过去600万年左右原始人类宗教的史前史，我已经在第一章中自告奋勇的提供了我自己的一个相对较短的进化观点。然而，正如有时候我所推定的一样，我的较长的起源观点，即宇宙中宗教的"起源与史前史"早已借助在亚原子粒子、电子、分子、病毒和变形虫中所扮演的最简单的顺从行为而初具形态。本书中没有地方做如此详细的宗教现象和行为的介绍。但在做出该断言后的将来还是有可能承认一定的有关创建宗教象征主义的"创新"的。哥贝克力山丘的这些人用早在几千年之前在不同材料上雕刻小型工艺时获得的技巧雕刻了"原始的"仪式中的石灰石用具。因此，在哥贝克力山丘依然有很多原始的东西会让我们感到兴奋。

首先应该确定的是，在本书第一部分的写作中，我所依据的主要数据来源于施密特教授。所以，建议读者在阅读我的论述的同时，参照 2012 年以英文出版的他的 2008 年的德文著作《他们建立了第一座寺院》。考古学和历史学领域的任何人都知道如何区分数据与诠释之间的关系。鉴于人类的局限，让两个思想不同、学术方向和问题探讨各异的人拿出相同的假设和解释是不可能的。

我读了《他们建造了第一座寺院》第一遍之后，产生了两个疑惑——腹山的重要性和被记录为丁字形柱子的巨石柱的意义所在。我读第二遍的时候，在腹山周围所发生的部分历史进程得以澄清。尽管第三遍阅读没有什么启迪，但在阅读第四遍时所有最初引起我好奇心的核心谜团都有了头绪。真正的考古学家很可能会把我这种获取数据的方式叫作"闭门造车的考古学"。他们的评价是准确的。到了我这样的年龄，我的确很喜欢我椅子上柔软的垫肘。

谜团之所以有了头绪，是因为 50 多年来我对至今残存

的传统石器时代美国猎人宗教的接触和对全球范围内各种各样的驯养文化所展示出的适应性斗争的接触。结果是，我所撰写的最初的书稿或者我对全球性的从采集和狩猎到驯养的转变所下的结论并不会因为有了新的哥贝克力山丘的数据而需要放弃。人类文化和宗教的进化依然仿佛是一个整体。哥贝克力山丘恰适其中。

进化转变过程，或者说从采集和狩猎到驯化等在全球范围内不断显露出来，到现在，我们知道它是在世界的什么地方及在人类历史的什么时刻开始滚动的。它开始于哥贝克力山丘，至今不到 12000 年时间，并在新月沃地之外蔓延了几乎同样长的时间。直至今日，它依然没有停止蔓延，也没有在地球上的任何大洲达到一个可以休止的点。石器时代的心态残余仍然存在，它固执地嵌进现代文明的所有分支及前进步伐中。对宗教研究史来说，真正改变了的是这样一种事实，即一些额外的进化类别，如"燧石文化"和"石灰石宗教"等，需要进行对比和聚焦。

让施密特教授印象深刻的事实是，人类历史上"教堂竟然比城市更古老"。然而在我的脑海里，无论城市还是教堂都不是排在最前边的。它们将在本书后面予以考虑，远在狩猎和采集时期之后，甚至远在普通驯化的简单的世界观之后。总之，这些增加的成就见证了一个超越普通驯化的时代，同时带来了一连串的新问题。为了把其中一些见解放在更大的进化类别和环境中，同时为了增加事后考量的益处，我将在本书第二部分和第三部分进一步讨论该话题。

作者随感：如果我们把"教堂"界定为某种显示为起过社团宗教作用的建筑物的话，那么施密特教授所作的教堂比城市更古老的总结无疑是正确的。但是刚刚从狩猎时代过来的人通常不是住在屋子里的，而且由于野生动物群在不断流动，猎手和渔民很可能是住在帐篷里的，而不是在村子中。塞兰岛上过时的猎人们修建了一个男子俱乐部，在绝望者的眼里，该建筑是他们做宗教辩解和自我救赎的地方——详见第十三章。但这些男人会所同时也是策划猎取人头、进行人祭的地方，这一事实让我踌躇再三不想贸然将其与"教堂"相提并论。同样，中美洲的金字塔也是代表巨石礼仪中心的，过时的猎人在那里以屠夫—牧师的身份组织起来。大多数情况下，这些金字塔代表着饿龙的头或盘蛇。在平台之上的蛇嘴里，成千上万的人类牺牲品被杀害。这些金字塔是圣坛的底座，而圣坛则是屠宰人牲的台案。的确，即使基督教中最超自然的教堂也包含肮脏的浩然之谜这样的成分，我认为一个教堂对有组织的公民的幸福康乐多多少少还是起了不同的和谐作用的，至少不同于这些金字塔，因为在它们的顶部，人类心脏被喂给了太阳蛇。这些金字塔是武士和屠夫—牧师的权力中心，而且作为邪教场所它们似乎与 20 世纪的（毒气）灭绝室更为接近。对比之下，我相信，哥贝克力山丘的神庙区代表的是地母的阴道。它们是赎罪和改善人类生存条件的地方。这些场地显然比城市的兴建更早。矿工和武器打造者是定期的定居者。因此，尽管施密特教授的隐喻提法是相当正确的，但哥贝克力山丘的神庙区既不是塞兰岛人集圣坛、传统仪式与社区中心为一体的"百寮"，也不是中美洲式的金字塔或恐怖的祭坛。把它们与我所碰巧熟知的霍皮族印第安人男性社团的地穴相比更为合适——尽管这些地穴也许与恐怖不无关系。

托鲁斯—扎格罗斯山脉曾经是一堵冰墙。斯蒂文·米森教授是我研究中所依赖的另一位学者。[①]诚然，克劳斯·施密特的发掘确实为我们提供了空间维度及历史时期方面新的数据，但斯蒂文·米森却让我们在进化时间流程方面获得了一个比最后一次冰期更为广阔的视野。晚冰期间冰段代表着冰河时代的结束阶段（公元前 12700—前 10800 年）。当时，全球气温再次显著下降，随之，托鲁斯和扎格罗斯山脉中的冰川开始集成，以一道冰障分开了山南和山北两地。在其后的新仙女木阶段（公元前10800—前 9600 年），该地区的平均气温上升到了一直盘旋至今的程度。[②]

猎物无法前往的地方，捕猎者无需跟随。几十年来，沿着新月沃地所进行的考古学研究逐渐展示出在冰川时代的最后 1000年里猎人们的生活是如何改进的。顺着前文所提及的纬线冰障，如今所熟知的很多动物种类在田野里繁殖、累积，如熊、野牛、鹿、驯鹿、羚羊、山羊、绵羊、牛、猪、驴、鱼及各种各样的鸟类。

在这些猎物中游荡的还有它们的天敌——狮子、老虎、豹子、狼、狐狸、鹰、秃鹫、蛇及其他动物等。漫游在这些捕食者中间、尽量与其他捕食者保持较远距离的，是最后挤进猎手行列的智人中的一种生灵。他是一个无师自通的非自然所生的捕食

---

①斯蒂文·米森：《冰期之后：公元前两万年至五千年的全球史》，哈佛大学出版社，2004 年，第 10 页开始。

②关于"BC"缩写的一点说明：为避免狭隘的基督教的提法（即 B.C.指基督之前），宗教历史学和圣经研究领域的学者有时更喜欢用 B.C.E.（即共同时代之前）。但我在这里还是喜欢用更简单的 BC（意为 BackwardCount——倒着数）。为维持我们的日历，在实际应用中这三种选项的算法其实是完全相同的。

者，而且也是地球上迄今为止所见到的顶级的猿类、模仿者和骗子。大约50万年前，也许仍然归属于更古老人种的智人们一直在非洲演练着他们业已改进了的捕猎技术。①更古老的人类亲戚于25万年前或有可能50万年前到达欧洲和亚洲。有人估计，25万年前全球的智人人口低至一万。对此，我们真的不知道。

在上次的冰期中，智人狩猎并跟踪追击从非洲向北迁移到欧洲和亚洲的动物。他们中的大多数在走近冰冷的托鲁斯和扎格罗斯山脉屏障时被挡住了去路。米森教授估计当时大约有100万人。沿着这些大山的南侧、沿着新月沃地的上缘，猎物的数目增加到了相当密集的程度。

我们的祖先学会了如何与其他狩猎种类竞争，与我们很多人至今还尊敬的捕食者竞争。在非洲，对于我们有抱负的原始人祖先来说，这些自然界的狩猎者是超级模范和事实上的神灵。他们中的一些形象至今还被贵族们作为图腾徽章悬挂着。在当今，诸如鹰、狮子、熊及龙这样的捕食者依旧被当作国徽，即使在高傲的贵族猎手和皇族的后代们退居幕后的民主国家也是如此。

演变成智人的血统在过去600万年间以极快的速度发生了变化。他们从猿猴的水平进化到了拾荒者和成功的非天然捕食者。沿着所谓的新月沃地的北弯，在成群的动物中间，他们当中的一部分成功地把自己稳步发展为猎人，足以在一

———————————————

①具有50万年历史的镶长柄的矛头最古老的证据来自于南非卡图1号坑。见杰恩·威尔金斯等。2012年11月16日，www.sciencemag.org.

定程度上定居一地。这个种群中的男性变成了捕食者，而捕食者总会跟随潜在的猎物到任何地方。当猎物被冰期山脉阻挡一度减慢速度的时候，猎人们在它们后边搭起帐篷，并在前进中与其保持适当的距离以确保能定期获取肉源，同时挡开竞争者。人类猎手是跟着狐狸、獾和海狸学习捕猎技巧的。在这些捕猎者中间，他们知道自己是"离开家舍前去打猎的人们"①。

我们的祖先会观察鸟儿筑巢，一次观察一个繁殖季节。只要有足够的粮食，人类就有能力建造更为持久的居所。最终，他们在新月沃地一带成功建起了更大的营地并把这些扎营点变成了村庄，甚至变成了镇子的规模。人类猎人模仿定居的动物，开始投入更多的时间和精力建造他们的住所。我们可以断定，这个调整增加了他们的人口数量，改进了他们被生态所分化的种类间的凝聚力。

当家庭的大小不再取决于由一个女人在漂泊过程中所能照顾过来的婴幼儿的数目时，一个定居下来的猎人数目便可以在一个世纪内增加且很可能甚至会增加两倍或者三倍。没人能够预见这个发展的结果。然而在他们快乐的路上，没过几代人，相当数量的问题却等着这些成功定居了的猎人家庭。他们的人数是不是会按照一个与所留给后辈儿孙们的猎物合理的比例增加呢？马尔萨斯和达尔文的食物与人口比例是以什么样的方式超越那些祖先的呢？在当时，没有人知道如何问这样一个问题，即使问了，也没有人知道该如何回答。而且，即使他们知道前面是什么，并且采取了谨慎的计划生育措施，他们依然无法对即将到来的气候变化

---

① "离开家舍前去打猎的人们"是石器时代美国土著民纳瓦霍猎人的一个古老的种类，他们也曾向往定居下来。

和人口统计数据作出调整。身旁的动物变少时，男人们结成伙伴，跟着远离营地而去的成群的动物漫游—— 正如狮子和狼那样。由于能够抗争、智取和击败自然界的捕猎者，智人开始控制并拥有狩猎的范围。而在他们宣称所占有的区域内，其他捕猎者受到了限制。

人类与所有的动物，无论捕猎者还是被猎者，都被卷进了一个由天气和地形所决定的节奏。在事后，我们认识到人类的命运既取决于外部气候和地理，也取决于环境中野生动物的繁育情况。他们的命运还取决于他们相互间如何平衡自己的社会抱负，以及他们阻止竞争对手接近猎物的水平。

为了超越自然界的捕猎者并保持在获取牺牲品时的效度，人类猎手需要发明和生产一个可靠的工具供应线。他们的武器需要胜过自然界捕猎者的牙齿、喙和利爪。他们需要击败狮子、熊、狼，还必须不时地教会其他任何对手，让他们对人类敬而远之。此外，为了击败像野牛和熊之类较大的动物，或与狮子和老虎之类成功竞争，他们需要在他们的人造"燧石牙"上涂抹某种毒药以增强猎杀效果。

尽管尚未证实，也许再也无法证实，我们所见的、对哥贝克力山丘石头浮雕上所折射出的蛇的总体熟悉程度，兴许说明这些猎手知道如何去捕捉和摆弄小毒蛇、蜘蛛、蝎子或其他有毒腺的生灵并知道如何"挤出"它们的毒腺——而且他们有可能还懂得如何利用有毒的植物。给矛尖和箭头上涂抹致命的毒液肯定会大大减少追踪受伤动物的时间。

冰融之时。在公元前 10800—前 9600 年的新仙女木阶段，出现了一个相对快的变暖期。托鲁斯—扎格罗斯山脉开始打开其被冰封过的谷地。在温暖的季节里，高耸而永久冰

冻山峰间的鞍腰部分的冰雪会融化。所有这些都意味着更多的猎物将向着北方钻进山中，跑到缩小了的黑海边并到达正从长期的冷冻与干旱中复苏的北部的草地。[①]

对于已经在新月沃地上沿定居的猎人来说，这种气候变化使他们处于两难境地。鉴于狩猎量的增加，游移于山脉南边的动物数量减少了，越来越多的动物日复一日跑到山北边了。定居的猎人很可能尚未做好应对这种新情况的准备。"动物什么时候才会返回来？"很多人大概会这样问。

当然，仅仅因为一段时间内动物聚集在山南边这一事实，并不意味着有些猎人会由此停止向亚欧大陆移动。新月沃地西部与地中海相接，东部有一些河流和一个抬升的海湾湖。大山和一目了然的水系并没能阻挡住智人们前进的步伐。对惯于追随区域性猎物环形踪迹的游猎者而言，绕道只是家常便饭。只要想离开，谁都能找到路子。

有时候，有些猎人跟随动物向北而行，进入深山，发现猎物并不返回，而是继续向着黑海岸边前行，奔向大陆内地的草原。其中一些猎人回到南山坡里的村子，把这消息告诉他人。有些人肯定会带着他们的家人和族人跟随动物翻山而去，但是，不管有多少人离家出走跟随猎物而去，留下来的人都借着已有的机会繁衍生息。他们狩猎剩下的动物，陷入日趋下滑的生活的漩涡之中。

每当大队的猎人因过度狩猎或因环境变化在世界的另一地方经历食物短缺时，他们都倾向于采用"结社"之法来应对。我们将在第十三章（即讨论塞兰岛维梅尔人狩猎历史时）更为详细地

①比较米卢廷·米兰科维奇的"冰期与间冰期比例表"，（美国）国家海洋和大气管理局的《古气候学》，以及斯蒂文·米森的《冰期之后：公元前两万年至五千年的全球史》，哈佛大学出版社，2004年，第12页起。

讨论。当石器时代的猎人经历食物短缺时，男子们组成秘密社团是一种典型的应对措施。作为狩猎区的沮丧的失败者，这些人需要得到相互间的认可及道义上的支持。一个单一的人可能被斥为失败者或傻瓜——其实所有人都面临这样的危险——但是所有的人联合起来后，则不会被斥责为没本事。男人们需要捍卫他们的地位以免在家中遭到焦虑不安的寻食者（即妇女们）的抱怨，说他们再也没能力承担养家糊口的重担。人们也许会假设，更长远的自然环境的发展趋势及危机使哥贝克力山丘兄弟间的凝聚力受到负面影响。

幸运的是，在新月沃地的北缘，生长着野生的谷类颗粒（粮食），一直以来妇女们都在采集它们。为补偿肉食的短缺，为喂养她们的孩子，妇女们需要采集更多的粮食。当妇女们致力于谷物寻找并在此过程中发明了种子时，男子们则与志同道合的弟兄们一起前往更远的地方打猎。他们想通过协同努力提高工效。他们相聚或许是为了分担作为猎人的怜悯命运。但在当时，还没有人知道全职猎人除了打猎外还能做什么。该发现或者发明另外的行当了。依靠妇女们采集的粮食过日子，使得男人们体验着一种挥之不去的不安感受，即一种对猎人身份地位及价值的质疑。这一直是逐渐过时的石器时代猎人氏族中持久不断的问题。

新石器革命，一次富裕危机？ 克劳斯·施密特教授推断说，冰川时期末期，新石器文化中增添了良好气候的要素，这一点我有同感。克劳斯·施密特反对高登·查尔德的理论，因后者认为沿着新月沃地、冲着驯养文化而来的压力是由气候危机和经济危机引起的。施密特坚持认为，到了冰川末期，环境条件实际上比以前更好，不管对动物还是对人

类来说。

在此安全观察之外，我想冒昧提出的是，可能还有某种使得驯化成为必须的"危机"——一种不是由经济而是由宗教所标志的文化危机。以宗教历史学家的视角来看，一旦失去了生存平衡，危机可能会由任何条件引起。在此情境下，因为过量消费和人口过量增加而引起的超常的人类繁荣和富裕有可能导致生态失衡。良好的气候条件的确会使动物数量激增、使猎人的肉源丰富。这应该会直接增加人类的数量，从而使更多数目的猎物遭到杀戮。

哥贝克力山丘的智人工具制造者使他们的问题变得更为糟糕。他们是成功的火石武器制造者。站在他们自己的立场来看，武器自然是起正面作用的。他们创新的狩猎方法使男子得以获取更多的肉食。其结果是，人类捕食者繁荣发达了，人口也倍增了。所生的小孩中有一半是男的，因此也是潜在的猎手。拥有武器的杀手的数量比猎物数量的增加快得多。

具有讽刺意义的是，即使那些转行到植物栽培和动物放牧方面的人，在加重普遍存在的问题方面也起过不少作用。人口的过度增长也有他们的份，即增加潜在猎手的数目并进而加速猎物的衰减。此外，耕种土地的人把自己变成了同样依靠植被生存的野生动物的竞争对手。没有哪个精力旺盛的智人种群是不想改进气候或环境的。哥贝克力山丘的自觉有罪的捕猎者试图忏悔和赎罪。但是他们企图赎罪的目的是为了从神明那里获取更加丰厚的祝福回报则是弄巧成拙的。怀着以刺激大地之力得到更多生命的想法，他们繁殖过度，并由此给阵发性饥荒创造了可乘之机。

因为人们迟早要试图对哥贝克力山丘地区的气候史进行研究，以便通过气候学找出古代事件的关联性，这就需要增加精确度。凡狩猎动物耗尽的地方，豢养策略也就变得脆弱了。一两个干旱季节可以饿死一群从事种植的人。放牧者会首先迁移他处，种植者紧随其后，全都会在沙尘中漂泊。在我们的时间标杆上，我们无法详细绘制如此短暂的灾难性的间隔。

作为迈向哥贝克力山丘气候史的第一步，人们需要区别：(1)冰川时期冻结成冰的阶段和河水几乎干涸的旱季阶段；(2)冰川在流水中的消融（的阶段）；(3)冰川水储量耗尽的阶段。然后，还要给这个初级的分期加上每年的树木年轮变化或类似的精确测量。通过这样的数据，才有望推测出永久驯化业的可行性。要想勾勒出冰川作用及其影响，我建议沿着我去过的塔里木盆地北边做一个诸如对乱石坡和维吾尔族村庄的研究范式作为出发点。

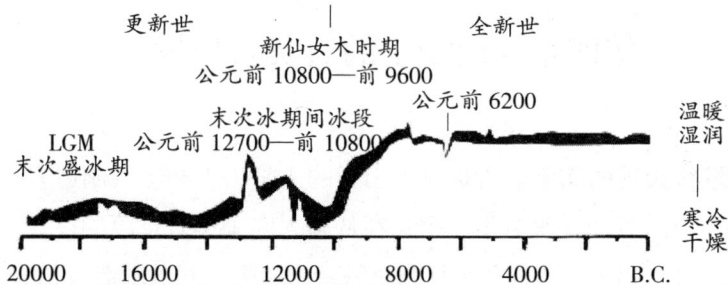

图1　末次盛冰期之后的全球气温变化
（依据斯蒂文·米森《冰期之后：公元前两万年至五千年的全球史》，哈佛大学出版社，2004年，第12页）

在腹山，把注意力从燧石工具制造转移到石灰石雕刻，表明了一个借助宗教使文化变得柔和的过程。把燧石结节块看作高山—地母的认识可为我们提供解读哥贝克力山丘救赎宗教尚存秘密的一个突破性的假设。神庙区的圣殿也可能被看作上古猎人专用的俱乐部会所，这些猎人在制造燧石工具和狩猎之余，已经开始沉思。也许可以把这些发掘场地理解为巨型母亲的子宫入口处的圣殿。那些在本书中称作巨石柱的丁字形柱子也许是由石灰石所代表的阴茎。它们是通过仪式竖立在那里让地母怀孕的。因而，不断胀大的哥贝克力山丘表现的就是地母的妊娠。

第四章　腹山上的石灰石宗教

取悦大地的庙宇。哥贝克力山丘的人是矿工和工具制造者，他们为自己劳动并服务于一个正在从猎人向采集者过渡的社会。他们是打猎的人，即自我承认为杀戮者、屠夫、武器制造者和演变为雕刻家的采石工人。他们对理性认知的渴望要求率真地对待大地，他们很清楚大地是一个硕大的超越人类的活着的母亲。

为了掠夺该母亲的卵巢、榨取燧石结块（即其胚胎）以制造投射物的尖锋和切割工具，并磨砺这些工具以便从该母亲身上凿取所需，凡此种种，男子们需要做出弥补。试图在此总结技术和宗教问题的复杂性是不成熟的。还有很多考古数据需要逐一研读方可开始理解哥贝克力山丘小型宗教的整体。

当研究人员对史前宗教史产生兴趣后，首先进入他们脑海的是找到一些正规的丧葬证据。接下来的问题是关于陪葬品的，其假定前提是，凡愿意投资陪葬品者肯定对其来世深信不疑。这明显的是被近现代考古唯物主义所败坏的、对宗教所作的不必要的简单化的观察和认识。

的确，所有生灵最终都会因死亡到达他们宗教屈服的顶峰，亦即他们从"跷跷板"标尺最右边掉下来的时候（该隐喻将在第十章解释）。知道某人在临终时是如何面对死亡或如何死去总是一件有意思的事。然而，当我们首先认可现实生活的对立面，即文化侵略性的局限性时，会更多地了解活人的宗教。人们即使在热衷于扩展他们的文化时，也会对包围着他们的、超越人类的范围做出宗教让步。哥贝克力山丘的矿工们参照其周围的超越人类的现实标示出了他们的进步——尤其是当他们标榜自己为雕刻家和建筑者的时候。

在哥贝克力山丘这样的地方，一个宗教史学家首先要问的问题也许是关于矿工们在"打进第一个桩"，即竖起他们的第一个巨石柱时的内心活动。这是他们针对超越人类现实的存在、把自己内心设定的观念上的边界定位下来的片刻。巨石柱的形状是人类头脑和手强加的，而且代表的是他们集体文化气魄的外部局限。但与此同时，这个外部界限也象征着他们敢于顶撞超越于人类维度的最近的边缘。

哥贝克力山丘人在文化方面之所获其实是以地母的燧石和石灰石作为代价的。他们的进步更是以他们所雕刻的图腾动物神祇做代价的。从一个雕刻者能把一个神弄扁并使其

"石化"这点来看，他自己已经成了他事实上的主人。哥贝克力山丘雕刻者的成就同时是以天父曾经的身份被认为无关紧要为代价的。刚刚提到的寓意将在第八章论及赫西俄德的《神谱》时变得更为清晰。

那么，从这些猎人和燧石矿工们的角度来看，他们在雕刻和竖立第一批巨石柱时是如何表达他们之所为的？一个谨小慎微的学者知道怎么去教条地宣布说一万年之后这个问题已经不可能有答案了。事实上，基于那个同样的谨小慎微，局限于上文所提的最小范围的宗教，我们将同样无法理解 1 万~1.2 万年前矿工们的思想。但我们可以安全地推定，建筑哥贝克力山丘的人们相互之间是可以借助于常见的象征意象沟通并表达他们熟悉的本体论（存在之理论）的——有些意象至今尚未丢失。

在当今伟大的世界，即主要是由倾向于同意无限的实验解决方案的科学头脑解释给我们的——我们还知道宗教主题不是被不假思索地抛弃掉，就是永远不会被足够地理解而变成问题。对于那些只沿着其跷跷板标尺（见第十章）的左半侧思维的科学家来说，宗教理解是在先验考虑中就被删除的。然而理性的宗教是和理性的科学一样理性的，各自沿着它自己的相应维度和存在核心而运作。

山冈、石灰石和燧石。站在哥贝克力山丘人的宗教角度看，他们所来到的曾经是一个什么样的高地？那山冈、石灰石条板以及他们开采出来用于制造更好工具的燧石是什么？12000 年前，这些矿工们没有一个人见过我们（现今的）地质学研究手册。这意味着，我们从这样的书中所得到的定义——诸如化学、原子和分子——对于眼下的讨论是不允许的。这些石器时代的人用他们自己的词汇理解他们的工作。他们知道他们的工具，而且了解融入了他们意愿的材料。他们知道什么时候是成功的，他们也知道什么时候他们无法理解或需要后退。换言之，他们明白什么时候他们需要更加谨慎小心——更加宗教。

采石工和雕刻者知道如何复制代表着猎人图腾中超越于人类的活着的动物的圆圆的形状。为了从那个图腾的个人世界进入更广泛的社会等级，进入一个更大的宇宙神祇的等级，他们雕刻了大型的正方形巨石柱（丁字形柱子）。他们雕刻了抽象的形状。

面对浅浮雕和深浮雕图像苦思冥想的、经过科学培训的分析家们已做好准备，要辨认那些动物所本该代表的图腾。可什么是图腾呢？它们是神圣，在人类的先祖感到还比不上或者慑于特定种类动物的时候，它们是君临他们的神圣。当时的一些图腾，包括至今依然在水中游动、在天空飞翔或者在陆地奔跑的动物。在当今，这些古代图腾中的大多数都已贬值，变成被科学的动物学归类的一个主题了。与此相对应的是，11000 或 12000 年前，在尚处于早期水平的艺术抽象中，图腾动物被弄扁，成了浅浮雕图像——捆扎到了石灰石角板上。

面对哥贝克力山丘这种水平的抽象，动物科学家几乎没有线索弄懂那个有角的丁字形石灰石柱子很可能所具有的额外含义。假如那些古代的雕刻家以更为自然的方式把巨石柱的边角弄成圆形，那么一个现代观察者就会更加容易地猜测到它们的基本形状和生物学原型。不过，假如那些雕刻家果真把边角弄圆了，他们对石灰石主题所表达出的自己的意愿程度就会降低。如果把巨石柱仅仅当作一种象征来解读，而不去考虑它们本初与现实和生活的交叉，不考虑这个生活是

被超越于人类的现实所挑战的话，就无异于在观察衣裳之美的时候只想到它下面的骷髅。正是刮看无生命的枯骨和从事解剖之间的区别依旧有着生命的脉动。

鬼魂看不见的物质现实。斯蒂文·米森在他的《冰期之后：公元前两万年至五千年的全球史》一书中展示了人类史前史最后15000 年的精彩概述。他借助文学构想把约翰·卢伯克的鬼魂派去参观一系列的，当时还是生机盎然的古老的考古学遗址，让他戏剧般地遭遇很可能发生的假定情景。但是，很多情况下，这种事件的具体证据是不复存在的。尽管如此，一个历史人物的隐形的鬼魂还是会造访危险的或无法接近的地方的。他会藏身于阴影处，然后从食人者和其他威胁那里溜走。当米森教授和他的鬼魂朋友来到哥贝克力山丘时，他们的双双出现是毫无帮助的。他们是以两双相同的现代眼睛去观察一个古老的宗教残存的。他们所看见的，只能是可以通过他们学校所定义的考古学过滤器的东西。下面是他们告诉我们的：

> 这些动物和象征性图像意味着什么，哥贝克力举行过什么样的仪式活动，我们很可能无从考证了。图像可能是氏族图腾或新石器时代神祇的描绘——但是在哥贝克力没有"母亲女神"。所有动物都是雄性的，而且遗址上的一个人类石灰石雕刻是长着阴茎的。的确，杰夫·阿玛尔和哥贝克力新兴宗教的主流意识是关于野生界的恐惧和危险的，而不是健康的生育和繁殖的概念。[1]

①史蒂文·米森：《冰期之后：公元前两万年至五千年的全球史》，2004 年，第 66 页开始。

米森教授的评价是相当了不起的。它正确地领会到野生界所面临的危险和恐惧。不过，除此之外，我们在一个由猎人建造的圣殿里还能期待见到什么呢？猎人是职业杀手和屠夫，因而他们的图腾应该是超级的捕猎者——同时也是超级的雄性。更何况一个兴奋的雄性群体的出现难道没有暗示着附近有雌性存在？当然，图腾不是神祇的替代品，它们本身就是神。此外，任何上古的猎人神灵是可以选择能被看见和被伪装成有些隐身——几乎和鬼魂约翰·卢伯克一样，只是幅度更大、"灵"更少而已。新石器时代的猎人宗教不需要一个类别来证明总是无形的东西，如"灵性"。只需有"可见、变形和可见或不可见的影子"等概念就足够了。

捕食神的存在给包括人类在内的所有潜在的受害者造成恐惧和危险。然而，作为对比，正如男人们应该行使死的权利一样，猎人文化时期的女人们传统上被赋予了生的权利。数百万年以来，为了繁殖后代，原始男性猎人已经形成了与女性在身体上的联合。但是作为猎人，为了共享的勇武、为了获得行使死的权利的道德理由，他们寻求和他们所尊重的那种捕猎者——因而也是可仿效的捕食者神灵——之间的神秘契约。

在遥远的过去，当人类的祖先自己还生活在动物水平上的时候，图腾动物是他们的神。它们有能力发起、影响并使得那些猎人成功，也有能力撤除它们的帮助。人们归属于那些神、被他们所拥有，正如后来人类驯化者开始利用和拥有动物一样。在打猎时，猎人们认为那些图腾神祇足够伟大，理应服从。神支配着人类门徒的肌肉和武器，因此也对砍伐动物负责。大约 11500 年前，当这些神灵的图像能够被安全地浮雕在哥贝克力山丘时，其中一部分已经不复超越于人类

了。假使计划周密，人们可以任意杀死某些神灵——也可以借用他们的皮和脸面（即面具）。不过，话说回来，我们的猎人祖先还是继续尊重他们，把他们当作神圣权威和伙伴——在这些神的影响下那些人类信徒无论做了什么令人反感的事，都会把责任推到他们身上。在哥贝克力山丘，他们行使死亡权利的气质与性欲、生命严重地纠缠在一起了。哥贝克力山丘的文化和宗教改革意味着忏悔，以及对数百万年来能工巧匠的进步和杀手之罪的弥补。

约翰·卢伯克的鬼魂没能够辨认出哥贝克力山丘的"母亲女神"。他未能辨认出她的一个最简单理由是哥贝克力山，即她自己，是一个物质的、世俗的女神。她得暴露多少才能被认出？一个后世的英国"精灵"鬼在辨认物质的神圣时，他的准确程度有多高？

诸如"图腾崇拜"、"万物有灵"、"多神论"及"一神论"等标签的发明，是用以协助试图躲避与真正地超越于人类的力量正面遭遇的现代思想的。给神起名号是人类影响神的第一个举措。而以数字统计他们则是进行控制的下一步。

我们知道约翰·卢伯克的朋友至少看见过哥贝克力山丘母亲肚子外露的一部分，即在考古过程中所揭示出来的部分。假使他被接纳为石器时代一两个传统的会员——也就是说，假使他当时了解"自然客体"或"自然特征"在新石器宗教中不曾真正存在过的事实的话——他认出女神的机会将会增加99%。视力和辨认能力是两码事。

实际上，人类的神不外乎人们所遭遇的超越于人的——或者如我们西方的一个宗教的共同创立者所提议的是"我们生活、动作、存留，都在乎他"。当然，12000年前就有一个蔓延的大地和拱形笼罩的长天——哥贝克力山丘的人们在它们之间繁衍生息。

在安纳托利亚东南，崭露头角的雕塑家一开始思考他们新鲜的新石器时代问题时，天与地这两个超越于人类的现实就向他们现身。

石器时代的艺术家以可辨认的形式在石灰石上凿出天或地的什么样的完整图像呢？庄重的雕刻家无法或者不敢把母亲女神宗教所拥有的都表现出来——尽管哥贝克力山丘的雕刻家的直率已经到了不可复加的地步。他们的奥秘，在考古发掘后，现在就躺在那里，暴露无遗，隐蔽它们的只有我们呼吸的清新空气。

采挖燧石胚胎。哥贝克力山丘圣殿的建造者起初是以猎人和屠夫身份来到石灰石高原的。他们是作为矿工和工具制造者前往那里的，一心想着去找最好的燧石结块。我们现在

图2　哥贝克力山丘：堆放着燧石薄片碎片的发掘工地之一。
小图：燧石结节形象。
　作者摄影，承蒙德国考古研究院惠许。

尽可借以推定的是，清扫出来的石灰岩台地和这些人在工地上留下的燧石及石灰石尾矿。他们还留下了足够数量的燧石工具箱来印证他们的职业。

关于哥贝克力山丘，我们的主要问题涉及的是人们在那里建造的宗教平台。这些猎人、工具制造者和矿工们想要做的究竟是什么？他们是怎样向他们的年轻学徒们解释他们在做什么的？他们所创建的山丘对他们来说象征着什么？燧石结块和燧石工具是如何融入他们的世界观背景的？所有这些事情与他们的希望及狩猎目标到底是如何关联的？对于这些人试图在山丘上所完成的事来说这些都意味着什么？

我确信我有足够的答案来回答这些问题，但我也知道无论德语还是英语都没有直截了当地描述哥贝克力山丘宗教而不致使其原意降低到陈腐乏味地步的词汇。因而，我无法写一篇快论了结此事，我的解释需要一个比较广泛的上古背景和一本书的空间。

上述所有问题都很重要，借助它们，我们才能了解那些庙宇会所之所以被修建最后又被掩盖起来的宗教思路。在早年，来到哥贝克力山丘的猎人很可能发现山坡之上，尤其是在石灰岩悬崖下的侵蚀沟壑中，到处散落的、饱经风吹日晒的石英岩燧石结节。开始收获这些原料时不需要什么文化侵略——相应的，这些人的活动很少需要宗教撤退或其他严肃的精神平衡。但是集中采集可以使他们唾手可得的燧石结块资源在十年内消耗殆尽。因此，为了获得更多的燧石，矿工们需要更迅速地而且是更暴力地完成天气和时间的工作。他们要挖出石灰石厚片以便摔砸和搬走，还要收获刚从地母那里取出的、镶嵌着的燧石结块。

那么，对这些矿工们来说，燧石结块和石灰石条板意味着什么？这个问题的答案是至关重要的。我们需要这个答案来解释这些人后来在使用燧石工具或武器时曾强加给石灰石、燧石或者任何别的东西上的意义。

世界各地的传统猎人总是把狩猎动物的死亡归咎于他们的武器制造者。如果一个猎人没有自己动手生产武器，那么这个指责是一个得心应手的诡计。譬如，某些传统的迪恩印第安人——从事纳瓦霍郊狼法仪式的人——会把他们箭头的精准性怪罪到"鸟人"身上，因为箭杆后安装的尾羽正是它们"奉献"的。可以想见，用鹿肉换取过箭镞的哥贝克力山丘的猎人们很可能曾经在开阔地带或者在"杀手成果的神圣地盘"抱怨过远处的工人们，因为他们开采了燧石并把它们削成、击打成有杀伤力的箭镞的。或者，他们也可能抱怨过毒蛇，因其"贡献"的毒液或曾涂抹在箭头上。人类设计者—捕食者为了转移他们夺命致死的罪过，八成早在他们中的任何人刚刚掌握讲话艺术之后就用这种虚假的借口了。他们很可能讲真话之前先学会说谎以及做诸如"那不是我干的"之类的抵赖。任何人都能看见真相。假使没有蓄意的谎言，就没有必要加工话语，换句话说"实情"了。

在与书写之开始相重叠的早期冶金时代，在矿工和铁匠眼里，结节和矿石小金块被看作地母的胚胎。矿工们可能是在寻找燧石或黑曜石时发现他们的第一批小金块的。

米尔恰·伊利亚德谈地母。在此，我要引述米尔恰·伊利亚德在芝加哥一次讲座中做的关于早期冶金的一段结论。19世纪60年代，我荣幸地给他做过五年学生，那次讲座我正好在场。

> 矿物质分享附加于地母身上的神性。从很早开始我们就面临着这样一个概念，即矿石就像胚胎一

样在地球的腹中"成长"。故此冶金就具有产科的特征。矿工和冶金工干预地底下胚胎的展开：它们加速矿石的生长节奏，他们与大自然协同工作，帮助其尽快生产。总之，人们用其不同的技术，逐渐地取代了时间：其劳作替代了时间的工作。[①]

虽然说伊利亚德教授并不是在特意地论述燧石的采集，他关于矿石的言论则与我们的问题相关。燧石结节本身被采挖，并借助冷切割和击打将其做成工具。如果早期的冶金者将矿石小金块看作地母的胚胎，那么燧石矿工在上升到采挖（金属）矿石之前，肯定已经以同样的方式考虑过他们燧石的石英结节和黑曜石了。燧石结节比他们后来开采的那些金属块更像卵子。更何况用燧石敲击燧石有时候会产生火花，用以点火，使冶金成为可能。照此分析，削薄了的燧石工具（即有点像乌龟似的、有着硬壳的大地—高山—母亲所生的、"劈裂的"或强制"孵化的"燧石卵子）的使用很可能比采矿和融化金属矿石早多达 100 万年的时间。

我们虽然用类似进化论的推论得出了燧石"胚胎"和石灰石"卵巢"等概念，但这样的形象仅限于在一般情况下使用。在哥贝克力山丘矿工们的心里，把燧石结节看作兴许是胚胎之事只是该考古遗址所暗示的思路之一。它帮助我们在一个更有意义的情景中看待巨石柱和刚刚孵出的雏鸟的浮雕。当然，这些矿工的断言已经在那些竖立的巨石柱的总模式中找到了最有力、最明确的表达方式。我们阐释的总概率会随着适合放入更大拼图的小块数

---

①米尔恰·伊利亚德：《打铁匠与炼金术师》，芝加哥大学出版社，1962年，第 8 页。

目的增加而增加。我们没有文字记录证明燧石结节真的被看作胚胎，道理很简单，因为新石器时代的纪念碑上还没有可以辨别的铭文。

可是，假如燧石结节果真是地母的胚胎，那么，对于新石器时代的人们来说，石灰岩层就是地母的卵巢外皮了，因为那些胚胎就是在其间生长的。这意味着哥贝克力山丘的矿工们有可能描述并解释说他们的工作是侵入性产科行为。他们是在帮助地母更快地生出燧石卵子，其目的明显的是要让矿工们更快速地"孵出"她的后代，即那些神圣的卵子和武器的锋尖。或者如伊利亚德所说："其劳作替代了时间的工作。"无论如何，有了这样的假设，丁字形巨石柱的功能和意义便能以合理的概率成为讨论的焦点。

摩氏硬度表上的石灰石宗教。为了把整个上古采矿隐喻变成简洁的科学术语，我邀请读者一起想想动物的卵巢。它们不会"擦伤"任何东西，而且在地质学家用以测试矿物质的摩氏硬度表上会显示为零。从那里开始，人们可以概念出一个级别为三的相对硬度，即石灰岩的平均硬度。人们会因此调整我们的比喻，使其高达地球母亲卵巢组织硬度的水平。

在覆盖哥贝克力山丘高原的石灰岩层里，猎人—屠夫—采矿者从地母的卵巢中挖掘燧石胚胎，他们把坚硬的燧石结节用角锤敲碎、打成薄片制作成工具，供自己使用和易货。打造燧石箭镞、矛头、斧头、锛、匕首及鹤嘴镐时，工具制造者大约是在摩氏硬度表的七级上操作的。我们可以推断，如此的硬度，会时不时地让工具制造者的手指流血。

作者随感：摩氏硬度表很符合第十章中标有刻度的跷跷板量表。它只是向着物质的方向前进了一步。但在当时，原始宗教并不是关注空空之地的"精神上的"思想体系；它们包括从"更坚硬的"、超越人类的现实撤退——这些现实向来不是好惹的。所以，与其只关注物质世界的硬度和阻力，一个宗教历史学家很可能会在各种不同的人类生活环境和应对措施间揣度"攻击"和"退却"的程度。人不只是石锤和燧石凿子的操作者，也不是只知道肌肉的张力可以投掷东西，他也意识到更大的外部世界里存在着的阻力和交互力。通过深思熟虑，人认识到这一切不仅对其身体有影响，对良心亦复如此。硬度之间的区别，可以在燧石、石灰石之间，在尾矿填充之间，在血液中，在朋友的触摸中，以及在忽视人世间所有现存问题的逃避主义的宇宙论中注意到。一旦我们不能确切地感知到这种真实存在的摩氏硬度表，那么12000年前矿工们的亲身经历和生存斗争将枯萎成陈腐的理论——成了没有动作或活人的传说。

　　为了采掘燧石，这些人需要开发必要的石灰石采集技能。矿工们需要力气将石灰石板条砸碎以便从其中间或石灰岩地层之下取出结块。他们颇显调皮的雕刻技术看上去几乎是对他们劳作的一种奖赏。很有可能他们形象的雕刻工艺是他们在哥贝克力山丘从业期间引进的——大约在11500年前。这意味着在硬度为七时——燧石的硬度时——这些人要艰苦奋斗才可扩展他们的文化并借以谋生；但在硬度（或者说"软度"）为三时，即石灰石的硬度时，他们找到了娱乐和一种虔诚的风格，找到了实用的宗教符号化、赎罪及明智的撤退。

哥贝克力山丘，怀孕的山丘。施密特教授第一眼看见哥贝克

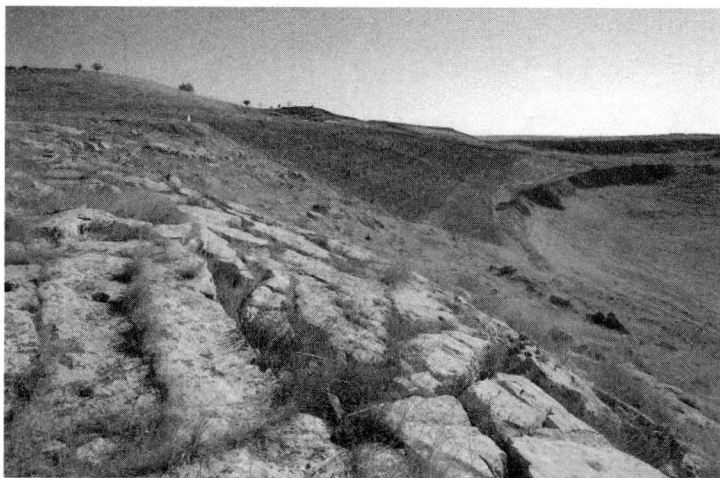

图3　哥贝克力山丘西南"膝盖"处的石灰岩条板，面向东边。疑似矿工们最先走近的地方。

作者摄影，承蒙德国考古研究所惠许。

力山丘遗址时，他无法想象出竟然有如此厉害的自然力量可以把这样一个山丘放在石灰岩高原上。这是有道理的。我曾经在石灰石与燧石表层的土地上试种过果树，当我看着他拍摄的那些围绕着小山丘的裸露的石灰石高原的照片时，我也想不出有哪种自然界的力量能够特地将高原上这些部分刮到底而单单留下一个土丘。当我给教授的地质学判断加上我自己的开发经验，并想象到那些为寻找燧石结节而来此的人们时，我也认识到这个人造山丘肯定是由矿工们的尾矿及从石灰岩上刮下的表皮堆起来的。

　　哥贝克力山丘是从燧石的开采开始的，这一基本思想在施密特教授的著作中已明显地暗示过了。[1]我之所以对采矿

―――――――――――――

①克劳斯·施密特：《他们所建造的第一座寺院——石器时代猎人的神秘神殿》，2008年，第15—17页及第14页的照片。

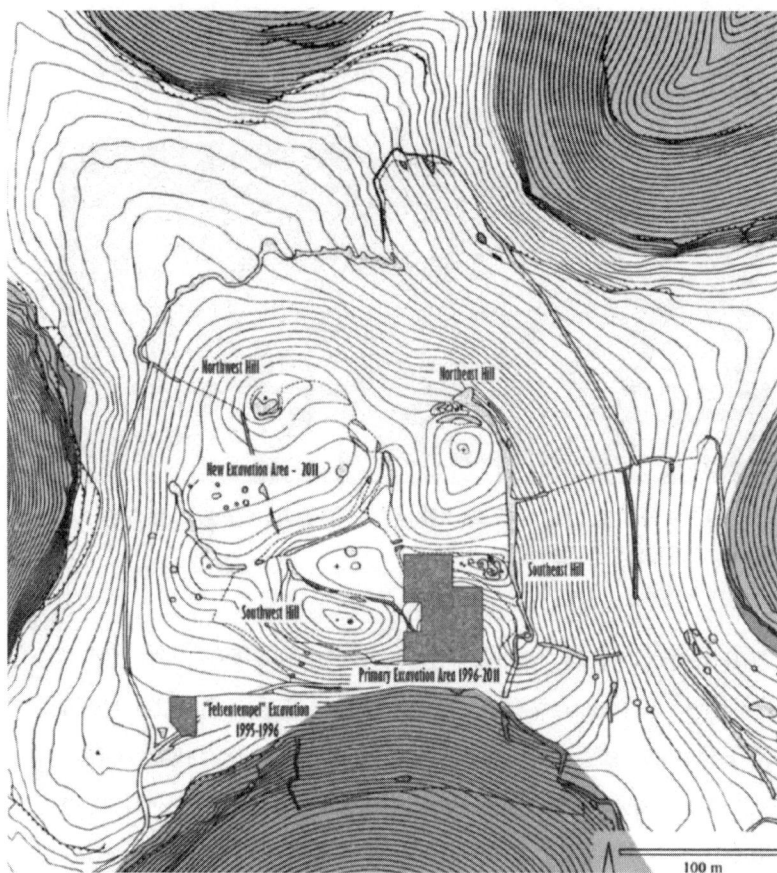

图 4　哥贝克力山丘的简化地形图

减少考古信息、突出地形以说明本书中提出的见解。原图见 2008 年克劳斯·施密特著作第 101 页。承蒙德国考古研究所惠许。

的事实详细阐述，是为了继续对那个尚待进一步探究的宗教团体做解释。鉴于我的论述多数都是对施密特教授的数据的回应，我认为应该首先考虑他的著作才好明白我的贡献。

　　作者的一个步履蹒跚的思维倾向： 那种认为狩猎和采集者来

到这个高原仅仅是为了修建一个可以容纳石柱和一个此前从未存在的庙宇小宗教的想法似乎不太可能。大事情的发生有时候会很偶然。否则的话，如果要把大事的发生归功于一个超越人类的现实的话，那么其发生就是神的法令和社会期待的结果。上界的启示总是从人们所注视的方向传来：它们来自于人类好奇心业已制造问题的地方。于是我想，这个山丘很可能是燧石采集业所带来的一个必然的副产品。矿工们需要清除石灰岩表皮土层、松动并砸碎石灰石岩层。他们需要清除高原上的杂物。就这样，时间一长，尾矿堆起的小丘就越来越高。小丘应该是在不停地长高，不管矿工们是否在其上修建庙宇。还有，假使这座山丘上的庙宇没有一条攀登的斜坡，并且在宗教活动期间不曾选定一个不允许倾倒杂物的区域的话，那么，它很可能会是一个更为齐整的圆锥体。如果把这个山丘解释为他们武器制造及工具业的附属产品，有助于理解最终修建的"庙宇"——而我本人还是倾向于将其视作"猎人专用会所"。这些会所的修建与保养并非一个宏伟宗教计划的结果。说不定只是几个采石工为了消遣胡乱涂鸦时脑瓜一亮发明了"雕塑"。不过，在这些人的"跷跷板"（参见第十章）上，这些庙宇的确填补了宗教方面的空缺。然而话说回来，2000多年来陆续建造的数量如此多的"庙宇"，总不能一直用"涂鸦"来解释。其中肯定存在一个中心的宗教因素。

我这里所坦诚地步履蹒跚的思维倾向看上去是合乎情理的，然而在2011年9月27日我第一次登上哥贝克力山丘后却发生了变化。我于10月2日和6日重访了该山丘。一直

以来我都争取做一个谨慎的宗教学家，尽量不要以先验手段做太多的推理，结果使我对其假定明显的不够。当我围着这个考古点走了几圈、顺着一大片采石场步履蹒跚地审视之后，明显看出，在这个星状高原上的任何一处，都可以非常容易地把任意数量的石灰岩表皮尘土或其尾矿从沟沿倾倒到沟底，这要比把它们运上坡堆积一座山困难得多。假如这个高原是一个整块并且面积较大，那么我在半个地球以外所做的推测——该山丘的堆积成型是为了方便起见——将是一个有效的因素。

然而，不管怎么说，人们是为了采掘燧石才来到这里的。他们很可能是在不规则的石灰岩板条形成的平窄的悬崖壁架下，用逆向弯曲分叉的硬木镐挖掘。晚些时候欧洲的燧石矿工使用过鹿角。他们挖掘、寻找石灰岩的"燧石蛋"。即使他们在壁架下找到的燧石结块不够大，但散布在未曾打破的石板上的大量的燧石薄片足以解释这些人的活动（图2）。总之，在山丘的西南"膝盖"处，他们中断了采集，放弃了一系列的大型石灰岩碎片（图3；图6中的 A 处）。如果当时这些矿工们没有被这个有趣山丘上的其他特色转移兴趣，他们会很容易地把其中一些大石板打扮成令人尊敬的巨石柱——如果他们有过这样的意愿的话。

从"膝盖"到坡上略高一点的地方，他们发现了几个独特的圆孔，它们经过基石通向坡下（图5；图6中的 B_1 和 B_2 处），明显的是由侏罗纪或白垩纪时期的柔软的树桩造成的。它们的尺寸与燧石结块的大小差不多，因此有可能暗示"燧石蛋"以前是通过那样大小的孔洞"产"下来的。身为猎人和屠户，这些矿工们知道所有的蛋和有生命的东西都是从孔洞里出来的。施密特教授提示说，在庙宇北边最顶端的那个孔洞有一个留出来的浅浮雕"唇"，面朝着那个场地（图5，左）。庙宇遗址与其对齐。

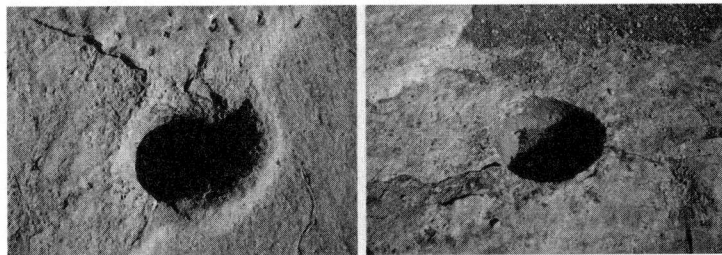

图 5　两个孔洞：第一个庙宇遗址就展现在它们之间，标示着遗址的北缘。请注意左边那个凸起的唇。

作者摄影，承蒙德国考古研究所惠许。

　　所以，在基石上，在那个被特意镶边的天然孔洞近旁，他们在地板表面上留出的两个雌性底座（图6中的C处）上建起了第一座石庙。不过，也许在着手规划圣殿布局之前，他们也可能挖了两个更大一些的洞，足以容纳十二三个人。其中一个洞中就有一个竖起的石柱，其周围有一堆两个拳头大小的石块来稳固。

　　就这样，这种"二元性"原则——用两个孔洞给自己定向、用两个更大的洞穴集会并举行仪式（图6、图7），以及在一个岩石凿成的平台上置放两个中心石头"底座"（大概是为两个已经不复存在的、可以半移动的巨石柱准备的）的做法——在第一个庙宇处就已经形成了。这种二元性原则在这座山丘上的圣殿建筑架构中持续了长达2000年的时间。不过，随着矿工们对该山丘地形的进一步了解，他们开始在更大的景观里重新调整自己的定位。

　　突然有一天，目眩神迷的主持仪式的矿工们发现他们是依偎在身材如山丘般高大的地球母亲的右大腿根上一个穿孔的地方。与很晚的后世考古学家不同的是，这些采矿先驱者

当时看到的不是五叉分开的星形的高原（图4）。在他们眼里，这个山丘所展现的是一个女人，她四肢外伸、仰面朝天地躺在那里；她两腿分开，向南伸出，两只胳膊伸向西北和东北；她的头朝着正北。于是他们决定，他们举行宗教仪式的地方应该向东移动——也就是说他们认为应该移动到大山母亲裤裆最私密的地方。

矿工们来到哥贝克力山丘的12000年后，一个现代考古队几乎精确地顺着他们的足迹来到了这里。1995年他们发掘了早期的石庙（Felsentempel）区，即本书的读者刚刚踩上一只脚的这里。1996年他们顺着悬崖的壁架东移。诱惑考古学家的并不是明摆在那里的大山女人的裤裆，而是一个凸出的、方头的硕大"丁字形柱子"。他们在那里挖掘，随着时间的推移，他们找到了蕴藏量极大的陶器前新石器时代的、据我们所知曾经被植入这个星球的石灰岩巨柱。

作者随感：在本书作者的生活中，这并不是他第一次在看一个景观时发现自己在看一个活的生灵。从钦利河谷的东边向西看亚利桑那州的黑山（又译布莱克峰）时，他的石器时代的纳瓦霍族一些老师告诉他说那里躺着一条蛇。再往西，在亚利桑那州西北角以外，人家指给他看两个以婚配形式结合的石头彩虹，统称为"彩虹桥"。不远处就是纳瓦霍山，它是大地的头颅——至少是早期纳瓦霍印第安人所认识的大地的头颅。[1]

哥贝克力山丘的矿工们是在开采和雕刻他们的第一个巨石柱

---

①卡尔·W.卢克特：《纳瓦霍山与彩虹桥宗教》，北亚利桑那博物馆出版社，弗拉格斯塔夫，1977年。

时，他们的猎人—矿工宗教的轮廓和关注点才变得清晰起来。哥贝克力山丘最显眼的莫过于巨石柱本身。随着时间的推移，正是这些丁字形碑的创造与使用会识别并证明所有举办礼仪用的场地的意义及功能。巨石柱是雕刻过的石灰岩石板，它们的表面大多有动物的形象；它们除了表明图腾氏族和会所的隶属关系外，还表明自我标榜的图腾属性。在这些活生生的形象的原型中，极有可能依然徘徊着一些漫游神灵。

加入这个群体的每一个男人，要么通过自己氏族成员的身份已经与其中的某个图腾产生关联，要么在加入时被吸收为图腾的新成员。无论这些猎人是从哪里来到此地采集燧石的，他们都很可能在哥贝克力山丘找到他们图腾式母系氏族的兄弟或者图腾式的、因狩猎而结盟的兄弟。他们都是来补充自己的工具和武器的。这就意味着，作为猎人和杀戮者，他们都具有共同的、由文化定义的雄心壮志及由此而生发的内疚情结的阴影。文化侵略的特定形式需要配以相应的赎罪形式。宗教式撤退的途径必须在逻辑和比例方面对应文化侵略的路径才能与其抗衡。

猎人因杀戮动物的生命而获得的内疚感在哥贝克力山丘进一步恶化，其根由是这样一个特定事实：这些人还进犯了那里的岩石层，那可正是地母覆盖得严严实实的卵巢。这两个文化方面的罪业——打猎与挖矿——无论是分开进行的还是同时进行的都需要通过仪式予以赎罪并给予补偿。借助圣殿的修建，矿工们找到了一个赎罪和原谅自己的途径，即与大地—高山女人恢复友好的关系。这样一来，他们可以断定说，即使她不会全然首肯他们的所作所为，但通过出席、参与他们的仪式，她至少原谅了他们暴力行为的一部分（例如

"她的"仪式）。

谜之山。就哥贝克力山丘迄今发掘所见，矿工们在此地最早开建年间所修建的所有的主要会所里，都在地板中线的两侧立着两个巨石柱。可以想到的是，人们是先开采和雕刻了两个这样的巨石柱，然后才设想了一个圣殿并做出了把它们竖起来的计划。换句话说，之所以会使用两个巨石柱，有可能是因为人们当时正好雕刻了两个，而且两个雕刻匠同意把它们一起竖起来。然而这样随意的解释肯定是太简单了。

我曾步考古发掘者的后尘，承认他们所指的、坐落在西南高原边缘的石庙（即 E 场地），有可能是第一个敬神专用区（见克劳斯·施密特著《他们建造的第一座寺院——石器时代猎人的神秘神殿》第 107 页）。于是，那两个以椭圆形的、用以容纳两个巨石柱的底座（图 6）将来自于腹山还没有在这块高原处女地堆起的时候。当那个裤裆部分成为这个教派的地理中心后，最初的两个巨石柱很有可能是被向东挪到了那里。但是我们还不清楚在已知的或仍然埋藏着的巨石柱中，哪两个是最早的。

眼下，我们的阐释还只能建立在不完整的数据上。如果哥贝克力山丘未来的发掘能像现在的模式继续的话，我们可以预期，最终很可能会挖出 200 个巨石柱。但已经有迹象显示，再往北边和西边的后期的围圈也许没有同样多的点缀。[1]北边的一个屋子

---

[1]倘若非得让我在地球的另一侧做出尚欠成熟的估计的话，我感觉被频繁改动过的 "C" 场地（图 25）很可能是第一个建成的。不过，因为整个遗址还没有被全部发掘出来，也无法得知其背景，这样的估计是多余的。我们一点都不知道东南山丘下是否还藏着什么样的核心的"最初点"。直接挖掘到底部是不是明智呢？抑或从狮子会所的背后和底下打条通道行不行呢？

图6　E 场地——石庙。哥贝克力山丘高原西南岬，朝南。

参见克劳斯·施密特：《他们建造的第一座寺院——石器时代猎人的神秘神殿》，2008 年，第 107 页。照片承蒙德国考古研究院提供。

里没有任何石柱。

因此，双石柱原本的意义必须通过另外的前后关系来推测。所有的巨石柱及其上的浅浮雕和部分高浮雕都是我们用以理解这些会所中图腾属性的主要线索。但我们还不知道所有会所被修建和被废弃的次序。

图7　如果从上一幅照片的北边向后倒退几步，人们会发现一对较大的用于礼仪的坑。在左边（东边）的坑里，一个断裂柱子的根基部分仍然包裹在支撑岩石中。

作者摄影，承蒙德国考古研究院惠许。

也许等所有的挖掘工作结束后再撰写本章的全部内容会更好些。但是，如果我们谨慎前行并期待在未来多年时间里会出现相当数量的惊奇的话，应该是没有害处的。也许在将来的某个时候，会有机会修订这些章节。在此，我想对部分 T-Pfeiler（丁字形柱子）做些评论，因为它们业已被考古学家介绍过了。在英语中我不喜欢将这些碑喻为 T-pillars（丁字形柱子），而更倾向于将它们称作 menhirs（巨石柱），因为该词是源于凯尔特研究领域的中性词。"Menhir" 的本义就是指"竖立的石头"。

在最早的雕刻家之间也许存在过两个氏族间的共属关系。我们暂且假定他们共属于狐狸和鹤两个氏族。但由于我们尚不知道最早的两个巨石柱看起来是什么样子，我们甚至无法进行猜测。

假如我们能确定地辨认出它们，而且如果有明显的图腾隶属关系，那么这样的假设就会立于坚实的基础之上。不过，即使如此，我倾向于认为哥贝克力山丘猎人和矿工的每一代兄弟会都曾产生过自己的领导和组织者。而这些人肯定会分别招募会员加入他们的图腾会所。我还认为，作为老到的讲解员、敲击燧石的高手及石灰石雕塑家，这些组织者曾展现过他们的魅力。

一个会所圣堂里只有有限的空间供会员们就座并竖立石柱。会所里挤不下时，就需要扩充或修建分支场地了。分属不同图腾的会员人数的比例也因时而异。随着大山中冰川的融化，有些氏族会选择北移。由此，特别在哥贝克力山丘的早期，坐在庄严魁伟的巨石柱旁边，人类自身也会获得尊严，因为雕刻那柱子的人曾经自豪地享受过坐在显赫位置近旁的荣耀。

在中心竖起两个硕大的石柱也可能说明，从一开始就有两个头儿，他们分别有一群支持者，都在搬运巨石中出过力。在多图腾会所中，每个隶属于不同图腾氏族的新会员可能会让人把他自己的图腾动物神祇雕刻在其中一个巨石柱上。倘使这种可能性存在，那么当一个会员离开兄弟会，或者被开除出兄弟会时，他的图腾标志会被抹掉，以让位于另一个。但考虑到每当抹去一个图腾雕刻后石灰石板都会变薄，所以抹去和更替之事恐怕并非经常发生。空位置是可以通过合并图腾组群和扩充兄弟会腾出来的。在抹掉图腾的过程中，我很怀疑存在过艺术美学方面的偏好因素，人们不能因为不喜欢某个图腾的外表而将其从图腾神祇中赶出去。此外，图腾的主人公往往会盘旋在它们自己的形象和人类信徒集合地

的上空。

这些巨石柱是什么? 在我撰写这一部分内容时,2011年6月号的《国家地理杂志》当时还是已出版的关于哥贝克力山丘的最新的综述。在第44页,作者查尔斯·C. 曼委婉地问道: "柱子上雕刻的是程式化的人物形象,可它们究竟代表的是有权势的人呢还是超自然的存在?"我们的答案肯定是"也许都不是"。我肯定,在不远的将来我会带着我的读者找到更好的答案。那么,到底为什么在会社中心通常都成对地立着两个(石柱)呢?

我的第一个快速回答是,在这对由两个抽象的拟人形象的组合中,一个应该是男性,另一个是女性。而哪个是男的哪个是女的则是多余的问题了。事实上,这个问题及我的第一个答案是在我还没有确定我探索的焦点时出现的。像其他人一样,我自以为我们即将看到的是真正代表着某种具有四方头颅的人类形态的柱子。从我研究纳瓦霍印第安人的细沙绘画中我早已对四方头的神祇习以为常——而且纳瓦霍人的四方头通常都代表女性神祇(图15)。在哥贝克力山丘的一些巨石柱上,也可以看到手和披肩,仿佛表示上下左右等方向。

作者随感: 在我上小学一年级时,我们的老师用一个五行打油诗教我们发音和控制舌位。开头是这样的: "乌尔姆里边、乌尔姆周围和乌尔姆左右……(In Ulm und um Ulm und um Ulm herum...)"我敢肯定爱因斯坦作为著名的乌尔姆的学生,也做过同样的练习。我们没必要劳神于这首绕口令的剩余部分。但这种绕口令所代表的范式,给我们提供了一个完美的考古学方面的重新定位法则。我曾经用它去破解位于现今墨西哥塔巴斯科州拉文塔的奥尔梅克古遗址上的著名的"马赛克面具"。绕口令中的关键词翻译成英文就成了"围绕"和"迂回"。依据考古报告所指，我"围着"马赛克"绕"了几圈，很快就发现我的科研前辈是反向地、上下颠倒地看了它并作了解释。结果他们误把响尾蛇的脸看成了美洲虎面具。[1]

六千年之后，在埃及的一个神学上的翻转。这个星球上还存在着另一个著名的象征体系，也需要通过这种翻筋斗式的定位方法来解读。在我们即将对哥贝克力山丘的巨石柱（丁字形柱）解码时，我们面临的一个挑战是：在弄懂了古埃及方尖碑的形状、金字塔的形状以及赫利奥波利斯神话中叫作"阿图姆"的隆起的山丘等之后方可做比较。在远离哥贝克力山丘这些古老的巨石柱的南边，我们必须学会倒立着观察这个世界。在哥贝克力山丘五六千年之后的埃及，我们必须以古埃及人的宇宙为背景来构想方尖碑、金字塔和阿图姆隆起的山丘。其必要性呢？因为在古埃及人眼里，大地即父亲盖勃，苍天即母亲努特。努特为塔芙努特的女儿、伊西斯的母亲。如想弄懂赫利奥波利斯神学，我们当然首先要放弃那种认为建造者是来自于外太空的幻想，而且必须通过阅读埃及人自己的地下世界的金字塔文字和棺材文字。

古埃及方尖碑的起源和历史有点模糊不清，因为大多数都被外国征服者作为纪念品拖到外国去了。方尖碑的最古老的象形文字描绘可以在金字塔文本 1652 的象形图中找到。

---

[1]见卡尔·W.卢克特：《奥尔梅克宗教：中美洲及其以外的关键》，俄克拉荷马大学出版社，美洲印第安人文明丛书，诺曼，1976 年，第 137 页。

那里边，原始神阿图姆是作为一个方尖碑状的细长的轴来表现的，其顶部依然有些圆——还不是抽象的尖锐形的。而这个依然呈圆形的方尖塔的顶角锥指向天空。[1]

方尖碑和金字塔的几何形状很有可能是同步进化的。它们的象征意义似乎是可以转换的。从原始水和混沌之神努恩升起的阿图姆神是原始山丘、皇家金字塔，也是方尖塔的顶角锥。金字塔的先锋建造者和开发者斯尼夫鲁法老（约前2613—前2589年，即大金字塔的建造者胡夫法老的父亲）留给我们三个截然不同的原型供我们反复审视，从而使我们能够追踪他思路发展的过程。他的第一个不同寻常的、为他自己建造的埋葬地点是美杜姆金字塔。他试图分七个步骤在那里修建一个东西，但太陡太高了。其顶上的大部分都倒塌了。但从依然竖立着的轮廓痕迹上看，他的建筑物上端有可能原本只计划是一个缩短了的方尖碑，也许只在其顶部有一个顶角锥。

庆幸的是我们知道建造者脑子里想的是什么，因为他所建造的下一个陵墓（现称为"曲折金字塔"）实际上连整个塔身都被挤成短而粗硬的方尖碑形状。我们由此知道斯尼夫鲁法老是愿意自己死后被葬在一个巨大的方尖碑里，即阿图姆的神格之中。可是在看了完工的"曲折金字塔"的形状后，斯尼夫鲁并不满意。其形态远不如他第一次试图在美杜姆建造的那个优雅，而且他可能担心过其有再次倒塌的厄运。于是乎，他建造了第三座，即"红色金字塔"。他把方尖碑的轴设想为完全隐蔽的，隐藏在地下，他只需建造一个放大了的方尖塔的顶角锥就行。"红色金字塔"从而成为此后埃及金字塔的第一个坚固的标准模式。在清晰

①汉斯·邦尼特：《埃及宗教史上的词汇》，柏林，1952年，第539—542页。

表达的文本中，这意味着那些古代法老曾调整他们的巨大陵寝以便在他们死后能够回到阿图姆的神格中去，能够以升起的太阳和荷鲁斯猎鹰的形式再度生出，能够借助光使神圣的塔芙努特、努特、伊西斯的温柔女性受孕，继而由伊西斯再次生育出神圣的"君主"。

礼仪用物。在哥贝克力山丘"下面的大地"就是母亲。而这样的安排，使高高在上的天完全自由地做父亲。因此，现在很明显，在埃及为什么阳具状的阿图姆像山丘一般升起、为什么埃及的方尖碑和金字塔尖都是指向努特了。假如有人把特别古老的哥贝克力山丘的巨石柱底朝天掉个头，就应该看到后来的埃及的方尖碑了，它是被调整来接触埃及的女性的上界的。[①]

古埃及的猎鹰法老（像威廉·华兹华斯那样）爱"尾随云彩的荣耀"，仿佛他真的是上天所生。这个相对晚的源于古埃及的宇宙学仍然是对哥贝克力山丘上被巨石柱刺穿的、基于对大地母亲崇拜的一种潜意识的反应。

我确信哥贝克力山丘部分巨石柱上的手和披肩是宗教仪式用具的一部分，它们代表着此地的宗教秘密。它们是被故意像谜语一般摆放在那里的。仔细看看！所有这些"柱头"上都没有脸——甚至连鼻子都没有。头部要么显示为空的，要么就如同轴上所见，都含有多个相同图腾动物。无论这些动物是雕刻在推测出的"头部"，还是仅仅沿着轴雕刻的，

---

①见卡尔·W.卢克特：《埃及之光与希伯来之火》，纽约州立大学出版社，1991年。另见卡尔·W.卢克特著《埃及之外的另一个儿子》，www.historyofreligions.com/outofe.htm.（视频脚本，可以下载），2002年。

它们都以真正的浅浮雕形式从岩石表面凸出来。岩石上的阳雕比阴刻要难得多。这表明，作为凸起的阳雕，这些形象是巨石柱"自然主义"精髓的一部分。如同一个老年人手上凸出的动脉和静脉一样，这些浅浮雕表露出其根基的主要特征。

浮雕中所有明显安置的动物，似乎都是雄性的——而且都是突出描画的。对于雕刻家及其采石同伙来说，这个特点肯定非常重要。还有，人们不难发现，这些雄性图腾中，有不少都表现出它们已经做好了交配的姿势。这种爬踏姿势也被描绘在一些残存的环雕的图腾柱上（见克劳斯·施密特著《他们建造的第一座寺院——石器时代猎人的神秘神殿》第 100、110、159 页）。那些鸟图腾正牵着猎人的前人类流变之神话世界中的头部或其他任何部位——它们也许正在与其交配呢。即使哥贝克力山丘蹲伏着的犬和野猪及其他高浮雕动物也都直起身子，仿佛做好了爬踏的准备。这些雄性的兴奋，说明雌性不会离这里太远。这种文饰提出了这样一种可能性：丁字形巨石柱的无脸的立方体顶部从来就不是抽象的四方形头部，而是四方形的睾丸。也就是说，这种四方形足以使门外汉摸不着边际。有了这些巨石柱，哥贝克力山丘的高山妇女得以受孕，其结果是她的肚子也需要长大。

尽管这种故意的"抽象手法"最初似乎是对哥贝克力山丘巨石柱的一个颇具吸引力的学术界定，我们绝对不能高估它。在这里，"抽象手法"也许只是无意中发生的。巨石柱的厚度与大小似乎随着采石工可以找到并能够松动的两面凸起的石灰石板的尺寸的比例而变化。这就意味着，作为一个潜在的雕刻家的采石工，在一开始就看上了一个很好的连贯的石材表面。他没有将其击碎，而是把出现在他脑海里的最重要的东西画了一个轮廓。甚至有可能最初轮廓中的某个部位已经天然地裂开了——这种征兆也许让他看出了暗含于这块石灰石中的某个事物的轮廓。结果，这个轮廓类似于一个丁字形的阴茎，人们继续雕凿以完善其几何形状。他们把那些双凸面的石灰石原料块弄的越方方正正，就越能显示出他们在地母的卵巢上的技术与能耐。从光滑的表面到即兴弄出的轮廓可能导致这种简单的弄成方形的技术在 12000 年后被解释为艺术性的抽象。在此，所谓"抽象"一词极有可能应该是"简化"，更有可能暗指一种"胆量"或"挑战"，上古的雕刻家就是借着它才得以表现为一个文化英雄。

哥贝克力山丘的石柱以数目众多的浮雕图腾雄性动物图像为特色，有些是活跃的成年动物，有些尚处于婴幼阶段。其中最大的两个石柱的外形为披肩和手。我们应该把它与图腾柱雕像艺术、内瓦利克里的鸟柱、一个当地的狮子图腾柱，以及在桑利乌尔法发现的一个人类雕像放在一起讨论。图像和背景支持这样一个假设：石灰石立柱代表的是阴茎，它是由不同图腾社团联合操纵的。

第五章　披肩、手和图腾柱

披肩还是手？ 尽管不知道是下意识的"抽象"还是无意间的"弄方"，问题是：那些披肩和手到底是什么？我们首先观察到，这些特点代表了可以移动的主观物体。在他们的客观条件中，披肩和手是可以随意放在任何地方的。而且，在 D 场地正中央的巨石柱上的"手"是附着在少见的纤细的胳膊上的，可这些胳膊似乎不知是从哪里冒出来的。这些胳膊肯定不是从巨石柱的最宽阔的"肩膀"处长出来的。人们不禁会想：胳膊是不是甚至比规则整齐的披肩更轻、更薄呢？或者说，它们到底是不是披肩呢？在哥贝克力山丘，有一个轻而薄的胳膊看上去甚至如同披肩一样

在"肘子"所在的位置（图8）被拧了一拧。看上去很像是
事后才拧成那样的。其位置也是错误的。很显然，雕塑者当
时手头没有一个披肩拧一拧以便观察。我记得我在小学画扭
曲物时，是直接根据不准确的记忆和想象力画的。

1965 年的某一天，我正在读有关欧洲巨石时代的巨石柱
方面的文献，那时我留意到好几种情形下在雕塑中都出现一
只手的标记。据说那是为了以速写形式表现圣母。圣母的另
一只手哪里去了呢？后来，1991 年我出版了一本书《埃及之
光与希伯来之火》，在写作中，我了解到凡能够从金字塔和
棺材文字中挤出来的，都是关于赫利奥波利斯的阿图姆的手
的，都是竭尽全力解释塔芙努特、努特和伊西斯的故事的扩
展。我甚至将这种有创意的赫利奥波利斯神学制成了动画视
频。而现在，在哥贝克力山丘和内瓦利克里这些著名的而且
更为古老的丁字形巨石柱
上，我们看到的是两只
手。我的 47 年来未曾解
答的问题，即关于那个第
二只手的问题，即将在这
里得到答案。

出于结构稳定方面的
考虑，对于 D 场地中的
第 18 号柱子（图 8）上巨
石柱之手的发掘不得不推
迟进行。不能指望所谓的
石灰石拟人形象会有稳
定、扁平的双脚。发掘的

**图 8　D 场地中的第 18 号柱子，
显示狐狸图腾和一个扭曲的飘带。**
照片承蒙德国考古研究院提供。

推迟给了我们一些人几年时间用以思考其另外的含义。或者说，这些松软无力的胳膊或披肩能否被想象成是代表某种可移动的物体？人们越是观察或比较，就越觉得那很可能是从一次入会仪式（有可能是某种交配仪式）留存下来的、旨在让新手记住或者基于那些披肩展开想象的雕刻。对比法是我们前进的唯一途径。

内瓦利克里图腾柱。图腾交配内涵意义的一个明显的线索，即象征性的披肩与手的组合，可以在施密特教授对内瓦利克里图腾柱的试探性复原物（图9）中看到。这个石灰石图腾柱似乎在宣传一个猎人的图腾式的"乌鸦特质"。它有意显示五个手指的披肩，交互出现在三个不同层面的人形和猛禽中。把这个概念延伸到 D 场地中主要的第 18 号柱子上，不难看出它们之间或多或少是相同的。对类似这样的情况，似乎可以很有把握地推测，只要披肩和手指一起出现，它们也可能表示为某一种"动词"——它可以表明在这些会所中所能构想出来的最为核心的圣典活动。

图 9　内瓦利克里图腾柱——克劳斯·施密特试探性的复原物。

承蒙德国考古研究院惠许。

我们也许可以隐喻性地推测说，这些是"圣手"：它们以披肩的流苏把定居一地的猎人中祖祖辈辈信仰图腾的成员绑在了一起。它们是前人类流变神话（参见本书第十四和十五两章）的一个礼仪性的必然结果。自下而上，这个图腾柱宣称："我是猛禽（一只乌鸦—鹰)！很久很久以前这样两只鸟进行交配。两个人之间的结合无法进行，他们背向转过脸去。一个穿孔表明了他们的弱点。于是，顶部新出现的猎人对自己的猛禽祖先感到颇为骄傲。"

如果用莎士比亚所具有的独特的句法转述出来的话——权且假定有那种造诣的人雕刻了内瓦利克里的图腾柱——就成了："有些是孵化的乌鸦，有些是生出的乌鸦。两个种类的身上都打上了乌鸦特质的烙印。"不管是孵化的、胎生的还是被神灵作为占有物而征服的，其结果都是一样的。在这方面后代没有选择余地。然而，他的后代依然会试图承继他的图腾的神圣地位。获取图腾主人公的模式有二：第一，被附身并加入一个以同样模式入会的群体；第二，从父母和氏族那里继承这样的地位。

我曾在北美洲西北海岸线上看到过各种各样的这样的"乌鸦"图腾柱。有朝一日万一有人想说服我，说这些雄伟庄严的鸟是用以代表另一种猛禽的——或者甚至有可能是一个"乌鸦—老鹰"杂交动物——那个我在堪萨斯大学就读期间曾经充当过的杂交鸟捷鹰，我是不会感到非常失望的。雕刻的人知道这些鸟是什么；毁掉这个图腾柱的反对偶像崇拜的人明显的自以为他也知道。

为一位贵族狮子立的图腾柱。从哥贝克力山丘东南岗的东坡上挖掘出来的这个颇为反常的图腾柱现在陈列于桑利乌尔法博物馆，我们在此以三个不同角度展示（图10）。它有三对胳膊和三双手。较大的是一个活跃的狮—人的手，他在进行生殖活动中抓着配偶的头（已损失）。雌性狮—人的双

手仿佛支撑在她自己的腰背，而她的臀部和双腿显示为缠在雄性的腿上，看起来像蛇一般。此构图中的两条蛇是女性的双臀。这就产生出一个问题：她的双蛇式的天赋资质是否代表一个向着阳具般蛇界转化的"流变"呢？还有，交配还在进行中，一个人—狮幼崽出生了——从雌性的裆部出生的，落到一个仿佛蹲伏着的祖先母狮子的头上。此过程中，"幼崽"用小手抓着、掩着猫科祖先的眼睛。狮—人的脸及其配偶的头被反对狮子偶像崇拜的人毁掉了。年级较大的那个猫科女族长的头部被造反者留了下来——大概是因为它当时是埋藏在地下的缘故。

图 10　哥贝克力山丘西南岗挖出的"狮—人"图腾柱。
作者摄影，承蒙桑利乌尔法博物馆惠许。

看看而且听听这位古老的女族长吧！直至今天你依然可以听见这只贵族猫奶奶的咕噜声。此处混合而成的"生殖与生产"场景里有三组披肩—手的形象，与内瓦利克里鸟图腾柱上的一样。那上面的图像综合起来可确认一个人的贵族出身及图腾血统。似乎可以肯定的是，狮—人的脸之所以被劈掉，正是为了惩罚他的贵族般的妄自尊大。还有，反对偶像崇拜者本人似乎也是一个雕刻大师。他确切地知道如何用他的凿子毁掉一张脸。

在这个狮子贵族及雕刻家把自己的形象凿进其图腾柱之前及在雕刻过程中，他大概以某种狮子萨满或首领的身份参加过礼仪活动。他头戴面具、身穿毛皮——这毛皮是从他的神圣动物王国图腾的一个真狮子伙伴那里"借"来的。可以断定，在哥贝克力山丘任意组群的舞蹈者中，肯定有某个戴面具的小规模宗教支派。施密特教授复制的那个石灰石小面具似乎也指向一个面具教派（参见施密特著《他们建造的第一座寺院——石器时代猎人的神秘神殿》，第 81 页）。这些也许与某种燧石蛋雏鸟——人类弟子的图腾脸谱有关。

我相当确定，截至目前，在哥贝克力山丘的发现与 7000 年后的圣经文本之间没有直接的文化或文学关联——也许除了某些犹大之狮或埃及之斯芬克斯的起源。鉴于我从亚伯拉罕家族的信仰中学到了足够多的有关宗教的东西，假如我借这个难得一遇的机会用希伯来圣经中的一句话对哥贝克力山丘图腾柱雕像的普通情调做一总结的话，大概是会得到原谅的吧。在我所能想到的话语中，除了莎士比亚那句，这句话再贴切不过了。这些神庙区平台上所有图腾雕像和巨石柱所发出的喊声是我一直以来听到的祖祖辈辈的人们异口同声呼喊的共鸣。不管撰写希伯来《圣经·诗篇》第 2 章 7 节（即唯一的至高无上的神明的话语）的人是谁，他都很可能是在

支持所罗门的祭司们，这些祭司清一色都是深受埃及法老超驯化神学影响的。

他们的影响不间断地用一个典型的救世主模式困扰亚伯拉罕信教的子孙们："你是我的儿子，我今天生了你！"在图10中，这种高声呼喊接着在《以赛亚书》第9章6节中继续："因有一婴孩为我们而生，有一子赐给我们……"（接着读下去："他将是我们的狮子头领，一个成功的猎手。"）而《以赛亚书》中后续的文字，关于"政权必担在他的肩头上……"还要等一段时间，等到超驯化者创造出一个只有所谓皇族救世主才能最终解救的艰难处境。

牧师还是拟人化的神祇？ 那么，重中之重是，似乎我们已经知道戴着披肩的祭司和真正人类之手的所有者曾经看上去是什么样子（图11）。桑利乌尔法博物馆中来自后哥贝克力山丘时期的、全世界最古老的全尺寸的雕像也许就是这样的祭司。不过它

图11 源自桑利乌尔法的一个较晚时期的雕像有可能代表着一个祭司或一个拟人化的神祇。它是这个星球上已知最古老的全尺寸的雕像。

作者摄影，承蒙桑利乌尔法博物馆惠许。

也许是一位拟人化神祇——早期的父亲神——的雕像，该神祇在哥贝克力山丘开始授权于他的人类祭司。拟人化实践活动估计是全职狩猎时期临结束时闯入更古老的动物图腾行列的。人手与生殖器的靠近是对五个穗子点缀的披肩与图腾柱上、D场地正中间巨石柱上，以及镶嵌在狮子会所墙上的一个碎片中的五个分开指头的人手的神圣关联的认同。

这些披肩代表的是杀手的胳膊和手，它们被圣礼式地变细了——将其软化成一种赎罪用的附加物，用它们来轻轻地拥抱和抚摸，从而标志对柔软的新生命繁衍的支持。

石槽与底座。另一个提示我们修订对哥贝克力山丘"巨石柱"所作诠释的是槽状的阴性基座或长套，阳性的巨石柱就是安装在它们里边的。尚无足够多的巨石柱被挖到最底部以显示所有凿入基岩或置于填充材料之上的基部插座。等将来有一天更多的挖掘向纵深推进时，极有可能会发现更多的阴性基座长套。我已经发现它们暴露在C、D两个场地中。在这方面，人们没有必要期待看到形状尺寸完全一致的样子，毕竟是在整整2000年时间里建造的。就目前哥贝克力山丘所公开展示的程度而言，其总体格局是象征性地协调的。即使不再能挖出更多的相关的石槽来。

前文中提到的《国家地理杂志》那篇文章的作者就中央支柱安装系统的设计问题请教过发掘现场的现场保护建筑师爱德华·诺尔。建筑师也许只是半开玩笑的答复是——根本就没有那样的设计。他认为"柱石有可能是……用木桩撑起来的"（图12）。我倾向于接受曾经用过木桩的说法，但对于这种认为古人尚未掌握竖起石柱的足够的工程技术的说法

图 12　D 场地中第 18 号和第 31 号巨石柱正中央的一对。
作者合成照片，承蒙德国考古研究院惠许。

不敢苟同。我以为这些采石工人可以很容易地制作出实用的基座或铸件。他们能轻而易举地倾倒或压实水磨石地面。

　　跳舞的石柱？ 这些石柱也许本来就不是要像真正的"支柱"一般、全然不动的固定在地上的。单凭它们出土时的模样把它们称作丁字形支柱并不会使它们成为纹丝不动的支柱。建造者可能确实如那位建筑师所言使用过一些支撑桩，也许他们甚至同时用木杆和绳子来控制摇晃和运动。还有可能在仪式进行期间，有人会通过摆动披肩来帮助保持巨石柱的平衡运动，使巨石柱象征性地晃动。为什么不呢？在这样一个平台上，雄性图腾动物正在做爬踏、男人们踏着节拍走进狭窄的通道，圣殿主要表演者——那些中央巨石柱——的运动应该是不难想象的。

　　在后面的图 27 中，我给 C 场地提供了一个仪式场景，乍看起来比较容易绘制。然而中央的那两个支柱有可能是由一个木梁连起来的，以使它们相互支撑、同步运动，类似字母"H"一般，可以平行倾斜——如果它们确实是这样建造的话。读者可以随意想象节奏和声音，而本书作者将继续追忆霍皮印第安人的克奇纳诵唱中的地府鬼神的嗡嗡声及和声。在摇晃着的16吨重的石灰石成员旁边与真正的燧石矿工和武器制造者组成的兄弟会共舞，除了高兴得有点吓人外，的确会令人充满快感。在那些"支柱"的圆圆的顶上或那些插座上找到摇摆运动的凹槽和疤痕的几率有多大呢？我同意，那些人字形墙够不上普通的"支柱的底座"的建筑学标准。

从进化论的视角出发可以做这样的推测：这些上古燧石矿的运作者已经在为尚徘徊于婴幼时期的类人的军事—工业建筑群举行某种高级的诞辰庆典活动。伟大的地母当然注意到她身上所发生大骚动的一部分——就在她哥贝克力山丘自身的岩石上。假使麻省理工学院存在于当时，我真想知道那些著名的工程联谊会中的某一个会做出什么样的改善工作以提高16吨重的舞蹈成员的灵巧程度呢？

狐狸皮。这些巨石柱顶部周围有被描绘成缠腰布的狐狸毛皮（图12）。难道这些还不足以证明那是披肩和五指分开的手的拟人化？缠腰布的存在表明，哥贝克力山丘的矿工们原本已经把他们超大型的成员概念化为拟人神祇，正如人们依然用多种语言，在较小规模上开同样的玩笑。他们肯定还会把阴茎概念化成男人精髓的代表。我们还是通过事实说话。一块绑在顶尖的、实际尺寸大小的狐狸皮能把一个庞然大物掩盖多少呢？这块缠腰布不能解决清教徒的顾忌——它所能掩盖住的，不会超过传说中的那片磨损了的"无花果叶子"（遮羞布）所能掩盖的。恰恰相反，在这里加上一块狐狸皮，有三个目的：第一，加上一块实际尺寸的东西是为了估量那些雕刻出的石灰石巨物的真实尺寸。第二，为了延续人类进化中的最古老的着装玩笑。原本作掩盖用的狐狸皮和裂开的无花果叶子反而吸引人们关注它们想掩盖的东西。在距离顶端这么近的地方，它们想掩盖的是什么？第三，这些缠腰布表明那些人有杀戮狐狸、使用其毛皮的习惯——就是那些被他们拟人成图腾的同样的狐狸。在深深的草丛或灌木丛中奔跑时，他们会毫不犹豫地用神圣的毛皮做保护衣的。

在大教堂里。施密特教授在解释哥贝克力山丘和做史学排序时，偶尔会以一个"教堂"作为参照原型。我曾经与施密特教授分享过珍贵的片刻，期间，他把 D 场地中最高的巨石柱（图 12）称作天上的生灵（himmlische Wesen）刚刚掉在地上。的确，在他徒手敲击其中一个天使般的音叉时，我亲耳听到天国的弦外之音。我老化中的耳朵，被一个即将成为作曲家的想象力增强后，只能分辨哥贝克力山丘上这首传报天上生灵的歌曲与异地某个教堂中几近天使的合唱团所诵唱的《圣母颂》之间的细微差别。

天生的石头天使，重重地落到哥贝克力山丘之后，真的会在仪式中回荡、震动，恰如文艺复兴晚期的"天使传报"油画中长着五彩缤纷翅膀的天使形象所能引起的一样。与此同时，大教堂中男女混声合唱最终迸发出处女的喜庆歌曲。我给自己定下一个规矩，在基督降临节期间要听约翰·塞巴斯蒂安·巴赫的《圣母颂》，至少每年一次。

由狐狸、鹤和鹅联合运作。实际上，D 场地中那些狐狸皮还有第四个含义——某种更重要的特性。它表明这些包着狐狸皮的阴茎实际上是由狐狸操控的。D 场地里两个中央巨石柱之一 18

号支柱上有一个公狐狸从柱轴上凸出来——很明显它在搏动和颤抖："里边有狐狸！"（图8）。而且它是被婚姻生活的披肩所包围并恰当地合法化。所有这些特征表明，这两个硕大的石灰石巨石柱是由一个图腾式的人类狐狸会社所运作的。但是它们身底下刚刚孵出的一窝窝雏鸟却是鹤。啥东西都有！不过请耐心点。这都是有其合理性的，而且会得到解释。

这怎么会可能？狐狸怎么会生出鹅和鹤来？在我们以合理性怀疑否定狐狸的父亲身份地位前，应该先仔细审视坐落于 D 场地南墙中的 33 号支柱（图13）。凿于巨石柱宽阔侧面的动物身份是没有问题的。这个阳具般的巨石柱是由狐狸和鹤共同操控的。而且，在睾丸所在的水平上有鹅存在。狐狸与鹤的合作表现出的普世教会主义似乎在遗址的第一层占上风。顺着两个中央巨石柱（第 18 号和第 31 号支柱）的根基可以看见结果（图 12 和 17）。这两个巨石柱一起生出了两

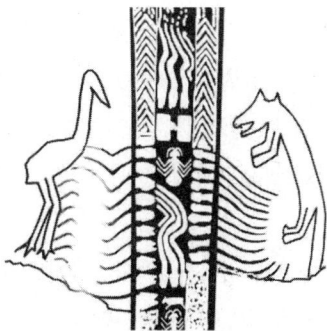

图13　D 场地中的第 33 号柱子。本书作者整合草图，基于施密特 2008 年著作第 182 页开始的四副照片。

右：作者摄影，承蒙德国考古研究院惠许。

群雏鸟。从一开始我就怀疑他们是鹤雏，但考古学家标记为"鸭子（Enten）"。作者晚些时候偶然拍摄的一幅照片表明在"33号支柱"的睾丸水平线上有鹅在现场。因此，在我把它们认作雏鸭前，我也许会把它们认作两群雏鹅。即使如此，其存在的意义是一样的。狐狸是鹤及鹅和鸭的"天生的"猎手。

很多年前，当只有三岁的我刚刚开始对人类生命感到好奇时，我的一位姨妈曾经对我说，我的小弟弟是"鹳"带来的。真不错，现在终于发现12000千年前哥贝克力山丘的鹤（图腾）人曾经期待过那些后世能够带来婴儿的欧洲鹤之证据——它们在这里被适时地记录在圣殿性别两极的最大范围内。在这个神圣的会所，鹤和狐狸原来是图腾中的兄弟姐妹！

在这里，雕塑家似乎这样给自己做承诺："生育、狩猎鹤是我们鹤人和狐人正当的体育和职业。"当然，在这个会所里进行合作的鹤、鹅和狐狸社团同时也是人类猎手。因此，如果狐狸图腾们能够决定它们与鹤和鹅之间的不同，那么，它们的人类信徒也应当能够做到。

在33号支柱（图13）的表面，蛇正在向下移动。这些石器时代的雕刻师几乎预计到有朝一日精子有可能被发现后在显微镜下看起来是什么样子。但是，这个巨石柱两侧数量众多的浮雕蛇确实代表的是阳具，它们数目的增多只是表明了愈演愈烈的激情、数量和运动。而那个"女"蜘蛛则是迎着那些阴茎蛇向下流动的涌流向上移动。

那个蜘蛛妇极有可能是哥贝克力山丘所具有的唯一的图腾女性，正如霍皮印第安中也存活下来一位女性一样。[1]也可能是这

---

①如果把这里的蜘蛛妇头型与图23中狮子会所的地母刻图相对比，就会发现我们还需要在比较民族学方面下更大的功夫。

样一种情况：凡长有螯刺的动物，包括蝎子，都因某种原因被归类到其他能刺的"雄性"及猎人中。这些生灵确实是野心勃勃的，恰如那些上古的人类猎手一般，能够用他们的箭—蛇隔着相当远的距离螯刺并杀死最大的动物。

矿工们舞蹈时，自然会诵唱并发出节奏。其规模有可能达到在几个会所圣堂内同时举行庆典，不同的群组在相邻的庙宇中同时舞蹈、诵唱。男人们与巨石柱一起舞蹈时，腹山及那些来访的"天上的生灵"一起颤抖。硕大的巨石柱在小如人手的敲击下回荡着音叉般的声响。男人们一会儿像狐狸一样走动，一会儿像鹤一般舞蹈。但凡男人理应知道的节奏性运动及出风头的表演，这两种图腾吉祥物都晓得。

图腾柱和它们的人类信徒在这样的情景里一起神秘舞蹈，像二合一的合体一般。要想问究竟谁在舞蹈，是男人们还是他们的图腾柱，是没有意思的。一个能够主宰人并能影响其狩猎风格的捕食者图腾自然也可以主宰他、拿他跳舞——当然是在他自己愿意的情况下。图腾神灵与其人类躯体一同互动，就像他们是一个单个的人。第33号支柱的雕刻者知道如何让他凿出的蛇繁殖增多并让它们看上去是在跳舞。这些活动中，狐狸和鹤极有可能是图腾的主人公。尽管如此，我们尚无法臆测所有蛇浮雕之间的直接的图腾关系。有些蛇或许真的是图腾的主人公，但另外的则可能只是对寻欢作乐的阳具的象征性表述。

有了描绘蛇状阳物的技术之后，石器时代的雕刻家发明了一种前影院多次曝光技术。从狐狸那里出来的阳具般的蛇（图13）右侧，弹到石灰石巨柱上，加入向下移动的蛇的行列并使其充满生气。下行的蛇与上行的蜘蛛妇迎面相遇，做

好了掐捏的准备。鹤图腾从巨石柱的另一侧如用魔术般地做了运动及繁殖互补的魔术。当然，正前方那向下移动的蛇代表的是生气勃勃的阳具般的石灰石巨柱本身。我们可以看到它想要挪动的方向。

一只鹤的普通状态大概也与其"天生的"求偶舞蹈有某种联系。鹤头与脖子的形状类似于浮雕中的蛇——施密特教授也观察到了这一点。蛇的原始状态易于变形，成为其他（物种）身体的局部。我们在图 10 中已发现人类女性的腿是如何变成蛇身的。但我不愿把所有膝盖朝前的图腾鸟形象——如图 13 中所见——都归类为拟人形象，尽管所有巨石柱的操控者明显的都是人类。假如一位新手是第一次接受挑战雕刻一只鹤，那么把鹤膝盖的方向弄反了也是情有可原的。打鹤的猎人是不会花时间去仔细观察一只活鸟的腿的弯曲方向的；他们只瞄准鸟身，尽力用燧石击穿其羽毛。再者，从鹤雏放低的步态做推断，它们的大腿和"膝盖"经常会被忽视掉。

作者随感：西方思想界有可能对任何繁殖的静止画面技术感到不可思议。那么咱们想一想，在道教和大乘佛教中，事物不只是以"更小"或"更大"来表述，这两个宗教都玩数字游戏——比如道教天兵天将的数字和大乘佛教中令人难以想象的菩萨的多重性等。他们也造出了大于真人的道教神仙雕像和硕大无比的佛陀塑像。在哥贝克力山丘，尺寸和多重性均被刻在这些巨石柱上——目的是为了引起无精打采者的男子气或者甚至天父本人的兴致，让他们在图腾激进主义分子及显贵面前神魂颠倒地动起来。

在一个更广阔的进化论背景下，我把哥贝克力山丘的神庙区看作是为过时猎人准备的专属男人的会所。我确认一个明显的事实，即兼做男子会所和女性化的大地圣殿的典型的霍皮印第安人的地穴与其非常相似。霍皮人的地穴总体结构上是和奈瓦利邱瑞神庙及哥贝克力山丘那些"庙宇"相匹配的——只是前者没有巨石柱。不过，霍皮人地穴中有那么多戴着面具的克奇纳在舞蹈，增加巨石柱会显得多余。更何况霍皮人对石灰石并不是很感兴趣。既然霍皮人还去他们的地穴编织礼仪上用的、类似于披肩的肩带，哥贝克力山丘的上古燧石矿工起初有可能是把他们的会所当作吃饭的地方——在那里存放、享用带去的午饭。我认为他们中间有人经常在那里过夜。也许他们是在特殊的日子去那里参加一晚上的跳舞。

我们从霍皮氏族神话中得知，一只显眼的蜘蛛通常都被概念化为蜘蛛妇——一个典型的女性神灵。某种情况下她也是那种代表地母的妇女。她还是纺织—编织妇，说明她是霍皮氏族男性编织者的担保女神。在哥贝克力山丘，织网人是与蜘蛛氏族有关联的早期的猎人。所有这些只是一种推测。当然了，总得有人编织他们的礼仪披肩。说到网，我怀疑哥贝克力山丘巨石柱上雕刻的被看作网的东西并不一定是网。其中有些很可能是标示深度的凹槽，用以降低围绕在凸出的浅浮雕周围的背景高度。

蛇、狐狸及其他。哥贝克力山丘巨石柱上大多数图腾动物的图案可以辨识为食肉动物；人类有时候与它们竞争，有时候则把它们看作狩猎伙伴。这个组合包括犬、蛇、猫科动物、猛禽、蜘蛛和蝎子。然后，就我们所能破译的哥贝克力

山丘的标志看，那里还有公牛、公羊、公猪和驴。它们以图腾先祖的身份被引入猎人们的荣誉堂也许是因为它们具有狩猎的能力，是雄性的，或者是因为它们是所属种群的头儿。蛇和狐狸是至今在哥贝克力山丘发现的被描绘最多的图腾动物。然而它们所代表的个体数目不一定能反映图腾氏族人口统计学上的实际分布。雕刻中蛇的数目多大概是因为蛇还代表着寻欢作乐的阳具这个事实。

此外，任何物种的雄性都随身带着一条蛇，而动物王国里的蛇随身带着两条——我们发现哥贝克力山丘的宗教很明显只是服务于男子的古代猎人仪式。同理，蛇是用以获得浩然之谜效果（恐惧和战栗）的方便象征，可以吓唬观众并得到必须的尊重。最重要的是，它们是容易描画、镂刻和雕塑的动物。

用活蛇编织的毯子。图14应该代表的是一个实际上的工艺思路——渴望蛇—人兄弟会中最终实现手、脑协调。总共需要多少只人手才能编织这样一个毯子并让所有的一缕缕的活线都不错乱呢？入会仪式过程中，是不是会要求新信徒躺在它上面呢？对这样的兄弟会来说，没有什么挑战会显得太巨大或者太危险。但是，这种训练也许是一个严肃的、实惠的需求所启发的。学习如何编织这种充满生气的毯子的猎手也学习如何去"挤"毒蛇以获取毒液。重要而危险的狩猎活动中，有毒的津液可以涂在箭头上。在当时，狩猎还不是"体育"运动。

大门和环。哥贝克力山丘发现的石灰石环（Kalkstein Ringe）看上去是象征性的阴性石槽的亲属对象。施密特教授把这些石灰石环登记为观察孔石（Türlochsteine）。对于如何解释它，我从远距离首先想出的建议是这样的——如果该石环的内侧直径能够容纳一个人，那说明它就是装人用的。我脑海里出现的可能的基本

图 14　用蛇编织成的毯子。A 场地中 1 号支柱之上。
德国考古研究院惠许。

模式是，这是一个矿工再生的某种仪式，是石头生的，而不是女人生的，或者是以燧石卵的形式生的。我以为——当然是假设性的——第一座石庙（图 5）岩石地板上的、自然是由腐朽的树桩空出来的天然的孔洞肯定是大到足以能使地母通过它们产卵的程度。或许它们曾经为一个人类婴儿的象征性的出生仪式提供过方便。礼仪场所地板上的小一些的孔洞使我想起在阿纳萨齐和霍皮印第安人的地穴里可见到的锡帕普洞（象征"出现"的洞）。据推测，相似的地母教派，应该能启迪出相似的礼仪象征。哥贝克力山丘的一些洞穴也许是用以打桩或拴绳子的。

狐狸、狗和狼。把狐狸、郊狼、狗和狼当作单一品种的成员，这在民俗志学中有相似之处。1974年我录制了迪恩（纳瓦霍印第安人）的"郊狼法"九夜疗仪式。在其中一个细沙画（图15）中，总共出现了八个这样的狐—狗—郊狼—狼的图像。[1]

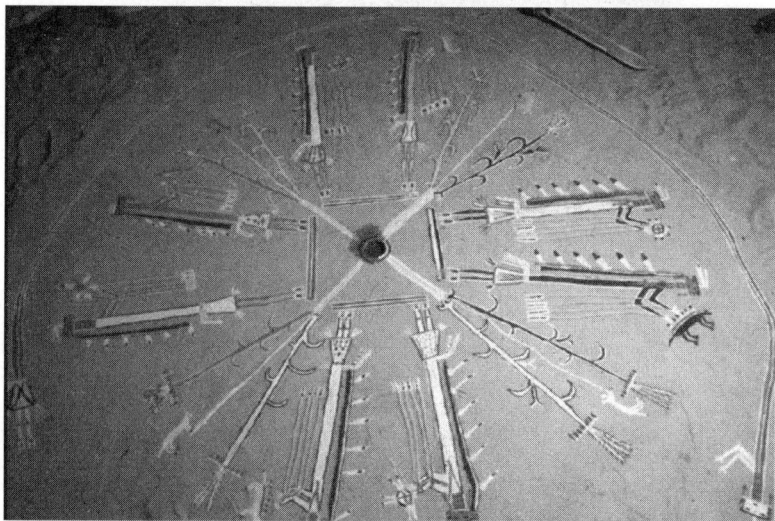

图15　纳瓦霍郊狼法仪式中的第四幅细沙画。带着填充的"郊狼"皮和篮子的类人郊狼神。

作者摄影。

郊狼扮演者所用的填充郊狼实际上是一个"南方的"蓝灰色的狐狸皮。人们当然可以找到在其他主要方向跑来跑去的同样的"蓝色"狐狸—郊狼—狼。主持仪式的萨满和两个戴面具的跳舞人都是郊狼。在这个迪恩治病仪式中，病人也变成了一个郊狼人（图16）。

<hr />

①卡尔·W.卢克特、约翰尼·C.库克纳瓦霍语翻译：《郊狼法，一个纳瓦霍神圣治病仪式》，亚利桑那博物馆出版社和亚利桑那大学出版社，1979年。

图16　纳瓦霍郊狼法治病仪式场景。从左至右：病人；说话神；由一位妇女扮演的戴面具的郊狼女孩；戴面具的郊狼，一手拿着填充起来的灰狐狸皮。

作者摄影。

有可能是这样一种情形：哥贝克力山丘的图腾狐狸是犬科中不同种类的一个统称，它包括狐狸、狼和任何种类的狗。这些动物有可能被整体看作单一的物种。哥贝克力山丘浮雕图中数量众多的狐狸有可能反映出这些穴居动物对采矿业的象征意义。蛇和狐狸都是土栖动物，而这可能用以解释它们的不少人类信徒都是从事采矿和燧石工具制造行业的事实。

哥贝克力山丘的图腾中，鹤与狐狸的数目数不胜数。在辨认出一些父系图腾后，我们开始寻找关于它们后代的提示。捕食者和猎物如同兄弟姐妹般一起被孵化或生出。在更广阔的狩猎世界，这种偶然事件会招致冲突。借助比较民族学，我们姑且假定可以考虑一种能够在哥贝克力山丘解决此类冲突的方案。

第六章　同一个母亲生育的孩子

在 D 遗址中，大地母亲的"基座"边缘上有着鸟类形象的浅浮雕，乍看上去，好像代表的是一群鹤雏，它们在此地的出现说明鸟蛋就是生在那里要被大地母亲自己孵化的。它们的父亲，就是依然在那里可以看得见的巨石柱。在哥贝克力山丘，生殖、生命的出现是经常被刻画在一起的。时间就是以这种形式停滞在乌鸦—鹰和狮子图腾柱上，这在前文已经论及。由此，在雕刻处，生殖、产卵与孵化或者生产的漫长周期被冻结成了一个单一的片刻。雕刻家因主要受石灰石媒体固有局限性的左右，对时间进行艺术压缩，凡不习惯这种形式的人，都有可能发现这样的表现结果有些困惑不解。

人们还可以在有些巨石柱的边上看见雕刻在那里的鹤雏。上下文清楚地告诉我们，这些孵出来的小家伙——包括幼蛇——不是以活跃的图腾雕刻在那里的，而是以图腾的后裔和后辈们的代表刻上去的。等所有的石柱图像都被发掘并记录后，它们很可能被区分为"成年的石柱操纵者"和"后代"。我们能看见后代们在他们的母亲身边到处乱跑——有时候也会跑到那些懒洋洋的石灰石阴茎那边去——稀里糊涂地跑到本该回避的地方去。

图 17 D 遗址中的第 31 号支柱。
照片承蒙德国考古研究院提供。

在哥贝克力山丘，有好几个这样的巨石柱明显地在那里闲置了太久的时间。譬如，在 43 号巨石柱上我们发现了熟悉的雏鹤，而 27 号巨石柱被一个食肉的小狗和一只小猪占据了（图 18-b）。从小狗的尾巴判断，我们会把它看作狐狸一类。我们不应低估哥贝克力山丘圣殿中存在幽默的可能性。由于对故事情节不甚了解，摄影师感到懊恼的是，迄今为止他们已经发表了对于哥贝克力山丘来说极其尴尬的个人

瞬间。

18-a   18-b

图 18　因动作太慢而无法走开的巨石柱。第 43 号和第 27 号支柱上的幼兽。

照片承蒙德国考古研究院提供。

我们在 33 号支柱（图 13）上已经看见狐狸与鹤图腾通过共同操纵一个巨石柱的途径一起参与生殖活动。在 D 遗址，也许是一个联席出现的组合：有中央巨石柱（第 18 号和第 31 号支柱）上代表狐狸的狐皮缠腰布、18 号支柱旁边的一只公狐狸浅浮雕，以及围在母亲四周的刚孵出的一群雏鹤等。看上去它们都与那些父亲般的鹤和狐狸"操纵者"有关系。然而，在现场发现的骨头表明鹤是经常被猎杀和吃掉的。因此，综合证据表明他们已经找到了某种类型的兄弟会和祭祀方案以解决业已在哥贝克力山丘合作的鹤人和狐狸人的问题。他们对仪式的讲究明显的是受变形的"前人类流变"图腾宗教影响，它涉及生与死所有的两极对立。

当猎人的后代和被猎动物是一母所生时，明显地就出现了问题。孩子们迟早会在猎场上相遇，在生死斗争中对垒。它们中的一部分会变为烈士和食品，另一部分将成为有负罪感的、迫切需要赎罪的猎手。

困境与救赎。石器时代猎人传统的一些近期的保持者已经能够借助宗教式的、兄弟般自我牺牲的仪式解决骨肉相残的冲突。一个例子是祖尼印第安人鹿部落成员的故事。他们曾经以猎鹿为生。他们猎杀来自阴间的年幼公鹿的活动是一种消遣。这些阴间的男孩穿着敏捷鹿的衣服在阳间到处乱跑。①那些受害的亲属被住在阳间的鹿部落的祖尼猎人正确地猎取、礼仪地屠宰后，可以在太阳落山前返回阴间，完全复活到其原本状态。

哥贝克力山丘的鹤—狐兄弟会也许期待过某种类似祖尼祭祀式的亲属关系—— 一种代表挨饿亲属、通过改变身体外表情愿自我牺牲的信仰。联合仪式中、艺术性质方面由相连的巨石柱和礼仪服装连在一起的人的图腾狐狸和鹤一同生殖鹤和狐狸的后代。②这以后，在开旷原野，两种类型的会

---

①介绍祖尼神话的文献参见史都华·库林和弗兰克·H. 库欣的著作；另见卡尔·W.卢克特著《纳瓦霍猎人传统》，第134页，第140页脚注及第221页；也可参阅北亚利桑那博物馆档案中贝拉尔海尔神父的文卷。

②33号支柱上狐狸与鹤的组合也让人民想到同时代的捕食者—被捕食者间的图腾联盟；霍皮印第安人的"蛇与羚羊"社会至今还在亚利桑那的仪式中合作着。

员——人类猎手、鹤以及狐狸，会转身对抗他（它）们自己的动物后代，为了衣食而猎杀。在其整个礼仪发展过程中，从生殖到屠杀和食用，他们都会通过仪式，为了相同的肉和衣物而赎罪。

动物形态下的狐狸是天生的猎鹤者。这两种动物原型带着它们的神圣图腾身份及人类会员身份一同加入到哥贝克力山丘宗教中。图腾动物借出它们的皮毛和羽毛做仪式用物。这样一来，它们就接纳了吸引来的人鹤与人狐。从此开始，这两种类型就可以结为朋友，一起猎鹤猎狐。在仪式中，它们极有可能穿戴对方的羽毛或皮毛，既可表示尊重，也可用以伪装、实施伏击——潜近它们的图腾亲戚，在开旷原野杀死它们。

听上去很复杂吧？是的，确实如此！不过所有捕猎者和杀戮者的宗教和哲学也很复杂。图腾宗教曾经是一个对秘密的揭示，尤其是凭着直觉获得且逐步发展，以便替人形捕猎者赎罪并进行辩解——把猎杀的责任转嫁到我们现今所谓的"自然"捕猎者身上，或者对牺牲者的自愿参加表示欣赏。

令人费解的猎人宗教。除了猎杀亲生母亲的子女即自己的兄弟姐妹这个充满问题的习惯及用大地的石英石胚胎做原料"孵化"武器来对付母亲的卵巢和她的野生后代外，在猎人的家中，还有一个与其对等的暧昧现象，它是有关人类女性自然状况方面的，即涉及其月经之事。在狩猎者的眼里，人类女性好像是在体现一个生来具有的、与月亮周期同步的流血的伤口的本质。哥贝克力山丘的猎人有没有通过包皮割礼或尿道切开割礼为他们所扮演的角色赎罪，我们不得而知。

人类女性的这种有序的暧昧现象曾经几乎完美地契合男性猎人的身份危机。在一定程度上，一旦阴道被看作流血的伤口，阴茎就成了一个猎人的天然的矛和武器。这种勉强比喻的不幸结果是，男人们就此认为他们的女人由于自然条件之故会成为他们的牺牲品。除了这种觉察意识，还有一个事实是，早在旧石器时代，男女之间就已经依其习性分化为捕食者和觅食者了。他们已经成了文化上独特的"亚种"。我们还应牢记，在更古老的过去，觅食者和食草动物就已经成为体格庞大的图腾捕食者的猎物，人类的男性早就羡慕和模仿它们了。

出于这些考虑，人们可以感受到分裂对立的智人物种是如何将自己深深纠缠在相互冲突的推理模式中的。在男性猎人这一侧，暧昧现象圈子的完成依赖于这样的事实：阴茎、闪电和以燧石为镞的箭都被解释为相似种类的、武器般的"蛇"。几乎可以确定，有些弓箭手用看上去像阴茎一样的蛇的毒液涂抹他们的箭头和矛尖。蛇和燧石尖双双被自然地、程序化地连在一起了。它们都是从卵"孵化"出来的。当精液被视为类似于蛇毒时，还能把它想象得更"脏"或者更危险吗？从"脏东西"中区分出"清洁灵魂"并不曾抹掉我们这个石器时代遗产的捕猎者的价值论。

在一个非天然捕食者的生物课程里会出错的远不止这些。一条蛇如果从上边往下俯视，就像一个舒缓漫游的阳具，而在更古老的美国土著文化中，绷开的蛇嘴使人联想到一个"带齿的阴道"——其严重程度明显地超过了哥贝克力山丘 33 号支柱上一只蜘蛛的咬伤。这种对蛇嘴的滑稽比喻依然以各种各样的地下笑话在至少一部分美国土著部落的男人们中间流传。

那么，似乎显而易见的是，智人男女间的沟通有史以来陷得更深，矛盾与感情冲突也陡然加剧。假使西格蒙德·弗洛伊德知道这史前史的一部分，我怀疑我们今天所读的心理

学著作会有所不同。再想想宗教传统，从来就没有过一个可以为人打开天界乐园的机会——肯定不会为一个"罪人"打开，因为当初他自己选择想要成为虚假的、会预谋的和最高超的捕猎者。

顺着进化之路回首一望，人们会发现只是诸如动植物驯化这样简单的物质改造是永远不够的。生计方面的简单改变永远不会平衡所有的自相矛盾的怪事。它们是过去几百万年的狩猎实践留在男性人工捕猎者不断发展的头脑中的，或者是遗留在他们的女伴脑中的——她们不知不觉地扮演起了采集者和牺牲品的角色。在此期间，男女两个性别都爱上了食肉。在腹山这里，在进步的矿工和武器制造者手中，在这人们与石头的形状和重量斗智的地方，自相矛盾之事变得益发复杂、更具象征性。12000 年后的今天，两个性别最终取得了类似的平等，双方使自己在军事方面，即猎杀人方面获得同等权利。

猎人赎罪的两条路径。对非天然捕食者——智人——来说，基本上有两条定向路径可以通往情绪平衡和获得某种能证明其合理性的措施。首先是通过前人类流变神秘主义所做的赎罪，该神秘主义把所有动物都看作具有相同本质的人。他（它）们都可以改变形态和外观，而且猎人和受害者之间的所有交易，包括杀害和吃掉，都需要通过双方同意的、对等的仪式。这种初步的食物神秘主义模式将在第十四、十五两章进一步讨论。

理性赎罪的第二条路径是由特别的神圣的恩惠维持的，即由强大于人类的力量所赐予的恩惠或条件所维持的。就是说，开始时是由图腾神祇维持的。如今他们被归类为"天然捕猎者"。上古时期的图腾一度把承担人类猎手的所作所为视作自己的神圣职责。猎人是他们所获得的、拥有的、接管的和担保的。就此，由神所担保的人类猎手的身份地位上升了，而他们的牺牲品的价值却贬低了。两条赎罪路径在理性方面不一致，在本体论方面也不诚实。具体实践中，这两条路径所引出的公理和解决方案频繁地并肩前行、相互碰撞，或者零零星星地相互支持。但是，两个路径中没有一个可以说是错误的——不管从绝对的司法意义上讲，还是从伦理意义上讲。如果为了人类的营养和生存我们承认杀害众生是必要的，那么就不会有其他选择了。

同时请注意，我在论述这些替代性的赎罪路径时的不一致性。置身我们共同的语言困境之中的我，一直在狩猎、杀戮和收获这几个称谓之间摇摆不定，在写作过程中随意选择和拒绝术语。

大凡致力于在这个星球上走神秘的"一体"道路——即"前人类流变"者——都会尽量对所有生灵表现出极大的敬重。他们所施加给他物的任何苦痛都会凭借黄金法则报应给他们自身。他们以兄弟姐妹的身份永无休止地吮吸永恒母亲的乳汁，假装他们是无害的食草动物，然而他们早就不是食草的物种了。他们仙境般的期待将因为兄弟之争、嫉妒、殉难甚至在极端情况下仪式般的自相残杀最终破灭。那些想尽力坚守真爱、坚守母亲般的自我牺牲及纯粹的以肚腹为主的生殖途径的采集者和觅食者把自己归入弱势群体，终究会遭猎杀。在那些旨在对付他们自己的兄弟姐妹的狩猎活动中，他们在猎人与猎物之间纠缠不清。

人类进化过程中，一旦寻找并发现一个允许人们在打猎时不必受累于持续不断的同室操戈、自相残杀的负担的欠亲密的伦理道路，人们不应当感到非常惊奇。这种理性的前景虽然能使猎人的自尊和本质保持不变，但却贬低了受害者。

最终，第二条路径允许动植物的贬值和驯化，一个新的经济风格随之出现。这个新的经济风格会体谅到被杀害的生命，会给它们分享一些祭品，并用低于其生命价值的其他生命或物品进行补偿——譬如从矿物王国中榨取的坚硬发光的有价物或者附加了人类劳动值的物品。为了证明这个新经济的合法性，新石器时代的猎人需要找到超越于人类的权威力量，即神圣的捕猎者；有了他们，人类猎人参与捕猎之事就合理了。这些权威力量同时也应该是那些可以买来作食品的生灵的创造者和拥有者。神圣的造物者和拥有者将因此介绍新的衡量措施以偏袒人类。这些措施会授权杀戮和屠宰的方法从而使得"肉体"合法地转化为"肉食"，这有助于重新介绍植物食品的代用品，正是当时所需要的。新的神圣权威会推行新的协议和契约。

推广以寻求足够资源为目的的第二条路径也会导致战争的合法性。它所考虑贬值的生"灵"，不单有猎人们的牺牲品，也有猎人之间争斗造成的牺牲品。不平衡的本体论上的合理化能使不平衡的地位与特权合法化。

生物化学是一种现代科学方法（即仪式），它促使饵料生物贬值——亦即概念性地减少化学物质、为取得道德合法化而以非个人化的化学合成物来销售。这个"应用科学"含蓄地将丰富的物资以及去人性化的食物生灵的生产、收购和标签归类都合法化了。

150多年前，西方科学界幸运地享有一种观念，它后来发展为几乎统一的进化理论。这一理论已彻底改变了生物学，并已着手重整所有的自然科学。以较短历史观审视，该理论作为对机械的牛顿物理学的动态矫正而起源于生物学；以较长的史前观点审视，它是从一个更古老形态的、石器时代的"前人类流变"神话和神秘主义发展而来——它依然是构成我们首次提出的"赎罪的路径"的基础。与其神话前辈一样，现代进化论也假设所有生命的连续性和统一性。古代神话的"变化"就此摇身一变成了"突变"。因此，不言而喻，要建立一个实用的、能替剥削食物牺牲品辩护的道德规范，进化论思想不是特别有用的。但由于唯物主义在生物化学理论方面的基本前提，现代人类不再为吞食"动物—人"的尸体而担心或为吃磨碎的"小麦婴儿"而心怀忏悔。我们以科学为导向的现代文化已经找到了自己的救世神学，即配方和标签。有了它们，就可以避免古人那种食用东西时良心上的不安。我们利用生物化学做现代生存的赎罪。

由狮子会所开创的另一套地理定位提供了猎人和矿工图腾兄弟会之间有关政治纷争的暗示。在狮子会所最幸运的发现是一幅用拟人手法刻画的地母雕刻，该形象也展示了一对巨石柱的特征，该特征可以用作对此类中央支柱的一般性解释。借助来自马勒库拉岛的民族学数据做对比研究会给出有益的建议。哥贝克力山丘以赎罪为目的的宗教奋斗似乎因生命象征性地战胜了死亡而得到了解决。

第七章　战胜死亡

亚当和夏娃到底有没有肚脐及他们是如何获得肚脐的，这在闪族和基督教神话里是一个永恒的娱乐性话题。至于那位肚子被称为腹山（即哥贝克力山丘——译者注）的大山妇女是否有过肚脐，这个话题我们最好留给业已开始描写这种微妙主题的记者们。不过这座腹山上确实有一个明显的高点被考古学家挑选为他们的定位点，也许历史学家也应该对此予以考虑。恰恰在这个顶点，我们可能需要继续进化论式的重新定位和比较。差异可能存在于南坡上的会所和从那个山顶向西排开的会所之间。

我们观察到，在我们下方的、位于南边裤裆区的圣殿里，成对的中央巨石柱整齐地排成两行，为的是提供一个从南方河沟进来的入口。为了展现她南部延伸地段的全貌，我把一张照片分

图 19-a　东南岬角——"左膝"。

作者摄影，蒙德国考古研究院惠许。

图 19-b　西南岬角——"右膝"。

作者摄影，承蒙德国考古研究院惠许。

成两半（图 19-a 与 19-b）。左边的岬角显示出大山妇女的左膝，右边的岬角则显示她的右膝。C 场地主要在图片的左边，但也向右边延伸了一点。

A 场地在右边图片的左上角和后边。接着是 B 场地，里边的两根中央巨石柱很显眼。D 场地的巨石柱位于右边图片的中间，其中包括两根带支撑的，它们和狮子会所在同一条直线上，但在本图片中其大部分被保护狮子会所的屋顶挡住了。图片右上角最靠边处，可以看到被篱笆隔开的最后一个小场地的局部，那是狮子图腾柱（图 10）的发现地。

顶端的狮子贵族。我们依然站在哥贝克力山丘孕妇的肚子上，向右转 90 度去窥视现今被密封起来保护的狮子会所。这里的巨石柱是以不同方式立起来的。几周后，我最终注意到狮子会所的中央巨石柱不是南向排列的，而是西向排列的。这本来是我从一开始就应该在施密特教授的著作（《他们建造的第一座寺院——石器时代猎人的神秘神殿》，第 228~239 页）中得知的。于是，这些石头（图 20）的定位就不难理解了。甚至连雕刻在巨石柱上并在教授的著作中插图的图腾狮子的意象也表明这个狮子兄弟会与盛行于山南裤裆区狮子前哨地带下边的普世教会主义之间毫无关联。在狮子场地挖掘出的中央巨石柱的浅浮雕中，发现了主要为侧面像的大型猫科动物的雕像。据我猜测，这个狮子会所的成员出于自我辩护的原因，是以系统贬低猎物价值的精神视角进行狩猎的。看起来这里并没有多少有关前人类流变神秘主义的暗示。

那么，为什么狮子巨石柱会被以东—西向排列在这里呢？在这种奇怪的安排中，狮子兄弟会的人会在腹山之顶做什么呢？是

图20　从东向西看去的狮子场地。哥贝克力山丘地母的一个石灰岩刻像（见下文图23）发现于东北巨石柱脚下，位于图片中下部，因局部被巨石柱挡住，看起来是颜色更深的矩形。

照片承蒙德国考古研究院提供。

不是为了刁难那些从南边来并歌颂在那里生活的人？抑或只是因为这样一个事实：狐狸、鹤及狮子是大小、秉性、习惯均不相同，其地位自然也不相同的图腾神祇。并非所有人类的神祇都可以被看作是平等的，而且在人类历史上肯定没有一个宗教被人们直觉认为是完全相同的人类野心或各种问题的解决方案。但是，在所有宗教之中都能找到相似之处及对普遍的存在主义问题的类似的忠告。

C 场地最南端的围墙似乎确实突出展现了一个模棱两可的入口通道，显出一扇看来曾经由雕刻的狮子守护过的大门的遗迹。这扇狮子大门好像在某时间点被蓄意破坏了，从那里通向 C 场地核心的墙，似乎因问题重重而被无限期地暂停发掘。这种情形至少暗示，在某个时期，狮子是那里的门卫。它好像也暗示，狮子的政治命运在某个时间点发生了改变。在上文图 10 中，我们注意到，一个狮子贵族的脸及其配偶的头所遭到的严重损毁。如此待遇说明某种叛乱所造成的影响。这是腹山顶部的狮子前哨地带之所以激起我们好奇心的另一个原因。

朝西九十度。我们从哥贝克力山丘的顶点朝西下山，在新发掘区里找到了一些可喜的线索。然而，由于那里的发掘刚刚开始，企图做出经得住推敲的结论也许还为时过早。尽管如此，那里的两根最大的巨石柱刻有熟悉的狮子兄弟会的大型猫科动物肖像这件事看来仍然不凡。其实，其中一个狮子浅浮雕（图 22，左）与山丘上狮子会所里发现的某些浮雕惊人地相似。

另一根巨石柱展示的是一副狩猎图，其中的猎物似乎是鹤（图 22，右）。单凭这一个奇特的浅浮雕，我无法断定中间的那个秃鹫（或鹰）是否代表它与狮子兄弟会的一种结盟。画中的狮子

图21　位于西南部和西北部山丘之间裆部西边的新发掘区。
作者摄影，承蒙德国考古研究院惠许。

图22　2011年在新的西发掘区的早期重大发现。
作者摄影，承蒙德国考古研究院惠许。

相当充分地昭示了它们在追逐猎物时的自豪。这副奇特的狩猎场景本身就很令人惊讶，而且它初步支持我对狮子兄弟会中精英的基本猜想。迄今为止，我既没有在这个猫科动物猎手的兄弟会中看到任何有关种间神秘主义的暗示，也没发现赎罪的欲望。除非进一步的发掘给出不同的证据，我认为这些贵族狮子仿佛是以其优越于其他生物为由而猎杀它们的。如果在这个会所地面的附近发现这些狮子巨石柱的经营者是

把他们自己看作鹤雏或鹅雏的祖先，我会感到非常惊奇。不过话说回来，假如发掘者的铁锹果真让这样一个惊异出土，我会很乐意根据具体情况，重新审视哥贝克力山丘所能提供的任何关于狮子证据的信息。不论我现在的猜想是否会得到证实，或者其他数据今后会左右我的想法，都是有益于学习的。我们的下一个问题将会只是："为什么？"

接着，我们回到关于山丘的最初问题："这些狮子在狐狸、鹤及其余各种图腾的正上方搭建它们的专属会所时，他们试图表演的是什么样的殖民绝技呢？"很显然，作为百兽之王的狮子图腾，在那时就已凌驾于其他食肉动物之上了。也许贵族高尚的品格与君主般的傲慢已经在腹山上留下了这群狮子第一个不朽的痕迹。而现在，我们凭借历史的后见之明得知，那时的哥贝克力山丘地区即将面临驯化的选择。当时的问题似乎只是哪一组猎人将先退而成为驯化者。谁愿意首先放下武器，自愿成为家畜家禽的卑贱的朋友、仆人或继亲属？

与此同时，在 2010 年，在西南山冈上的发掘揭示出一种趋向于更加利己主义或"贵族"风格的图腾姿势的证据。这种趋势可能始于狮子们的带动和影响。狮子图腾柱（图10）就发现于西南山冈东部的斜坡。

拟人化的地母。至少在哥贝克力山丘文化的晚期，关于那些成对的中央巨石柱的意义问题和不确定性似乎已经在新会员的窃窃私语中传开了。正如一个宗教的进化中通常发生的那样，每当最初的设想黯然淡去，往后对于理念的解释必将更加积极、更加明确。就这样，为回应基本的疑问，即"在哥贝克力山丘的会所里，那些成对独立的巨石柱有何意义？"一位不知名的狮子兄弟会年长的雕刻匠刻下了一个答复。很明显，这个答复使他本人和狮子兄弟会其他成员都满意。他的雕刻突出地摆在会所的东半部，在两根最显眼的狮子巨石柱之间的石凳上。石凳公然摆在那个平台上，供所有的新会员观看、冥想，很可能还会轮流着坐一坐。显然。他们都明白、容忍，甚至欣赏他们在那里获得的评论和详细说明。

这雕刻并非涂鸦，而是对矿工们的小规模宗教的最核心问题给出精确答案的拟人化神学。这个问题早在哥贝克力山丘上就被提出了。会所中的任何普通成员都会期望会所的长者能够回答这样一个根本问题。也多亏他们的问题，我们现在得以看到这位狮子会所的雕刻匠是如何形象地展示哥贝克力山丘地母的。他展示了当那些成对的石灰石巨石柱被放在一起后并被缩小到人体大小时会成为什么样子。这件雕刻品代表的是狮子兄弟会以他们的视角来看哥贝克力山丘地母的。他们的长方形会所是东西向的——暗示他们很可能是从西边翻墙进入那里的。

雕刻原件现陈列于桑利乌尔法博物馆。我们看到的图片是发掘现场拍摄的，取自克劳斯·施密特2008年出版的著作第238页。展览馆和书中都没有标出基本方向，因为这样一幅初看起来貌似涂鸦的雕刻很可能没有什么价值。不过，如果某天有需要，是可以在德国考古研究院图片库里轻易查证的。

在这种情况下，我决定根据情境自己动手推断出最有可能的方向。雕像是刻在一个抬升起来的条凳上的，它紧挨着东北巨石柱（图20）的南边。这意味着雕刻匠很可能是面向东跪着作业的。依次推理，那妇女叉开的双腿是向西伸

出的，这将为我的假设提供额外支持，即狮子兄弟会是凭借这座山西边的替代物"真正裆部"给自己定位的。要给这个疑问下结论，我们必须静候西部新发掘区另外的中央巨石柱的充分发掘。

图 23 哥贝克力山丘的地母，发现于狮子会所中一条连接和支撑东部一对独自矗立的支柱的条凳上。

迪特尔·约翰内斯摄影，承蒙德国考古研究院提供。

那种某人可创造一个魔法阳物来使神女受孕的概念，在后世涉及伊西斯和奥西里斯的古埃及神话里为人所熟知。在一个埃及讲故事者四处讲他的见闻的很多年前，哥贝克力山丘的采石工就已经知道如何完成这一壮举了。[1]

现在该重温一些要点了。我们从图 5 开始分别描绘了中央巨石柱的二元性：两个天然的孔洞、两个阴性"基座"，还有两个更大的坑，这些都和被命名为 E 场地的石庙有关。我们也开始相信地母的四肢可以在哥贝克力山丘自身的地形（图 4）中辨认出来。而现在我们又找到了地母的一个拟人化雕刻，显示出两个貌似巨石柱的东西。稍后在这个数据清单上，我们还会添加一个关于 C 场地的"盆腔结构"的假设。但是，在我们重访这个迷人的敬神专用区并面临有可能看见一个巨石"迷宫"之前，我认为继续前往太平洋中的新赫布里底群岛做一次民族学的简短旅行是明智之举。在那里，我们会发现某些仍保持活力且直到最近还发挥作用的巨石。

新赫布里底群岛的民族学短途旅行。哥贝克力山丘女性雕刻的圆圆的头部和一双孔洞，令人想起石器时代地狱入口处一个类似的描绘大地女神的简图。在新赫布里底群岛的马勒库拉岛，一个巨石人的宗教崇拜一直保存到 20 世纪。根据他们的图画，地狱入口处正是起初人类出生的地方。对返乡的鬼魂而言，那里有设计好的、复杂程度不一的迷宫。这些迷宫与天迷斯—沙弗沙波的形状有关，她是掌控地狱入口通道的女守护者。天迷斯—沙弗沙波在给她自己画图样时，也用她自己的形态代表了地母。她的轮廓就画在地狱入口处的地上。

---

①只有普鲁塔克的一个后期版本保存了下来。普鲁塔克：《伊西斯和奥西里斯》，勒布古典图书馆，1936 年第五卷。

和一般巨石迷宫一样，马勒库拉岛的绘画表现了大地自身内脏的迷宫——也许与猎人和屠夫心目中所构思的一样。当一个离去的鬼魂靠近天迷斯—沙弗沙波时，她会把画在地上的图案擦去一半。一个适时入会的人应该会事先记住通过她的迷宫的正确路径——尤其是关键的内部交叉路口。在马勒库拉岛，迷宫是按不

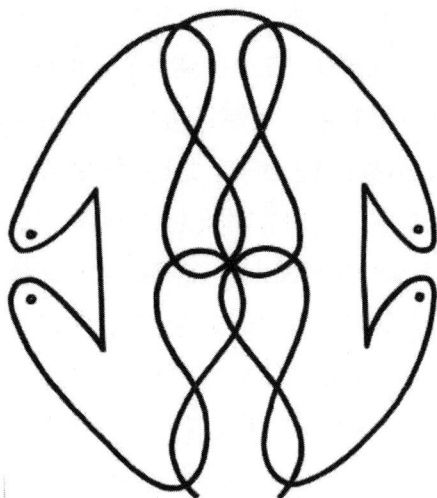

图24　新入会者需要掌握的、由马勒库拉岛地狱守卫天迷斯—沙弗沙波使用的死亡之路。依据 A. B.迪肯1934年著作第127页等绘制。

同的复杂程度教给人们的，正如 A. B.迪肯图画所显示的。[1]一个消息灵通的鬼魂于在世期间曾在擦掉一半的图画上练习过，会知道如何继续、完成设计——怎样沿着正确的、通向生命的道路继续前进。

　　用明确的话语来说，这可能意味着游荡的鬼魂进入地母之神两个开口中的一个。倘若鬼魂没有因走错通道而迷路，它会被再

---

　　①在这里有人会注意到这个解释在神话故事和记忆中的礼仪活动之间摇摆不定。A. B.迪肯：《马勒库拉人：新赫布里底群岛上一个正在消亡的民族》，卡米拉–H.韦奇伍德编，伦敦：G.劳特利奇父子公司1934年，第552—556页。另见 A. B. 迪肯：《来自马勒库拉和其他新赫布里底群岛的几何图》，卡米拉–H.韦奇伍德编，《皇家人类学研究所杂志》，第64期，伦敦，1934年，第129—147页。

生并继续生活。那些不知道如何穿过她迷宫路径的会在里边迷路。据说"她会把迷路的吞食掉"。但更明确的是，可以断定那些在这位女神神秘的消化道或者生殖道里边的交叉路口迷路的鬼魂会在迷路过程中被吞食，显然注定要化成排泄物，由第二个出口排出。其区别就是生与死。

战胜死亡。一些这样的救赎论借着对类似于马勒库拉岛神圣解剖学的了解，有可能启迪过哥贝克力山丘会所的人。在地母圣殿里，人们很可能小声议论过如此或类似的奥秘。

"二"是个伟大的存在之谜的数字。既有生，也有死。以解剖学的眼光看，它们由长在包括人在内的所有哺乳动物最尾部的两个阴窍来代表。其中一个用以排泄毫无生机的废物。雄性和雌性都具有这样一个死亡排泄腔。至于另一个神秘的天赋，对雄性来说，它们的阳物就是生存的武器，而雌性的阴道则是要被刺穿和播种的伤口。因此，后者被看作是带来新生命的。如此这般，一个阴窍对活着的生物而言是路的尽头，另一个则预示着新生，即生命和后代的延续。

大山妇女雕刻（图23）已表明，在哥贝克力山丘小规模宗教活跃的日子里，两个阴窍却莫名其妙地被认为有可比性而处理了。此外，当时很明显的存在一个象征性的平行现象，它涉及穿刺不同圣殿场地的所有被雕刻的成对的中央巨石柱。在每个圣殿，至少有两个阳物巨石柱创造了生命。它们的数量是两个一组来占据两个阴窍，即一个天然呈现生命的阴窍和另一个通常制造死亡的阴窍。通过在两个孔洞放置阳物，那个讨厌的凹洞被奇迹般地变成了它天然的对立面——就像另一个一样，能发挥其生命之源的功能了。生命

就此要战胜死亡了。

时隔 10000 年到 12000 年之久的作者何以知晓此事呢？关于阳物将种子种植到好比田地的阴道的观念，在西方文明中保存了下来并在当代仍为人们所理解。在 D 场地，我们找到了关于哥贝克力山丘那些谜团的意义的清晰证明。类似的石灰岩阳物将类似的种子分别播种到两个孔洞里。D 场地的两根中央巨石柱及其阴性基座被一群长得一模一样的鹤雏包围。相同类型的受精卵从两个孔洞——生命源泉和死亡凹洞——中产出。从这些相同的卵里孵化出相同类型的鸟。

我们是谁？是现代考古学家或者宗教历史学家，以告诉哥贝克力山丘的古人，他们应该或不应该怎样庆祝他们的复活节。他们在策划谋杀时，是猎人、图腾模型的模仿者、动物的杀手和屠夫、矿工、武器制造者——背负着存在主义的矛盾和内疚之心。他们生存、杀戮、进食和死亡。但是在哥贝克力山丘圣殿，有一段时间，他们在仪式般的漠视、战胜死亡中获得了成功。仅靠他们的技能，他们无法使自己长生不老。但另一方面，他们并非失去所有。他们在仪式里保存下来的教育和对生活的热情最后使得他们中间某些人转向另一种培育生物的策略。通过学习，他们发明了驯养，帮助自己和子孙后代繁盛起来。在这里，在进化过程的一个短暂片刻，我们给了宗教直觉匆匆一瞥，这种直觉使人类的头脑和双手开始解决他们自己造成的新石器时代的危机。

具体来说，通过接受哥贝克力山丘的双孔窍奥秘，所有后续的、由最初的驯化者所做的厩肥处理都已经合理化、自然化了，这有益于动手从事畜牧业和农业。

为了对比，重访 C 场地。通向 C 场地复杂的石雕工艺设计的双入口或许是我们进一步探寻问题答案的地方，且由于这些新的问题和假设，在未来几年中，进一步的发掘和重新审视考古记录就有了必要。

在德国考古研究院的一个网站上，人们能够找到一个B、C、D三个场地的三维电脑重建图。出于我们目前的考虑，我在这里只复制他们上传的 C 场地的部分。

C 场地迷宫似的双重和三重围墙呈现出一个不折不扣的挑战。正如施密特教授的评价那样，此处剧院的规模很大。此刻我猜测，正如所有的会所一样，那个中央圆圈给出的是一个阴道式圣殿的轮廓，里边插着阳物巨石柱。不过，德国考古研究院的图片及其发表的重建图都停在了我们解释的最关键地方——C 场地明显的双入口处（图 25 和图 26）。

发掘数据本身仍模棱两可。在哥贝克力山丘图腾之间发

图 25　发掘到底层的 C 场地顶视图
照片承蒙德国考古研究院提供。

图 26　德国考古研究院重建的 C 场地

生冲突时对场地有过一些蓄意破坏。在原有的发掘地图的投影上，显示有两堵入口"墙壁"。然而，图 23 中高山妇女的雕刻提示我们鼓起勇气提出一个新问题：这两堵入口墙是不是相当于一对水平横放的、最初是通往双入口的巨石柱体？

围绕中央阴道式圣殿的水平布局有没有可能像刻意的艺术汇编一样，增加地母骨盆截面的侧面图？两个入口处——前后左右——让舞者涌入的墙壁是不是一个屠夫眼中的"迷宫"的侧面图？

我们不应忘记，全职猎人是终生屠夫和解剖专业的学生。对他们而言，让他们把地球母亲这方面的东西概念化并非难事。他们劈开的每一个雌性哺乳动物都是这个双入口结构的例证。三维的结合——与中心垂直、与周围迷宫形成的骨盆边二维横截面——在"原始"构成里无需大惊小怪。

但是，最近以来对这个问题的理解却变得复杂起来，因为前文引用过的《国家地理》文章的图例对入口处，即哥贝克力山丘迷宫之门，提供了一个更传统风格的校正概念。我同情那种推理，也欣赏其艺术性，但还是宁愿站在德国考古研究院的原始模型这一方。①

2011 年 10 月 2 日，施密特教授和我察看南端被毁坏的"狮子门"与 C 场地潜在的双入口之间的尚未发掘的部分。这意味着我可趁机在现场提问题。因为在那个时刻，这段几米长的地方尚未被完全发掘，两种重建——单入口或双入口——还只是一种可能性。

单巨石柱和双巨石柱之间的区别。一个毋庸置疑的事实是，哥贝克力山丘的正统确实需要在每个圣殿竖立两根巨石柱。由于驻在顶端的狮子兄弟会在其会所里竖立了两对这样的支柱，我猜想这可能是猫科动物内部的某种政治让步。并非所有大型猫动物彼此真的亲如兄弟——有些可能是虎、豹或者类似这样的亲戚。我们手头还没有充足的数据处理整个谜团，而且还需要考虑其他事情。

在哥贝克力山丘，除了每个敬神专用区的中央都竖立两个丁字形巨石柱这个主导思想外，还发现了一个更为分散的个人主义传统的重要证据，那就是有着各种奇异雕像的图腾柱。②我手头虽然缺乏足够的数据充分探讨这件事，但得到了一个初步印象，大意是：哥贝克力山丘的大多数反偶像活动都是针对图腾柱雕像的个人主义类型的。

---

① 就这一点而言，比较查尔斯·C.曼文章里的图像重建与《国家地理》2011 年 6 月第 44 页。

② 这一点需要重新讨论。很明显，在 2012 年的发掘活动中，在现场某处发现了更多落有鸟的雕像头。

在会所中心竖立两根巨大的石柱并使其参与到礼仪活动中，需要大量的社会合作。

相比之下，雕凿并竖起一个图腾柱以光耀一位富有创造力的个体的血统则可以由一个雕塑家来完成，顶多再加一点额外的佣工协助。在某个时间点上，哥贝克力山丘大多数单独竖立的图腾柱似乎被剥夺了脸部和地盘。

腹山的大多数矿工似乎能轻而易举地发现潜在的欺压行为。他们鲜有兴趣支持对贵族人士的个人崇拜。这样的个人主义是违背竖立成对的社区巨石柱的社会功能的。被冒犯的群体很有可能干脆联动起来，除掉了那些独出风头的个人主义者。一个能够产生狮子贵族的社会系统也能够煽动专注于革命的或者"先知的"抱负的雕刻家反叛者。

在这座神圣的山丘上，最有创意的天才中有一个相当古怪

图 27　C 场地

作者基于德国考古研究院重建图所画。

的、图腾狮子世系的雕刻家（图10）。我们没有这个人的狮子面具，因为它被打掉了，很可能砸碎了。但我们知道，这个人是认同狮子图腾的。因为在他的雕像上，图腾的主人公面具上的那两只猫耳朵还在其雕像上。除了性力女神沙克提的性爱体位以及生殖与出生显示为同时发生这个事实外，狮人的脸和推测中的他的女人的"猫头"被偶像破坏者视为冒犯。本质问题是，傲慢的狮子身份和雕像脸上的贵族猫科动物的假笑似乎激怒了对此抵触的雕刻家祭司，使他们挥起了燧石刀。当然，这些从遥远处提出的推定，统统需要在哥贝克力山丘的发掘完成时重新考虑。

最近在西北山顶上发现的"双孔"雕塑终于让我们确信哥贝克力山丘的燧石矿工毕竟是与时俱进的。据独立学术成果称，哥贝克力山丘宗教消退之时，二粒小麦的驯化已经在附近发生。这种巧合是一个令人鼓舞的探究猎人们向驯化动植物过渡的出发点。不言而喻，只有进行更多的发掘才会使该小规模宗教的各个方面清晰地浮现出来。

第八章　谷仓场院里的动物

公牛。直至今日，我在哥贝克力山丘只看到过两到三头公牛的图像。由于雕刻家根据他们所能找到的岩石面积的大小调整了雕像的尺寸，所以那上面有些看起来像公牛的图像很难与公羊区分开来。更何况公牛作为有蹄类动物，不合乎猎人们对具有进攻性图腾主人公的要求。它受到尊重并被吸纳进"男性猎人的荣誉图腾行列"，大概因为它是雄性的缘由，而且是牧群中具有杀伤能力的领头者，或者是因为哥贝克力山丘的矿工们当时已开始关注牛群类的再生产，而牛群就是属于公牛的。

图腾逻辑在任何地方都不是一个界定清晰的科学。在哥贝克力山丘的图腾动物群里，我们还发现有鹤、一只公羊、一些公野猪、一只瞪羚和一头驴。只要石器时代的动植物分类学家认为合适，他们可以把任何动物的雄性拉进他们的猎人联盟中。然而，尽管他们的标准是开放的，我还是不想成为一窝狐狸中唯一的一只鹤。我担心不会有安生日子。不过，有足够的证据表明，在哥贝克力山丘的小规模宗教中，鹤与狐狸在一起相处得不错，比它们二者中的任意一个与狮子间的关系要强得多。

公牛将其不明确性保持了数千年，直到后来人们才发现在克诺索斯的一个巨石迷宫里藏着一头，它好像是在守卫着大地神秘的内脏，它充当至尊杀手和入会者的妖怪。入会者不会让人知道他们能不能经得住入会条件的考验。当然，至今还流传的那些关于克诺索斯奥秘的克里特岛和雅典神话已经稀释了秘密会社的入会条件，将其降格到了简单的皇室浪漫的程度。在人类文化发展过程中，每逢走向极端的扭曲时，仿佛总会出现——也许是神的恩典——一个可以用来恢复某种程度的平衡并重建希望的对立面。

后来，希腊的公牛祭和更晚时候的西班牙的斗牛，把克诺索斯的公牛推回其猎手们的壁龛里——作为指定的猎物，它适用于英雄般武功的杀戮。牛科动物的个头和很高的地位促进了公牛祭，并在克诺索斯迷宫崇拜传说（牛头怪被王子杀死——译者注）之上，提升了公牛的影响力。最终，这个更新近的趋势替驯化者控制和屠宰牛的努力进行辩解——这种事在牛头怪神话早期背景下几乎是一个不会被接受的贵族主题。当普通农民琢磨出如何对付和驯服那些公牛时，牛头怪便失去了公信力。于是猎人—贵族需要采取某种更为戏剧性的、"英雄"式的手段对付牛类——那种壮观的、可以把令人畏惧的神秘反弹给人们的东西。公牛祭和斗牛就具有这

样的功能。

从旧石器时代到新石器时代，人类的男性一直是捕食者，女性则保持着不断扩大的家庭的平衡——从事相对安全的觅食活动。在所有捕食者系列中，原始人男性一开始是天生的劣势猎手。可作为猎人，他们希望做更强大的捕食者的后代。不过，一个生物既不能选择自己的父母也不能选择自己的神。人类生活历程中，这些神不是被造出来的，而都是被发现的。活跃的图腾或神祇因强大于人类，总是有权将情愿加入并乐于"猿化"的人类学徒收进他们的囊中、骄傲里和图腾兄弟关系中。

如此一来，就需要神圣选择的智人编出一个可信的、能够在大众知晓的情况下采纳他的神圣图腾地位的故事——或者至少是做出一个有趣的假设。

驯化就在地平线上。为了给驯化动物的行为找一个合理的说辞，哥贝克力山丘的人最终需要被不同的图腾选择、引领。有了不同图腾的引领，类人信徒将不再被无限期地拖进捕食者的两难境地和一阵阵的剧痛中。那种急切的、想借助礼仪刺激某种宣传活动的愿望使他们做好了迎接尚在发展中的文化形式的心理准备。逐渐地，它修改了困扰他们600万年之久的侵犯、杀戮和食肉。

人们起初想看到更多猎物后代以及想加快孵化石灰岩卵巢中燧石卵子的期望，两件事合起来把人们的思路引回到了文化扩张的方向上。在人们实践驯化之前，他们需要找到有广泛而缜密思考的宗教，借助它为人类的营养辩解，为他们乐意施予动植物相一致的食欲地位辩解。今天的人类宗教依然还是残缺不全的，只要人类的科学和产业把注意力集中在随机的胜利和机会主义的市场，他们的宗教就无法逃脱分化。救赎只有在达到了当前的侵略性罪行的总和所要求的扩散模式时才能获得。小于这个就不行。

十几种文化侵略的模式需要十几个不同风格的宗教撤退。

古人所抱的关于所有生命、传播、死亡以及变形的总和等前人类流变神话的一般概念已经软化了他们的心，他们的新任务是培育动物。可是驯化是需要在神明主人公的监护下发展的，这个主人公还有待发现。因此，从发展角度看，施密特教授认为新石器革命是一个宗教事件的见解，是站得住脚的。

哥贝克力山丘矿工们的产业和小规模宗教及其所表现出的对生命与救赎的关注已经产生出的文化创意方面的脉冲超出了基本的饥饿、暴力和食物的范围。这个用石灰石巨柱填充其圣殿的小规模宗教已经培育了一个种子的想法，即男子的努力关照下的大地的受孕与生长。为了让这种重新定位在哥贝克力山丘猎人中生效，大地—高山女人需要被渲染为孕妇，她那带着男人奉献的腹部需要明显地长大。这个目标课程的全部，需要由惯常的杀手上演，其借口就是为求得生命而进行的赎罪。哥贝克力山丘的小规模宗教所表现出的深度，正是一个被继承的杀手文化为了追求驯化和培养所要平衡的。

迈向驯化的人终究需要全然放弃他们的捕食性猎人的神祇。他们需要找到并且屈服于更强大的神灵，他们能创造，能赐福，而且使他们能够通过献祭之路合法拥有植物和牲畜。那些没有参加一般的重新定位和宗教转化的猎人，因拒绝公平型的驯化、献祭和交易，永远成了驯化者眼中的另类。他们最终成了军界和超驯化者的贵族式的食品供应者。

直到最近，新月沃地北缘的驯养动物之一还没有在哥贝

克力山丘的浅浮雕中得到满意的解释。那就是山羊①。这是否意味着它们当时已经在猎人正常的狩猎范围内不复存在了？看起来在发掘中把山羊降格为某种"恶"的物种为时过早。而且，"善"与"恶"在石器时代的猎人和后来的驯化者心目中含义是不同的。在魔鬼和全能的上帝被认为是世界上的善恶之源以前，如果说真的存在过一个恶的物种，那就是身兼骗子和非天然捕食者的人类猎人自己。

作者随感：1971 年，当我和约翰尼·库克注意到一位迪恩妇女是如何惧怕我们的录音活动时，古老的狩猎传统中生与死（善与恶）两股势力的鲜明对比变得清晰了。她当时被吓得脸色发白。她明白我们所录的是在神仪式、狼仪式或猎鹿仪式上的声音。这些仪式的名字，要么是合起的，要么是相互交换起的。在她看来，我们这些男人是在死亡领域的话语中做买卖的。与她的恐惧相反的是猎人萨满自己的担心，他认为任何形式的阴性分泌物——生命之力——都会抵消并毁掉他的狩猎威力。因此，他的夺命之力在他自己神秘地变形为图腾狼神后方可受到保护并得到约束。接着，狩猎结束后，他又要在同一个充满汗水味的变形小屋把自己变回一个安全的人类、一个丈夫。他需要在生命的

---

①据认为，《圣经》概念中的"替罪羊"是把山羊认定为恶的——不管是赫梯人还是以色列人——看起来是一个对相对较晚的历史背景的普通的误解造成的。在第二十章，我会就此问题介绍一个不同的视角。我认为同样的不自在也适于乞颜丘的山羊印鉴（图示见 2008 年施密特著作第215 页）。我难以想象某个山羊群的所有者会选择一个"邪恶的山羊魔鬼"作他的商务印鉴。在所有这些案例中，设想一种正面看待山羊的前辈宗教也许将更好地回答我们的历史问题。

领域，也就是说在妇女居住、孩子玩耍和成长的领域行使职责。

神圣的谷仓场院。早在本书的图 4 中，我已经开始认识到哥贝克力山丘所存在的一个双重性原则。在本章里，我必须重新回到这个话题上来——带着一个重要的修正，并且从一个更广阔的视角出发。2010 年，施密特教授报道了当时在西北山丘的新沟堑中的发掘工作。他所介绍的一件文物（图28）的尺寸有好几米。它与哥贝克力山丘东南中心第一层上最华丽的雕刻的对应性达到了几近卓越的程度。[1]但在聚焦这个物体之前，再回去看看图 23，有可能会为我们提供历史进程方面的观点。东南山岗的狮子会所中的拟人化明显的涂鸦雕刻，已被我接受为哥贝克力山丘神学的图形解说。随着新石器革命的到来，人类的生活条件已在变化。同时，随着一代又一代宗教反应的不断发展，早期的信仰立场倾向于偏离与其文化变革相关的焦点。这个小规模宗教里未来的老师由此也需要变得更为明白易懂。他们需要解释旧答案与新问题的相关性，而且要用新鲜的方法来解释。因而，这个新的图形版本的"神学解说"揭示出一个新的思想格局，它表明新石器革命已经在哥贝克力山丘开始了。

这个特别的石灰石板条有着两个平行的长方孔洞通往地下。考古学家将此类文物归类为观察孔石。这一对孔洞直接

---

①克劳斯·施密特：《哥贝克力山丘——石器时代的圣殿。持续进行的、特别关注雕刻和深浮雕的发掘的新结果》，《史前纪录》第三十七卷（2010），第 239—256 页。

图 28　神圣的谷仓院落。新近发现于哥贝克力山丘西北山顶的"观察孔石"雕刻。相同的照片克劳斯·施密特首先发表于 2010 年的著作，第 252 页。

照片承蒙德国考古研究院提供。

表明，我们这里所看到的是正统的敬神专用区地板规划的减缩版，特点是基座——凹槽——就像在 C、D 两个场地看到的被充分发掘出的一样。但是没有丁字形的巨石柱与西北岗的新发现之间那样的有关联。

无论如何，长方形的"观察孔"表明相配的巨石柱肯定在概念上决定了这种设计，为的是与长方形的巨石柱产生联系。但在这个或许会成为双基圣所的缩减模型旁没有巨石柱本身。另外，两个长方孔之向西定位提示这个设计是受到狮子兄弟会影响的——施密特教授告诉我们没有发现在此之前插入过巨石柱的痕迹。

真不错！这就意味着对那位创造了"双观察孔"布置的艺术家来说，以巨石柱为特色的古老的生殖仪式暂时无需继续下去。雕刻匠不再设想一个生殖场景，也用不着再为表现这位母亲后来的身孕问题费神。那便用不着堆什么山丘了。当然，所有这些熟悉的概念都含有推测的成分。但出于其更新的忧虑，这位雕刻匠—祭司选择表现的是这位母亲生孩子后的性暴露。

那么在这个庙宇模式中发生了什么变化？妊娠的时间、从怀胎到生产（或者到产卵和孵化）现已不再描绘在单一的展示中——像曾经在一些图腾柱上尝试过的，或者曾在 D 场地（见图 12 和图 17；另见施密特 2008 年著作中之 12 号、27 号和 43 号支柱）的巨石柱底下用鹤后代的浅浮雕暗示过的一样，雏鸟和新生儿爬满了闲置太久的阳物。

极有可能的是，在这些与巨石柱相关的事例中，雕刻师并不是在拿自己宗教所关注的最神圣的事开玩笑；相反，他们很有可能试图显得富有预言性和乐观性，也就是提前预示愉悦的结果。子孙后代和更多的生命是他们宗教救赎的目的所在，那本来就是大山母亲受孕的肚子长大后应得的结果。我们可以断定，石器时代的文化还没有理由诋毁人类的性生活，彼时人类的人口过剩还不像近年来这样变得日趋恶化。

在这种更新近的圣殿模式中，受精、怀孕甚至生产均已

发生。所有这些生产后代的步骤现在被认为都是按着顺序发生的。现在该到了管理谷仓小院的时候了。在这个更新的圣殿模式中，不再需要永久驻扎的阳物般的巨石柱立在那里。动物的生产或者蛇（鱼）的孵化已经完成。子孙后代们仿佛已排好了队，就要开始吃奶了。

这个寺庙格局的雕刻师给我们悬而未决的关键问题——关于哥贝克力山丘小规模宗教从狩猎、采集到驯化的过渡问题——一个精准的答案。我们现在知道在这个圣殿被雕刻期间，这种过渡一直在该地区进行着。

在一个单一的景观中，雕刻师—祭司让我们看……让我们看什么呢？不，那时还没有一个饲料槽和一群家畜及一个神圣的人家——只是已经有一个"神圣的谷仓院落"一类的东西。

蛇还是鱼？ 蛇—鱼含混的情景重新唤醒了关于哥贝克力山丘普通的蛇形象之角色的一个念头。在本书的前文中我把这个念头置于休眠状态，而只是提及一条公蛇的双性天赋。然而会不会是这样一种情况：在哥贝克力山丘，男子们对蛇的迷恋使他们开始有了二重的解剖学世界观呢？

大多数人都知道，蛇和蜥蜴的舌头都在一定的部位分为两叉；但并非很多人知道公蛇和有些蜥蜴还有半阴茎，也就是说，它们有两根阳物。很显然，满怀嫉妒的动物学家在做记录时把它们降格到其半数了。那么，那些具有双阳具天赋的公蛇有没有鼓励过哥贝克力山丘的男子们期待在如同乌龟般的地母身上有一对孔洞呢？这些人对蛇了如指掌。他们八成把玩过它们，并在它们身上"挤"过毒液，也为了剥皮吃肉屠宰过它们。或者，他们是不是在青春期后，在他们对人类女性的生理解剖更感兴趣之后，才开始关注到那两个孔洞的？哥贝克力山丘的浅浮雕中雕着那么多蛇，这个研究问题的确值得在将来予以重视。我现在提出该问题，依然是想让它再度休眠，暂不回答。①

在这个圣殿格局中，地母所生的哺乳动物似乎为牛—山羊及一个食肉猎物的后代。后者有可能代表早期驯化并加入人类家庭的物种——狗。如果它果真是一条狗，如果那"爬行的"生灵是一条鱼或者一条吃害虫的蛇，那么这就可以看作是第一个为驯化者家庭服务的微型圣殿。也许它是在同时代人忙着遮盖新的西发掘区最后一批狮子会所的时候被启用的。

这个位于哥贝克力山丘西北岗的圣殿模式很可能是一万年前使用的——它是由武器制造者和石灰石雕刻祭司修建的。作为地母的圣坛，它有可能还是那些其儿女们想成为牧人或农民的猎人和采集者的圣殿。这个小机构里的祭司也许一辈子都保持着由图腾赞助的猎人、一个燧石工具制造者的身份。不过在他生活的年代，放牧者和农耕者也同样需要能切割燧石的工具。

承认山羊。 我很高兴，在哥贝克力山丘的剧目单中终于看到了一只山羊。它的出现，印证了我一直以来的直觉。那就是，在狩猎时代，没有哪个动物被认为本质上是邪恶的。

---

①1976 年我发表了《奥尔梅克宗教：中美洲及其以外的关键》，从而将关于古代中美洲宗教方面的整体看法改变成了蛇崇拜。我把拉汶塔那个至今被理解为美洲虎面孔的奥尔梅克"马赛克面具"识别为响尾蛇的代表。假如我把哥贝克力山丘的蛇象征夸大哪怕一毫米，我都会容易成为笑柄。鉴于哥贝克力山丘的形象中至今没有张开的蛇嘴，使得这种探讨无从进行。于是我把这个挑战留给其他研究人员。1976 年的学术阻力非常大。然而在 35 年后，我的论点被瑞尼·邓哈德证明是正确的。见《拉汶塔的奥尔梅克宗教：一个宗教考古分析》，博士论文，莱茵弗里德里希·威尔海姆大学哲学系，伯恩，2010。

既然人类男性神秘地屈服于最危险的食肉动物并将它们奉为图腾主人公，那我们的祖先为什么还会把一个动物看成是邪恶的呢？

假如这世上有种生灵是明知故犯的，有意地最善蓄意伤害、欺诈和邪恶的——清清楚楚明白他自己在做什么——那就是人类。人类制造用以杀戮和切割的工具的习惯演变为蓄意的系列谋杀。这样的行为同时表明，在当时，山羊不会被很容易地当作邪恶物种而避开。山羊既然有着如此邪恶的名声，它们怎么会变成第一批被驯化的蹄类动物呢？等哥贝克力山丘考古工作者统计完那里的骨头后，我们会更清楚如何回答这个问题。

眼下，即使哥贝克力山丘的这一幅山羊雕刻已经支持了我以前所写并在第二十章还要论及的观点。在那一章，我希望提出一个改进了的、关于山羊驯化的观点，同时提出为什么我认为替罪羊之说不靠谱，而是一个神秘甚至现代社会科学的误解。关于这个问题，我并非闹着玩似的随便写写。在第二十章，我论述山羊的修订版将足够严肃地从 Yom Kippur，即古以色列人的赎罪日开始。

在驯养动物被刻在哥贝克力山丘圣殿的同时，新型的人类祭司也出生了，服务于变化中社区的一个新型的神祇。这个山丘上的祭司都曾主持过图腾符号的基本剧目。开始他们可能穿着缠腰布、戴着面具，后来增加了披肩。他们也知道如何通过神圣的手、臂和生殖器官来看人类与神灵的活动——象征性的可见度及延伸、掺和成隐形的象征性维度——也许扩展到某种主题如"她的大腿上有着全世界的生灵"的范围。学会为人类的创造力担待责任的，正是这些祭司——不单是为了孵化那些借助暴力从燧石结块中砸出的碎片，而且也是为了补充和生育因他们成功的燧石武器产业而变得越来越少的物种。他们对那些□靠近人类家舍生活的物种产生了兴趣。

哥贝克力山丘这类祭司的神学观点相当有可能还保持在图腾的定位上。尽管从内心来讲，这些雕刻家—祭司依旧在狩猎和捕获，从身体方面讲他们还在把自己的猎人图腾"扁化"到浅浮雕中，但他们学会欣赏作为人的自身本领，欣赏他们的工具、用物、缠腰布和披肩，所有这些都使他们自命不凡，促生了他们对权力和地位的感觉。在老一辈的图腾神祇被艺术性地"扁"到石头中之后，就需要更加伟大的神明来替代他们授予人类新鲜的雄心。虽然说祭司们尽量在物质层面迎合高山—大地母亲，他们作为石灰石采石工的习惯让他们追求越来越多的新一轮的神学成分。演变中的片刻从心志上刺激了他们，使他们做好与"大自然"或者简单说是与"自然"遭遇的准备，因为她将在遥远的未来被认识——在这本书能够被撰写的时代。

在稍后某个时期，在附近一个悬崖上，人们在一个貌似牛阴道（图29）的天然出水口旁边发现了一个看上去是一头母牛（或牛犊）的石雕。小动物形象上边的椭圆弧也许暗指它与右侧悬崖上的出水口有关。有可能表示一个分娩的过程。石灰石表面上挖出了坑，有些是椭圆的，有些是圆的。这说明，如图30中在其他地方用来给人类男女治病的同样的石灰石"药"粉，在这个地方被刮下来用以维护动物的健康。这种临时凑成式流露指向一个统一的生命理论，一个为完成驯化任务而拟定的可行的预设。

这个地母"熟悉"[1]天或天父吗？与我们当今的思维方

---

[1] 英文中熟悉一词 know 同时具有发生性关系之意。——译者注

式一样，哥贝克力山丘的雕刻家—祭司也需要借助相似与对比的方法来对事物产生概念。单靠岩石地母来解释所有的生死现象是不可能的。他们的武器制造业，以及他们为生命的繁育所维持的男性的小规模宗教，是永远不会通过母亲般的柔情求得平衡的。于是，尽管听上去很矛盾，尽管他们的救赎聚焦于地母，但哥贝克力山丘的祭司拐到另一条新鲜的宗教发现之路，最终找到并接受了天父。神圣的天父用以困扰他们的最基本的良心问题可能是："猎人和矿工们，是谁给你权力让你们粗野对待地母的？"

图29　一个岩刻母牛，靠近一个天然的出水口，类似一个牛阴道。
照片承蒙德国考古研究院提供。

赫西奥德神谱中的哥贝克力回声。7000年后的希腊诗人赫西奥德提出了完全相同的问题。但他似乎抱怨所有的障碍物——每个没能让开道路的抽象的阳具——他抱怨的不是用巨石柱塞住地母的石灰石雕刻家，而是活生生的天父本身。此外，赫西奥德怪罪泰坦神克罗诺斯，说他挥舞燧石"镰刀"（因此为原农夫）阉割了天神——好像是在抱怨驯化，而且因眼前所有这些"切断的"具有代表性意义、挡道的石灰石用物而惩罚天父。

天地所生的所有孩子中，泰坦兄弟是最可怕的，而且他们从一开始遭天父憎恨。他们一生下来时，天父就把他们藏到了地母秘密的地方。他不会让他们在白天现身。巨大的地母在疼痛中呻吟。于是，她创造了灰燧石并把它造成了一把镰刀，然后把自己的计划说给她的泰坦儿子们：

我的儿，你们的父亲太恐怖了！你们要是听我的话，咱们就能惩罚他的暴行。是他先想起做恶事的。精于狡诈的克罗诺斯答应母亲，愿意完成她报复天父的心愿。于是地母让他埋伏起来。她把带齿的镰刀塞给他，告诉他如此这般地行动。就这样，天父带着黑夜来了，想和（地母）做爱。他躺在地母四周，全身摊开在她身上。这时，埋伏着的儿子先伸出左手，然后用右手抓起又大又长的带齿的镰刀，飞快地砍下了他亲爹的（生殖）器官，抛到身后。①

明显地看，扭曲的哥贝克力山丘神学的传说在7000年后传到了诗人赫西奥德那里。赫西奥德的故事免去了矿工和燧石武器制造者的罪过并试着鼓动地母及挥舞镰刀的农夫永

①赫西奥德：《神谱》，见《赫西奥德，荷马史诗及荷马学》，H.G.艾卫林-怀特译（马萨诸塞州剑桥出版社，1977），第87—93页。文本翻译有改动。

远对抗他们的天父。哥贝克力山丘的宗教的确产生了新的问题，而哥贝克力山丘的矿工—祭司及巨石柱的雕刻家对这些问题一无所知。但驯养者最终还是愉快地接受了一位更为阳刚的天父——这位比赫西奥德所想象出的那位更具创造力。

含蓄地看，由于不完全明白他们自己礼仪中用物的象征性的潜力，哥贝克力山丘小规模宗教的成员做好了最终承认天父的准备，因而也做好了最终与他和解的准备。这位神明从高高的云端向着大地猛投他火热的闪电长矛、滚下他的雷鸣巨石。曾经一直用呆滞的石灰石巨柱象征天父的生育禀赋的哥贝克力山丘的男子禁不住要琢磨这位高高在上的、手握至今遥不可及的原动力的、活生生的神明。与呆滞的巨石柱对比鲜明的、活生生的天父，终于使他们茅塞顿开，他的行为更像一头牛，而不是一只狮子。就这样，这些男子放弃了他们幼稚的雕刻阳具的习惯。

不只是为了伟大地母的安宁，同时也是为了天父的尊严，模仿性的石灰石用物最终需要被埋掉，使人不再看见。这位高高在上的神肯定还会去找他的配偶，但会依据他和她自己的本性去找她，而不会以凿工学徒雕刻和肢解的燧石块的身份去找。一段时间后，这些带棱角的丁字形阳物在这位活神的眼中肯定像是到处乱扔的垃圾。他当然注意到那些倾倒在他配偶身上的石灰石冒牌货似乎在嘲弄他在几千年后依然还为"有儿子"而感到骄傲的事。

哥贝克力山丘的雕刻家—祭司准备了一个人类想成为动物更真实朋友的未来。雕刻家用自己的双手和工具把从大地母亲那里得来的物质塑造成动物形象，渐渐把他们创造的形象看成生殖、后代和个人财产。他们不再那么多地关注图腾捕猎者——被他们贬低并借助雕刻"扁"到石头上的从前的神祇——的后代，而是越来越关注人类已学会去爱护的被捕猎的动物。此前，他们只知道如何狩猎、杀戮和屠宰。而现在，他们体验到雕刻这些形象简直就像虔诚的创造性行为，而且就像爱上了所创造物的后代的经历一般。人们不禁要问，有多少新鲜的人类的同情走进了那些早期的艺术性的生殖活动。

雕刻了这样一些东西之后不久，工匠们开始采用那些雕刻动物的活副本作为驯化的继子女。当猎人和矿工在燧石和石灰石上血染手指 2000 年后，人们会发现出生在他们畜栏中的任何野蛮的动物的皮肤摸上去都比那些石头要柔软得多。然而，面对他们早先的图腾主人公，他们需要逐渐发展出一个相反的防御关系——在人们接受对被捕猎的动物进行驯化时，他们感觉有义务驱逐对他们的驯养动物有敌对行为的捕猎者图腾。于是图腾神祇被重新评估为恶魔和盗贼。母爱和同情心不能轻易地在同一时间被施予驯服的动物和野生食肉动物——即使有些死硬的猎人仍然把后者看作是神圣。

创造、雕刻与拥有权。转型中的迪恩大师和被捕猎动物的看管者黑神（乌鸦）一样具有放牧和保留动物的权力，因为在他的家宅中，他也有着一整套以这些动物为原型的宝石雕刻。[1]同样的，我们可以推测哥贝克力山丘的雕刻家—祭司以三维形式雕刻生灵的形象时，也意识到他们正获得创造那些动物的创制权和父母权。不管他们雕刻的是食草动物以增加其数量并加以驯化，还是魔幻般地把图腾捕猎神限制、囚禁在懒惰的石头上，他们的权力都提高了。

对于图像威力的这般推理可以解释哥贝克力山丘艺术剧

---

①见卡尔·W.卢可特：《纳瓦霍猎人传统》，1975 年，第 125 页起。

目中严重缺乏普通人类的现象，它也可以解释对有些个性较强的拟人化图腾柱所表现出的敌意。无论何人，只要雕刻并竖立了个人形象，就把自己树成了被攻击的目标。最早的由人类之手制作的形象都被当作它们所代表生灵的一部分。

任何个体，一旦被"捕"入雕像，都会被修改、控制、占有和销毁。因此，这样的推理，可以很容易地移植到对所有权的宣称——目的是为了驯化，为了合理的屠宰。它也解释了后来在宗教历史中实施过的、不许制作凡人或神明图像的禁令。"你不可为人或神雕刻偶像"实际上是在说："你不可试图以雕刻模型的形式占有它们。"

　　哥贝克力山丘所有挖掘工作完成之后，一个决定性的问题仍然值得商榷：

　　为什么这些圣殿及殿内之物最终都深埋于矿工从石灰岩上刮下的表皮和尾渣之中？

　　首先，这些覆盖物意味着以巨石柱为主的小规模宗教活动停止之后，燧石开采仍在继续。与此同时，为了"地母"的肚子能继续长大，需要填满一些地方。受孕后需要掩盖应是情理之中的事。因此，该小规模宗教的根本目的——为猎杀暴力之罪求得救赎，便通过协助创造生命而达到了。

第九章　隐藏生命的奥秘

　　哥贝克力山丘的小规模宗教达到顶峰时，一些家族，甚至整个部落，都需要跟随猎物向北翻越大山迁离这个地区。被废弃了的、专为那些献身于特定图腾且与代表性巨石柱有关的族群修造的寺庙场地，很快就成了那些希望维持自己部族血脉及图腾的人的眼中钉。而那些迁离的人或许觉得有必要在离开前将他们熟悉的会所掩埋起来。

　　那是不是在西南山顶建过圣殿的狮子兄弟会比其他人存

活时间更长久呢？他们是否已将整个膜拜仪式重新向西定位，因而仅仅毁坏了南边裤裆部位的场地呢？这些都不足以回答剩下的问题。如果是这样，那最后又是谁掩埋了西边的场地呢？

那些继续在哥贝克力山丘采矿的人们需要坚持他们所做事情之间的相关性。以竞争和图腾从属关系定义的、贵族与低阶层猎人之间的派系斗争，把所有个人主义宗派势力降格为短命行为。超过2000年的时间里，圣山的管理权多次易主。年轻一代的男子做到什么程度才算真正从情感上参与前辈们宗教式升华的性行为呢？每一代人都深陷于他们自己的兴衰交替里。哥贝克力山丘及其圣殿以及巨石柱都专注于生命的创造。死亡即便不是被彻底击败也不会被主动提及。只要人们倾向于帮助大山母亲，让她的肚子继续生长，这种倾向就可能会原封不动地保留。那些离开这片土地的人希望，无论他们走到哪里，母亲给予的新生命都会随他们流动、赋予他们力量。

地球上所有事物似乎都逃不开时间与季节因素。在哥贝克力山丘，有一个用来打开封裹的时间，出于同样合理的缘由，在另一个时间段，"地母"需要被重新覆盖。因此，还有什么比清空一篮篮尾矿和石灰岩表皮碎片更简单的呢？一直以来它们都在不断添加物质而使地母肚子增大，只需将那些碎石片倒入神圣的、需要被掩埋的深渊不就可以了吗？

这并不意味着巨石时代的猎人信仰作为一个宗教就这样被尽数埋葬了。在矿工和武器制造商来到哥贝克力山丘投身于燧石工作的大多数时间，残余的小规模宗教或许就沿着山坡（也就是考古学家所说的"第二层"）继续安居下来了。在其进化的某个时间点上，圣殿不再是小规模宗教的中心了。但山丘本身还在继续其物理生长，正如怀孕条件下被期待的那样。等这座山丘上所有的缝隙被填满时，一些动物便已经在周边地区的谷仓场院生了下来。此时，出现了一个文化、宗教方面的价值过渡。一时间，用来覆盖缝隙的泥土，变得比四处可见的石灰石用品更加重要了。那么为什么一切不应当是这样呢？一般新生命的妊娠期正在进行时，"地母"的肚子注定是要扩张的。而看地母肚子生长毕竟已经成了2000多年来蕴藏在采石、雕刻以及欢庆里的希冀。

彻底摧毁相对老旧的圣殿是没有必要的。掩埋比摧毁来得更简单一些。与其说巨石柱代表那些需要被摧毁而让位给竞争对手的古代的神，不如说他们是旧到不能再像往日那样使用的神圣的"有机"用品。在2000年的时间里，大山母亲被反复授精怀孕，被那些设计和管理她象征性授精的人的巨大的自我膨胀鼓舞喝彩。非天然捕猎者的人类，也开始把自己重新设定为非天然的增殖者。虽然母亲的受孕一定要有高潮的仪式，她腹部的生长却是循序渐进的。慢慢地，矿工们那令人印象深刻的石灰石艺术就可以被忽略了。

那种认为哥贝克力山丘圣殿最有可能的演变是渐进的，他们的埋葬也是渐进的这个推定，是由许多巨石柱顶部的数量众多的杯状凹坑表明的。会所被填时，巨石柱的"头"被露在填充物之外相当长一段时间。即使会所不再有用，人们还是把石灰粉从巨石柱睾丸上面的凹坑处刮下，明显的是用于强效涂料或受胎药。而且，即使圣殿被填埋，人们对巨石柱所含物质的效力及母体支撑结构的信念却经久不朽。

从巨石柱上刮下的粉末的类似用法，在西凯尔特地区一

直记录到 20 世纪。在那里，这样的石灰石粉末被刮下来，搅拌在水中被喝掉，以增强怀孕几率及生育能力。[1]从哥贝克力山丘出现的巨石柱意识形态的总貌来看，收集从这些更古老的巨石柱上刮下来的东西都出于同样的目的。如果我对哥贝克力山丘考古学的整体阐释没有偏差，那么这个地方最终将会成为凯尔特人实践与信念衍生的本源。

平等性别。巨石柱宗教衰退时，神圣的会所被有意识地用矿工的碎片填满了。同时，"地母"的裆部被盖住了。当伟大的母亲被给予更多的隐私后，性别平等的过程在男女之间出现了。我们可以看到这个事实以一种极其有趣的方式被雕刻在石头上。在填埋了的场地，巨大的石柱被允许从碎片的表面凸出来好长一段时间。人们可以继续去睾丸上方，从杯状的凹坑部分刮剥，以获得助生药物的粉末。

但是，请注意！从分娩后的女性圣殿的石灰石表层（图 28）来看，它的边缘上也被刮挖出相似的凹坑。这表明在哥贝克力山丘的某个时期，女性的生命本质得到尊重，因为在推动生命前进方面，她们所提供的物质仅次于男性巨石柱所提供的。因为某个雕刻家—祭司在建造其小型圣殿时没有建造男性巨石柱，于是这座圣殿的人们才逐渐产生出妇女自给自足的概念。一个女性圣坛为神话的产生提供了具体的场地，兴许在未来某时使人们能够领悟"童贞女之子"这样的概念。

总之，石灰石巨柱是从大山的石灰石卵巢中取出的物质。蹀步穿行于采石场高地，我看到了相当多的生石灰石表面挖出的杯

---

[1]额外的相关资源见米尔恰·伊利亚德：《比较宗教的范型》，纽约和斯卡伯勒，1958 年，第 216—238 页。

图30 B 场地顶部被刮出凹坑的巨石柱。
来源：克劳斯·施密特，2010 年。
照片由伊姆加德·瓦格纳拍摄，承蒙德国考古研究院提供。

型凹坑，很明显，这些坑代表着"地母"的原料卵巢，男性巨石柱就是从那里砍下来的。方形巨石柱睾丸上及地母圣坛（图 28）上杯状凹坑系统的集中出现意味着该小规模宗教能够将额外的神圣归因到未开采的石灰石卵巢上。

当然，人类进化历史中没有任何宗教曾成功地永久平衡"捕食者"社会。即使一再失败，问这样一个问题还是很公平的：如果没有 2000 多年前这些石灰石的即兴创作，我们的两性关系将会进化到多么糟糕的地步？

作者随感： 当愈来愈多哥贝克力山丘的圆形寺庙被挖掘至膝盖高的时候，沿着围墙也许会出现一些长凳，这些长凳的数量大概可以表明那里能够坐下的人群的规模。这当中有些屋子对我而言是那么熟悉，起先让我欣喜若狂，继而几乎令我震惊。我曾见过并在这样的室内坐过。我曾经到访过美国大西南的阿纳萨齐旧址，也去过仍旧被现存人居住的霍皮印第安村庄。是的，即使在墨西哥（例如在马利纳尔科）我也发现过阿芝特克时代的小屋。我曾在霍皮人村庄的广场上作客，观看过许多传统舞蹈仪式。在舜歌波维我曾坐在地穴里看着一组又一组的戴着面具的克奇纳，他们来自其他地穴，是顺着通向屋顶的一个出入口的梯子进来的。我曾看过他们跳舞，离我很近，与我的膝盖只有一巴掌宽的距离。这所有的回忆都让我有一种兴奋的历史领悟：尽管中美洲、阿纳萨齐以及普韦布洛文化与哥贝克力山丘相隔数千年之久，而且在地球的另一侧落脚，但它们仍然处于类似的进化时段。他们的仪式依然是由那些虽定居一地但仍旧陷于对他们而言正在消失的石器时代狩猎者和采集者的宗教念念不忘的男子们完成的。

　　巨石柱的理念已经远游至美洲，实际上，更是依相反方向、经由欧洲传过去的。我在遥远的南达科塔农场一个有威尔士人血统的人的宅子里发现一根立着的巨石柱，他家周围数英里之内没有任何其他石块。当我询问它的用途时，他告诉我，这座石碑见证了两代人的、依照卫理公会基督教习俗举办的婚礼。

　　这样的巧合值得我们重新思考宗教演变与扩散的过程。在我作为一名宗教历史学家的职业生涯中，至今已经调查了各种各样的美国土著民传统——大多为美国大西南和墨西哥的男性宗教信仰。于我而言，询问他们的宗教习俗是否或是如何跨越亚洲或传入美洲一直不是十分要紧的事情。但这样的询问足以让我们学习和发现一些与当地的地理与文化条件相关的人类行为。这样的关系是可以被观察及检验的。当然，现在随着哥贝克力山丘的发现，本书作者的心灵漩涡里已经引入了动荡的湍流。奥尔梅克人当时等了将近 7000 年时间才收到来自安纳托利亚的脉冲；阿纳萨齐人和普韦布洛印第安人则等了 8000 年。那么，到底发生了什么？什么时候，什么地点，又是如何发生的？这样的问题需要我们放胆扩大视域去考虑。但紧随而来的问题是，这样的放胆同样会使这本书有过度肥胖之忧。

不。哥贝克力山丘那些人的宗教信仰，不像西方学界在论及宗教时所常用的贬损术语那样，认为它只是一个荒淫的"生殖崇拜"。他们的宗教肩负的是一副重担：他们继承了采集—狩猎文化类型，亦即经历数百万年暴力生存手段的演变，把我们转换成暴力的智人和困扰自己的谜团。在我们当代的自我意识中，几乎完全缺乏对大规模进化过程的客观视角。而面对今天的生存、死亡及武器等危机，我们自身的社会宇宙智慧仍然相当随意、幼稚。

今天，工匠人（创造者）仍然在其进化中遥遥领先，超过智人（思考者）。如今的创造者可以用许多新的方式来插手生命的创造，这从长远来看，很可能也不会是明智之举。思考者到现在还没明白他/她真正思考的潜在主题，也不懂得如何去积极辨别那些借助思考有可能搞定的事情。或者说，可能至少不会比他们有时候的激情本身更具破坏性。

当理性之光照耀在我们祖先的身上时，他们自己开始模

仿"自然的"捕食者。[1]与新来者相比，他们是更好的猎人。但是作为超群的模仿者，即出众的猿类，我们的祖先接受那些成功的、有势力的捕食者作他们的图腾模范，奉他们为神圣的导师甚至荣誉祖先，变成了他们的信徒。在过去的数百万年里，通过这种生活方式，我们的祖先学会了如何成为最有效率的捕食者和地球上的累赘。

哥贝克力山丘父系社会曾试图借助其忏悔及赎罪的宗教给予尊严的阳物以工具和生命象征，但却被他们自己对暴力的追求及对武器的普遍使用而事先丑化了。这样一来，他们某些涉及"生命"的古老象征意义的残余，至此已被排除在体面话语之外了。一直以来，武器、死亡等行业的血淋淋的辉煌受到现代宣传机器的积极评价，也被娱乐媒体和玩具营销商因牟取可观的利润而给予积极评价。对死亡的操纵已被提升到如此的地步，现在连天然的生命工具都被指责为死亡和腐烂之源。当然了，生死之间是有合理的关联的。生命确实是死亡的先决条件。

军事产业集团。早在第二章中我就提到过军事产业集团。最早的近东王国及帝国似乎确实依然派工人去安纳托利亚东部的燧石矿山开采制造矛尖与箭头的燧石。[2]这些材料被用来装备最早以武力促成近东文明的军队。很有可能，在12000年前的哥贝克力山丘，武器制造者们铺张的宗教膜拜已经为随后几千年里从未

---

①除了这里，其他地方我都尽量避免使用"自然的"、"超自然的"以及"自然"，因为哥贝克力山丘的人脑海里可能并没有我们所说的"自然"的概念。这里用"自然的"是指"没有经过人类加工的"。

②如果我没记错，前些年，在读到一篇古代皇家赫梯语译本时，我发现过一个皇家条款中规定了燧石兵器锋尖的制造与收购，大概就在哥贝克力山丘矿山地区。我现在无法找到这篇引证，但它确实存在。

停歇的过度军事探险播下了种子。哥贝克力山丘并不是地球上最后一方极端暴力和宗教狂热共同发展、彼此佐证又彼此激励的土地。而且，宗教解决方式并不总在他们寻求平衡的时候奏效，尤其是在内心仍把自己当作模仿者、捕猎者、战士及猎人的人们这样做的时候。

10000 年前，哥贝克力山丘的人们还不知道什么是铀。然而，在我仔细考虑他们武器业演变的"进步性"时，我产生了想分享另一个随感的动机，是关于更近的一次转变。老旧过时的赎罪问题直到今天依然能够引起共鸣。

作者随感：1953 年接近尾声的时候，我游历田纳西州时拍摄到了一张橡树岭工厂的照片，这里制造了当年轰炸日本广岛和长崎的炸弹（至少别人是这么告诉我的）。后来我了解到，那时橡树岭是博士比例最高的地方，同时，在这些具有高学术学历的人中，阅读《圣经》的人的比例也是最高的——他们倾向于严肃对待有关世界末日的预言和他们自己在神剧里担当的角色。哥贝克力山丘的燧石武器业，莫名其妙地让我想起 60 年前橡树岭的一些谣传。武器工业和同好会（例如国家弓箭协会）以及有组织的宗教（为了其有正当理由），似乎在 12000 年前就成为了舞伴。

生命、刀子及驯化。最早的猎人/采矿者来到哥贝克力山丘地区开采燧石，他们有可能把多余的燧石结块从低处壁架带到山上去。他们会把这些原材料剥片敲碎，做成工具和武器。猎人们会来到这个地方以野味换取武器。这座山上的燧石业是石器时代狩猎—采集文化的前沿，这种文化曾一度辉

煌，然后开始摇摇欲坠并停止在它们尾矿山的斜坡上。这是一座在9500年至12000年前由猎人、矿工、武器制造者们建造的圣山。狩猎—采集者文化终结于那边的石庙里——男子们上演过向"地母"赎罪哑剧的猎人专用会所里。对于非天然捕食者的智人，他们希望在此处能就自己在狩猎、开矿及制造武器时大规模的暴力行为负荆请罪。

当哥贝克力山丘的矿工们在他们有计划地打破、砸碎的石灰石板条底下发现燧石卵之后，他们想到了燧石薄片，想到了能用以切割、刮削和穿刺的锋利的边缘。他们即兴创造了凿子、斧子、矛头及箭镞。不论何时，只要这些现实的猎人在野外看到一只可捕食的动物，他们的第一反应是矛、箭和刀。

作者随感：哥贝克力山丘的文化过渡（普通的猎人可能并没有预见到），让我想到我的一位好朋友汉斯雅克布·威德霍尔德（Hansjakob Wiederhold）的工作，是他把家牛引入了新几内亚。新几内亚的土著人在内心依旧将自己看作猎人。那些考虑转行作农户的人们会接受一些培训，还会饲养一头母牛。支付这头母牛价钱的办法是把她产下的第一头小牛归还给牧场用以重新分配。母牛及其以后产的小牛就留给农户。作为报酬的小牛被养大之后，会送给另外一家农户候选人。这就是整个计划。多年后我问他在新几内亚遇到过的最大阻力是什么。他讲了一个令我记忆深刻的要点："我教会饲养动物的那些土著人，一直以来在其骨子里还是把自己看成猎人。他们看见一头母牛，第一个想到的不是小牛，而是刀。"

以杀戮、采矿和武器制作为生计的哥贝克力山丘的燧石文化人，借助一个相对柔和的燧石宗教来赎罪。假如我们在距该文化之后的七八千年里去了中国，我们会遇到先哲老子，他准会把我们想知道的都告诉我们：刚与柔—乾坤平衡—阴与阳。他会抽象地做到这一点，不用具体地提及燧石文化或石灰石宗教。但他肯定会明白我们在谈论什么。

在第十九章的某个部分，我们会谈及先哲老子之前几个世纪的中国。我们将会看到相当多的正在转向青铜冶金过程中的燧石文化。后来，这种文化惹起老子及其他古典先师的抗议——他们曾抱怨帝王式的过度"刚硬"。一个刚刚到达那里的猎人/武士文化正在试图让中华大地"文明"起来。那种对"阳"的滥用是在一个被称作"殷"的商代首都发生的，当然这个"殷"和另一个汉字同音异义。

第二部分　进化、文化与宗教

　　文化是人类自我断言的总和，是人类自认为他们所强加给普通自然的。宗教是人类对明显强大于人类的现实存在的应对，是对该现实存在强加给人类之物的认知。"文化史"和"宗教史"之间的区别是文化与宗教之间的相互戏弄，是鉴于宗教的文化变革和鉴于文化的宗教变革。"历史"和"进化"之间的区别是所考虑变化的时间长度。假如这本书只是为宗教历史学家写的，那么第十章是可以当作介绍部分的。但是大多数对哥贝克力山丘感兴趣的读者首先关注的是进化和考古问题。本章所总结的是作者的神学桥梁，通过它可以走向哥贝克力山丘去弄懂它的宗教。

第十章　什么是文化？什么是宗教？

　　关于宗教进化论。自从我的一些（并非所有的）教授坚持认为在宗教史学领域里不存在"宗教之起源与进化"的问题至今，几乎半个世纪的时间，他们的观点已经隐藏在人们记忆的软脑页中了。这些人对他们的学生说："凡与起源有关的问题都应留给形而上学。"他们建议要远离"起源"之类的问题，同时要远离凡与宗教有关的"进化"之说。此前所有试图以进化论探讨宗教话题的努力，均被这些导师们定为失败之举。他们的观点大概与当时宗教史学界的主流相一致，也许与当今的某些学派也是相一致的。

这一连串的告诫仿佛让我感到，早在那时，我们的学术领域的界限就已毫无必要地被拉紧了。假使在一个更大的"发展"或"进化"规程里对"历史变迁"的内涵同样给予考虑会有什么不好呢？假使变革的普通进化过程不曾得到重视，那么普通的史学研究还会剩下什么？当然，不同的话语在不同人的眼中具有不同的意义。[1]我读过教授我们的老师的著作，也读过编造宗教进化论者的著作，这个进化论随着时间的推移成了问题。

早期的文化和宗教进化理论后来被证明是不稳定的，人们无需对此感到惊奇。这些理论的作者是在通过模糊的进化次序来追逐抽象的主题的。问题在于：假如一个人一开始是用定性研究法定义宗教学主题的话，例如有神论本质上是由所牵涉神祇的数目来定义的，或者是用诸如精神、灵魂、法力或神圣等不容易与基于经验的数据连接起来的概念，那么把这些概念投射回史前时代，即投射到本身是由定性方法定义为"蒙昧"或"野蛮"的早期文化层的企图所带来的只能是额外的变幻莫测。这样的努力使我们只是敷衍地关注由古生物学家、考古学家、人类学家和动物学家在该领域所积累的物理数据。这种理论举措招致对于那些早已提出的"宗教进化"模式的怀疑。基于定性及抽象的进化论研究途径无法得出更清晰的结论。

---

①早在那时，在笔者的脑海深处，仿佛就"进化"方面所展开的整个辩论只是一个英语茶壶里的暴风雨。每当我换用德语思考该问题时，它似乎就消失了。然而，我还是固执地坚持用英语。

　　我设计"经验—反应谱"（图 32）就是要让经验性数据与关于宗教行为的通用知识更加接近。①但我对于我的老师们挑战性问题的答复是五年后，即 1969 年秋天才形成的。这个答复直到 1991 年才得以广泛发布。

　　关于"宗教进化"的一个常见的误区是，人们一直认为在连续延伸的时间中，每个水平都如累进般地被下一个更精美的水平所取代。因此，举例来说，刘易斯·亨利·摩尔根（1818—1881 年）开创性的人类学确定出狩猎—采集阶段并将其称作"蒙昧"。②他继续向前演进到驯化、农耕和金属加工，把它们称作"野蛮"阶段。最后，他认为书写艺术是"文明"的标志。摩尔根的线性进化过程统一体给卡尔·马克思和弗里德里希·恩格斯提供了顺序结构，也提供了足够的空隙，使他们得以插入自己的"阶级斗争论"。这些共产主义的创始人在他们的普通辩证法的模式之上，以历史唯物过程中取得的进展建立了一个需要并应得到一场无产阶级革命的世界模型。

　　美国文化人类学先驱刘易斯·亨利·摩尔根不是傻瓜，但他对古代社会功能方面的论述从来没有上升到可用的田野理论高度。我不会将进化学说当作彻底失败的尝试来抨击，尤其不会用来攻击那些先锋人物，但我要将我在 1991 年发表的文化适应的五个连续阶段几乎原原本本地在这里重申一遍。所有水平的人类文化适应，在其繁盛期都需要与相

----

　　①见下文"经验与回应跷跷板"及图 31。
　　②刘易斯·亨利·摩尔根：《古代社会》，1877 年。

匹配的宗教反应发生联系并保持平衡——无论从思想还是行动上。①

> 约 300 年前：民主暴动的意识形态
> 约 3000 年前：普度众生的主张
> 约 5000 年前：由武士所进行的超驯化
> 约 10000 年前：由牧人和种植者所进行的驯化
> 约 600 万年前：采集、拾荒和狩猎

图 31　五个文化层次的积累

应该强调的是，上述五个文化层次及适应阶段，只有在其起点时间上是连续的。它们没有移动任何东西。我所提出的所有五个文化复杂性的适应层面及伴随的宗教层面至今依然存在。我本人在这五个层面上都曾经活跃过。它们没有一个曾被取代。这意味着在我的教学词汇中，没有摩尔根的线性进步理念。当更加复杂的生活方式遭遇其自然界限的时候，回归到更简单水平的适应也许变得有必要或者可取。

事实上，很多非常成功的现代人，在他们的空闲时间里会定期地回到早年的或更为简单的人类适应水平上去，例如打猎、钓鱼、采集、栽花种菜、做手工艺和走步等，他们把这种回归到史前的行为称作他们个人的"消遣"（译者注：这个词在英文中除了具有"消遣"或"娱乐"之义外，还有重新建造之意。作者在这里玩了个文字游戏）。"重生"与"重建"都是神话和宗教方面的概念。

---

①我的"五个层面的适应"作为进化论的积累发表于《埃及之光与希伯来之火》的"前言"部分。1991 年卡尔·W. 卢克特著，奥尔巴尼：纽约州立大学出版社，第 21—27 页。

正如摩尔根、马克思、恩格斯及很多社会科学家或历史学家所做的那样，我也是依据人们所赖以维持生计的物质适应性来对人类文化进行分类的。文化与宗教之间呈现出明显的联系，文化的类型界定着人的侵略模式，也让同样的人以相匹配的撤退行为去体验相应的内疚和反应模式。他们的内疚类型的确会调节他们的宗教体验并影响他们的整体行为。因此，我将尝试把我的"进化论与宗教史"模型同人类的生存、智力及物质参与联系起来讨论。

经验与反应的跷跷板。虽然说我很清楚我在学习方面所具有的个人假定思维方法，但我对宗教方面的教学方法已显著受到所谓科学唯物主义的影响。这个表白会让我的一些朋友大吃一惊的。[①]的确，想和学生沟通的教师不可避免地会使用学生最易理解的话语。我还注意到，英国工业革命的应用科学和技术是如何把英国语言磨炼到实际上有利于经验主义和科学唯物主义程度的。这并不是说马克思和恩格斯影响了英国语言，而是说这二位在英国经验主义的丰富语汇中获益匪浅。他们挣扎着从他们的母语（德语）错综复杂的树枝——交错生长的植物上爬开，积极回应英国经验主义的类别。马克思最重要的著作就是在伦敦的噪音中撰写的。与此形成鲜明对比的是，他的母语德语中的精神或人文之范畴从来没有屈服于实验科学。"精神"和"人文"在英文中没有

---

①事实上，本节对马克思及科学唯物主义的引用，是因为本书的第二、第三部分起先是应中国学者之约而写的。转而一想，这种巧合兴许也会给西方对话贡献一些新思路。

确切的对等词。①

经历了犹豫和惊讶之后，我觉得有必要承认，在我个人的宗教理论的形成中，我受惠于当代英语中科学经验主义和唯物主义的词汇。1968 年，我第一次给大学生讲宗教史入门课的时候，在发现沟通不太顺畅后，我注意到我的学生所受过的教育使他们是沿着原始的英国多元化和马克思主义唯物论思考问题的。于是，我手拿粉笔，在黑板上把我对宗教经验的解释调整和调换成了原始的可量化、可测量的类别。当时的我没有注意到我正在解决一个无神论心理学及马克思主义唯物论的系统问题。除此之外，跷跷板标尺还可以用作有神论和无神论之间的理论桥梁。

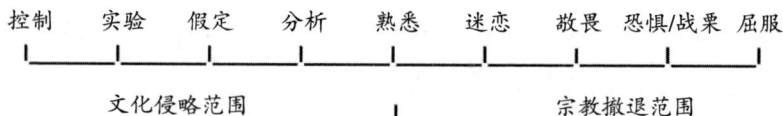

控制	实验	假定	分析	熟悉	迷恋	敬畏	恐惧/战栗	屈服
	_____	_____	_____	_____	_____	_____	_____	_____	

文化侵略范围 _____|_____ 宗教撤退范围

图 32　经验和反应的跷跷板

当然，用来为诸如"神"或"圣"等特性下定义的定性词语同样也需保持真实和有意义性。因为还存在着语言学"软件"的可选版本。如果交际需要，人们可以通过使用定量的磅秤来谈质量——如谈包括轻、重、多、少等性状的质量问题。人们所需的，只是将经验强度标尺（见图32）从科学实验一端向宗教层面一端延伸便可，从而在标尺的文化一边和右边的宗教部分之间搭

_____

①就制造科学类别而言，英语是一个完美的语言。甚至连 1923 年西格蒙德·弗洛伊德在《自我与本我》（*Das Ich und das Es*）中提出的心理学理论，在其"es"被误译到英文中变成了宾语"id"后，听上去才有了科学的味道。从那时起，"Es-Bezogenheit"（本我关联性）便可以作为一个具体的、值得敬重的玩意儿来加以科学地研究了。

起一座桥梁。这两个层面合起来代表了可以容纳的人类经验等级的连续性。区分科学与宗教时，人们并不真正需要提及"精神"或"物质"。我们需要做的只是要意识到，人类的意识是有限的。

只要我们承认我们在一生中总是处于包围之中这个事实，我们就会遇到并经历：（1）小于我们的现实存在；（2）大于我们的现实存在；（3）作为我们的潜在对等者的现实存在。位于标尺正中的这个类别，其范围原来是很窄的。它只有在侵略和撤退通过平等的沟通与和谐共存取得平衡的支点上才能成为关注的焦点。

宗教是人类对如此构思、如此经历的强大于人类的形势或现实存在的反应。宗教经验的范围：（1）可以从平等的中点"熟悉"开始沿着经验强度标尺右边延伸。（2）宗教经验的最温和的形式可以定为"迷恋"。（3）整个经验标尺右半边的宗教部分的正中间，应该可以被定为"敬畏"。例如先知穆罕默德在看见天使时的那种体验。据说他惊呆了，站在那里一动不动，"既不能前进也无法后退"①。（4）下一个激烈程度的宗教体验可以被标记为"恐惧与战栗"。（5）宗教的终极强度会达到全面的个人"屈服"。

在标尺的正中间，在平均主义的"熟悉"之处，任何有理智的人的经验性跷跷板必须平衡。潜在的对等者在该点交

---

①引文见托尔·安德烈：《穆罕默德：其人及其信仰》，纽约，哈珀火炬图书公司，1960年，第44页。耶稣的门徒圣彼得对"敬畏"也做过说明，引文见圣马太"登山变像"中的记载："主啊，我们在这里真好；我们就在这里搭三座棚……"没有必要再往高处走，也没必要重回到山谷去。

流和分享。在那里，他们传播并发展。在这个平均中心，所有物种都参与培育与发展。

这里给出的标尺也适于表明佛陀的教导——通过将标尺右半边的四个部分再对半分开而表示沿着八正道的八个渐进步骤。一个更普通的例子应该是一个家庭的案例。一个孩子出生后，父母自然会认为有实际存在的"神圣权力"监管这个孩子一段有限的时间。人类的例子之外，我们对宗教所下的定义是可以扩展以适应其他物种的。人们只需要把另一个物种的平衡行为的均值置于其自己整个标尺的中间点即可。于是，举例来说，一只狗在面对某个强大于犬科的主人时，有资格得到有关其独立的宗教关系的启示。

一个人类的个体太小了，不足以成为"自然"。他或她无法假装知道"超自然"维度从何开始。再者，每当我们试图把"自然"与任何其他东西区分开时，会面临更大的困难。因此，我们的跷跷板标尺上没有对超自然维度与任何现实世界的区分。作为列维·布留尔所谓的"原始人"，笔者清楚自己只是一个知道其某些限度的人。[①]我知道超越于人类的、非凡的界线对我来说是从哪里开始的。

每个人的脑子都能科学地思考、宗教地思考或神学式地思考。每当我们思考的主题为大于人类的现实时，我们即是在做神学推理。而当我们观察的主题是小于人类的东西，并考虑对它们进行分析、试验或控制时，我们就是在进行科学思考。在一些罕

---

① 参见路先·列维·布留尔的《土著人如何思考》(1910年)。列维·布留尔区别了两种基本的思维模式："原始的"和"西方的"。他把原始人的思维活动描述成"神秘的参与"。另见本书第十一章第193页脚注。

见的时刻，当我们与潜在的对等者相处时，我们的想法可能
会以"人性化"的方式，在标尺的中间点取得平衡。不管是
物质大于思想还是思想被认为比物质更重要，也不管黑格尔
或马克思被接受还是被拒绝，经验标尺都可以用。为了理性
沟通，我们可能要在可测量的事实中沿着那个强度标尺为自
己定位。因此，马克思和恩格斯会预言有朝一日"宗教"将
会消亡。但他们忘记考虑所有人类都注定要冲撞的那个强大
于人类的范围。超越人类维度之物永远不会消失，除非人类
自己成为全能者——如果真有那一天，那么人类就再也无
法笃信宗教了。

当然，人们可以伟大到足以对着诸如"宗教"一词发誓
说他们永远不会再用到它，并于此后假装"宗教"及超越人
类维度的东西一起消失了。故此，这对于马克思和恩格斯来
说似乎是一个容易做的预测。在语言的进化中，所有的词语
最终都将枯萎。但这个枯萎过程所改变的只是表面上的识别
和沟通。每一个字词符号，只要在政治上有碍，人们都会发
明好几个来替换。那么，在最受欢迎的字词被选择做常规用
途只是一个时间问题了。一个特定的可怕的字词有可能在内
乱过程中成为主流字词。之后一段时间，历史学家便可就此
创建职业生涯，通过撰写有关"革命"、"战争与和平"或
有关"恐怖"的书而扬名。

超越于人类的现实可能是，也可能不是真的像我们所认
为的那样。同理，那些站在流行科学一侧争论的人并不真的
知道实验科学的对象，即小于人类现实的单位，是不是他们
所理解的那样。它只是意味着，在眼下我们可以相对安全地

去操纵他们。我提醒大家注意一个事实：今天的科学家和任何人一样都在担惊受怕，因为在 20 世纪他们的同事想出了如何把铀原子分裂成更小的单位。他们的担忧是存在主义性质的，就是说，这些担忧是对不显眼却令人恐惧的，也许是被无知的行政政策所"浓缩"的、"强大于人类"的亚原子碎片的一种宗教反应。人类进化过程中，神是以不同数目和大小来表明自己的。凭借一点点运气和努力，哪怕是一个微小的病毒也可以吓唬或击败一个强大的人类英雄或一支军队。病毒所需做的只是享受在潜在的对等者中繁殖自己。

继续顺着经验主义范围向标尺的右边移动时，对精确定义的需求减小了。是否在潜在的对等者中分享我们的经验，或者如何分享，是那些企图在标尺中点平衡其生命的人的一个核心问题。

作为过程和探索平衡的宗教。从我讲授关于经验主义标尺的第一天开始，我就把它设想成一个跷跷板了。这个比喻在我所有的宗教历史入门课中帮了大忙。将此理论模型看作一个儿童游乐场地确实能够表明它在人类生活所有发展阶段扩大了的效度。在标尺的中间定一个枢纽说明我们对平衡的需求。即使孩子长大成人，跷跷板标尺的枢纽原理及对平衡的需求永远不会被超越。

但随着孩子在成人世界里繁荣和成功，为了权力和利润，他们有义务不断创造新的不平衡。然而，只要人类希望生存下去，就必须为寻求共同操作上的平衡奉献精力。

世间所有生命前行的端点，是死亡时的最终屈服。前行的方式是种类繁多的宗教应对和科学应对。在每一个有机体的生命过程中，死亡是由疲劳和休息及睡眠的周期预示过的。

我们吸气、我们吃饭，但我们迟早得放弃各种摄入。仪式化之路推荐给其信徒的是"顺从或自我屈服"，让他们在有生之年通过仪式作为实践和完善之事而获得。然而，人类所有的宗教路径，总是以某种形式区分逐渐屈服的程度、学习的进度或认知的深度。它们仔细分辨暂时的、不太激烈的屈服——因而感知状态变化不定，不同于一个人在死亡时那种毫无保留的终极屈服。

一个社会规模越大，它所创造的不平衡也越明显。因此，协调这种不平衡的，肯定是组织性较强的宗教方面的努力。接下来，假如宗教不能达到他们预设的目标，某些困惑的朝圣者可能会感到失望，会因自己的文化失败而责备宗教。从非理性战争中理性地"撤退"有可能被看作是导致战争失败的原因。人类斗争中，那些以和事老身份进行干预的人会因斗士卷入的尴尬困境而遭到抱怨。那种尴尬是因和事老的介入而曝光的。

警惕的改革者会试着将一个弱势的宗教传统复活；他们也会废弃一个特定的路径，说它没有希望。就这样，有些宗教正在被增强了的神学和重新聚焦的救世概念所改革。而另外的则被反动的无神论者或狂热的、新生的有神论者当垃圾扔掉。可是，因为人类的脑瓜从来都没能凭空做出重新发明，任何一个新的开始都是依据能够找到的解决方案从对旧的问题的改头换面着手的。在现实生活中，新问题新答案都是旧问题旧答案的子孙后代。新的解决方案必须首先对照其往日曾解决的问题进行理解。

那些自身纠缠于现代混乱形势中的人可能会认为前辈传下来的"旧时代的宗教"是更真实、更简单、更纯粹的。旧的解决方案被保留并被在仪式中使用到一定程度时，一个路

径的忠实的追随者可能会变得很怀旧。他们有可能试图还原到过时的文化层面上，希望以此使陈旧的宗教解决方案依然有用。他们重新引入那些最初使启示成为必需品的老问题的解决方案。但是有些陈旧的宗教答案不再能够有效地解决所有现今的人类问题。尽管如此，在获得合理的历史观点方面，文化和宗教的陈旧碎片将永远是重要的。

随着时间的推移，人类智慧在不同层面上接近的所有的问题和解决方案，都有变得更复杂的趋势。哥贝克力山丘的那些可能涂了蛇毒的燧石箭头，已经被扩大到核导弹和毒气罐的幅度。新技术新材料被上传到我们个人经验的跷跷板上了。企图逃回到早期的简单日子的宗教式撤退，不会给我们的生存磅秤增加多少重量，也不能弥补现代所有的不平衡。

科学实验只允许一个类型的人类经验——正如吃一顿饭时只用我们消化道设备中的一个末端一样，即最适用于攻击的部位。科学实验与我们标尺的左边相称，它们包括：(1)让我们自己熟悉事实的任务；(2)通过在概念上将这些事实缩小为安全的、可操控的部分加以分析；(3)提出一个能够超越事实的假设；(4)进行有控制的实验以取得可测量的相同与相异；(5)最后开发新获得的知识以进行额外的控制，并为今后新的实验确定出发点。因此，从我们体验标尺的中心开始，科学部分从"熟悉"向左延伸到分析、假定性重排、实验以及征服和控制的整个领域。

科学实验追求的整体只适合于做研究和理解低于人类范围的现实配置。这是因为实验科学的范围仅限于理解被先验判定为逊色于人并由此可通过实验加以控制的现实。任何与潜在的对等者在实验方面的冲突一方面会自然地导致人际斗争，另一方面会引向通融、妥协及相互间可能采取的平均措施。这一情况下，科学的主要目标将黯然消逝。然后，任何与强大于人类的现实的对抗都可能引向魅力和诗意的深度，引向发抖、战栗及神圣的恐惧，直到最后引向一个自我屈服。

比如说，在标尺的右边，倾向于科学的人类操纵者本身变成了实验的对象——由强大于人类的现实存在者所处置的"对象"。也就是说，如果这个强大的现实存在确实倾向于迁就我们的科学的修修补补的风格的话，标尺一端科学控制的存在性在另一端即被否定。科学实验的起点——也是宗教经验的起点——是标尺正中间的"熟悉"。整个标尺中，只有在这一点上，人类之心才可以自由地追求中性，才可以不带偏见地观察。

同样，在标记为"熟悉"的中点任意潜在的对等者都会依照黄金规则，即道德管辖平等关系的普遍规律，参与到平均主义的分享之中。如果这个黄金规则被用于处理科学对象，人们会把自己的地位提高到一个平等点，这将禁止试验，禁止把科学转化成游戏比赛或者征服。当然，让一个人的一个"方面"或部分暂时地被看作可用于科学研究或医疗的较小的物质是有可能的。但是，这一步只有在一个人的较小部分已经被解析，并被契约性地从包含并保留其自我意识的剩余部分分化出来，才是道德上可行的。其本质的自我部分，即一个人的诚信，既不能也不应当经受科学的实验。

标尺中间点的平均主义的"实验"也许只是调皮的嬉闹。同样的，从中间点开始的潜在伙伴间的关系中，如果其中一个伙伴被另一个当作科学实验的对象，或者简单地看作劣于他的对象时，确实会被心理负担压倒。从同一个嬉闹的中点向标尺的右边移动，也有可能导致对潜在对等者的崇拜。

不管怎样，感知宗教强弱度的阶梯是迷恋、敬畏、恐惧/战栗和屈服。在整个经验主义标尺上，从控制到屈服，科学唯物主义的语言只适合用来评论标尺的左半边。而要评论与强大于人类的现实之间的关系则要求不同的词汇和态度。人类从出生直到终老，其一生易于体验的范围，科学唯物主义只能解释其一半。一个只有百分之五十搭调、百分之五十失焦的世界观，只能够理解人类经验范畴的一半。支持这种思维定向的人也许有半数以上的机会能够理解他人。

"宗教"和"教派"的类型。 在普遍或单一情况下，"宗教"是一个名词，它指的是一种用以抵消由文化所产生的侵略的行为模式。如果发生宗教式的撤退，例如为平衡侵略而做的努力没有效果或失败，或者战役失败，那么宗教经常会受到抱怨，被指责为试图全力阻止出现的状况。因为宗教对抗的是文化方式，不管其干涉是有帮助的还是根本没有做出干涉，它都会受到责备。严格来讲，世界上没有宗教胜利这类事。顶多只有和平的宗教撤退、击败或避免了的胜利。在宗教历史上，有些平衡人类行为的努力的确曾经限制了冲突并推迟了暴力。阶段性的平静也的确取得过。但只要这种平静必须由神话般的"正当理由"来保证，那么以任何种类的理由来进行辩护的宗教教条最终都可能被追究责任——如果一个由宗教安慰的文化挑起了一轮又一轮的复仇并由此阻止其宗教辩护进入新的责任中的话。

任何一种攻击、任何东西或任何人而且间歇性撤退的生物，都可宗教般地行事。凡卷入寻求食物、从事捕获、收割、撕咬、吞咽及吸收的众生，也会阶段性地"撤退"以便歇息——因此也表明了他们的宗教性。如果做撤退或者求平衡的是动物，那么我们也许把它们的行为划归到"动物宗教"的类别中。然而，读者无需通过费事承认动物宗教的存在来理解本章的论点。我们还是简单地考虑人类的宗教吧。如果大量的普通民众能撤退到一种行为平衡，我们可以称之为"民间宗教"。如果他们的文化层次显示为简单的和原始的，我们可以将其看作"原始宗教"。一般来说，每一个宗教的解决方案，都被调整到其东道文化的"原始性水平"。每一个答案必须或多或少地应对所提问题的复杂程度。另一方面，每一个答案必须与一个文化的现存"复杂"程度有相关性。

为能变得相关，一个宗教的创新必须承担合理的重量才行，不能太多也不能太少。

如果宗教仪式是由萨满主持的，我们就谈"萨满教"。如果一个人以个人风格寻找其撤退平衡，我们就说其是"个人宗教"。然后，因为数百万年来，男女以不同的强度为了不同的目标而劳作，我们也有理由——虽然不总是明智的——在男女之间区别其宗教类别。

生活在小部落社会的人，其宗教也可能被归类为"部落的"或"小规模的"宗教。不管我们选择如何去给它们命名，我们都并未就此描述其宗教特征；相反地，我们是把宗教性与更易于命名的社会或文化特色连起来看的。文化的复杂程度，以及人口的多少，着实能够决定最终需要宗教反应来解决的失衡的种类问题。在更多的人口中，我们发现有阶级分层，有国家之间的竞争及史上可见的整个文明群。因此，我们大概要考虑"国家宗教"或考虑主要的"世界宗教"问题了。

无神论并不能说明一个人是反宗教的。神圣的佛陀所教导的就是一个关于通向教化之路的无神论的教义，结果他却

成了世界一大宗教的创始人。超越人的现实的存在因其处处皆强出人类之自我而能够在标尺的两端都能预见到，也可以用"正"、"负"来打分。无法解释的"正向愿景——正景"（例如天堂）和"负面之光——负光"（例如涅槃）能以大约相等的强度让一个人不知所措。无法解释的本身足以表明我们是否在接近超越人类的层面。

如果有读者不同意隐含在标有刻度的跷跷板标尺中的先验的本体论模式，我接受我在沟通方面没有成功的事实。但是毫无疑问，总有一天，当某人在临终时的宗教屈服中赞同我的标尺时，我的论点会得到认可。当然了，我不会坚持让他在他最神圣的隐私片刻抽出时间对我书中的论点做出反应。如果他正巧是个有神论者，譬如说一个虔诚的穆斯林，他会毫不费力地理解我的经验主义标尺。他每日五次礼拜中的姿势就预示了他最终屈服的点。不过，话说回来，如果此人正好相反，是致力于科学唯物主义的，他的个人屈服可以反映在一直以来他都是把自己看作物质实体这个事实上。这种眼看自我弥漫于物质中的心智训练，是宗教屈服的一个初步的无神论变种。对他来说，在他只是被转变成一个更真实的组成部分时，他的本质不会有太多的改变。

从狩猎到驯化的进化过渡被广泛地称为"新石器革命"。在审视应对这个过渡的宗教反应前，人们必须意识到各种材料及其战略意义。本章的话题，是为第十二章的继续讨论做准备的。届时会考虑另一种途径的过渡，即从狩猎直接进入夸张的"超驯化"阶段。

第十一章　从狩猎到驯化

漫游者和定居者的命运

从哥贝克力山丘目前的考古发现看，那里的猎人和矿工宗教大多只是为了抢救狩猎—采集文化而采取的一种守势，而不是向着农业或生物革命迈出自信的一步。不过，礼仪期间主持赎罪仪式的人所采取的是宗教撤退的姿态。他们做忏悔，而且大多徘徊在防守或顺从的文化层面上。作为武器制造者，这些猎手在他们的狩猎和燧石文化的前沿犹豫不定。在摇摆不定中，他们在他的文化中求索并在石灰石宗教中找到了庇护。不过，虽然就进步的范围——腹山圣所的男子们正在其间重新考虑他们的信仰问题——方面已经讨论了这么

多，但我们还是应该记住，经历数百万年演变而来的掠夺成性的思维定式，只能非常缓慢地对其予以改变。除采取物理措施外，还需要随着很多与日俱增的智力发现重新调整心理。凡此种种都需要植入人类的脑海并当作众多不言自明的小思维种子予以开发。

哥贝克力山丘西南冈第二层的山坡和西北冈的发掘工作，已经显露出新鲜的变化迹象，明确指向驯化。我们必须假设，参与了较大的赎罪礼仪和宗教觉醒活动的正统的图腾猎人这样做的目的主要还是为了平衡自己的猎人身份。最终，而且可能性极大的是，这些人中的绝大部分在迁走时依然还是猎人，其中不少人翻山越岭向北迁移。他们继续前行，在欧洲和亚洲繁衍人口。那些朝东漂过亚洲的人也许在跟随别人的同时，帮助推动冰期时期的人类移民、通过大陆桥进入美洲。漂移至东南亚的一拨也许与后来把巨石习俗带入印度尼西亚和太平洋领域的人混合在一起。

所有这一切并不意味着参与哥贝克力山丘 2000 年成长直至其晚期的人亲自迁移到了那些遥远的地方。但新石器时代宗教崇拜地的痕迹很有可能还在整个亚洲等待开发，这些崇拜地的修改版后来在凯尔特欧洲和美洲都出现过。我们可以期待它们的发现会与石灰石高原和燧石矿有关。

无论如何，在四五千年前的某个时期，巨石时尚似乎已经到达中美洲。漫游的人群如同转动的漩涡一般，阻断了那里的地峡，那可是从北美向南美运动的天然的地理漏斗。在这个狭长的地带，飘动和挤压的人群无法靠狩猎和采集生存下去。他们不得不成为定居的种植者，所以，出于防守，他们被迫凝聚成政治中心和超驯化体系。美洲最重要的驯化植物就是墨西哥的玉米和秘鲁的马铃薯。这两个品种似乎早在 10000 到 7000 年前就已经被食用了。

受种植文化影响的中美洲的土冈建造者在人口增长的压力下向北回流，到了现今美国的大西南，并继续向东进入密西西比及密苏里盆地。总之，中美洲土冈建造者的影响回荡在北美，远至前哥伦布时期种植玉米和土豆的地方。

一万年前，也有在新月沃地一带及安纳托利亚继续生活的人，这些人开创了一系列的驯化业。史前史学家之间的一个共识仿佛依然认为山羊、绵羊、猪和牛是最早在新月沃地上弦一带被驯化的。如想接着探求该地区更大的景观，我们得到的建议是要关注哥贝克力山丘稍西一点——加泰土丘的发掘工作。印度和非洲现在也被认为是独自的驯化野牛的地方。放牧的实践也许是从新月沃地上段沿着美索不达美亚的河流向南扩展的。但是，随着时间的推移，那里的早期驯化者的定居点恐怕早都埋入冲击而成的泥沙中了。

驯化实践是7000年前从新月沃地带到欧洲的。中国最早的新石器时代定居大概开始于相同的时间，即黄河沿线的仰韶文化。山东地区的大汶口人基本属于同期。4500年前，龙山地区的人口开始繁衍，最终被商王朝占据。

在早于5000年前的某个世纪，以城市为基础的"文明"，亦即超驯化的象征，几乎同时开始于埃及、美索不达美亚及印度河谷。有组织的超驯化至少在3600年前中国商代的统治下就开始了。3个世纪后，在安阳又出现了炼铜、造车及书写之艺。

如果一个人果真认为对稳定的食品供应的追求是人类斗争的主要因素，那么，在一开始引入驯化时，似乎就从"昔日辉煌"中倒退了一步，那时，狩猎和采集是足以维持生计

的。但更多时候，并非出于人类之计划，而是由于地理环境、气候条件和意想不到的区域性的人口数量之快速增长导致了问题的出现并进而导致了迁移。

理所当然，猎人们所到之处无不倾向于通过结成团伙来回应他们最早的粮食短缺。这样他们会发起更大的狩猎活动，并发明了把动物驱赶进临时的围圈的方法。因为在当时，肉食短缺很可能是由野生动物数量普遍减少引起的，在猎人数目增多的压力下，武器技术的进步和一般狩猎活动的集约化等从长远来看都是弄巧成拙。

整个狩猎时代，人们是向着能找到猎物的地方迁徙的。野生动物所到之处，便是猎人跟随之地。而每当猎人的武器技术有所改进时，人们的迁移就被这种技术进步带来的新鲜的乐观所驱使。这就是哥贝克力山丘得以闪烁 2000 年之久的进化过程的范围。

人类寻求食物时，植物和动物的驯化最终是全球各地不可避免的措施。无论何地，一旦野生动物减少或毁灭，或者每当野生谷物、蔬菜和水果等不能填补粮食供应的短缺时，就需要做出调整。

家养动物是从所能找到的最温顺的、最易掌控的种类中驯化、增加的。山羊和绵羊荣登最早的首选物种名单。当野生牛的供应量变小时，牛也加入到家养动物中了。

作者随感：屠杀"野生"的、繁殖温顺的动物的原则是符合常识的。我在童年时也曾经是这样选择的。我 7 岁时，父亲想要头温顺的耕牛，好让我在他耕地时替他牵着——我左手执一根树枝，右手牵着绳子。我手中牵的牛一定要脾气柔和的，没有牵的那头牛步态一定要稳而且要稍高一些，以便在先前的犁沟里走动。我家当时总共有五头母牛。我喜欢牵的是一头全身通红（铁锈色）的牛。我们买她时她还是头小母牛，8年后把她卖给屠夫时，我最喜欢的红牛已经有三个女儿了，替代了她的位置。

园子里种植的是最富活力、最宜食用的品种。这些应急措施形成了一种生存风格，驱使成群成对的人走向定居生活。到了一定时间，追逐稀少的动物实在不现实了。然而男人们不能简简单单地变成动植物的驯化者——他们首先要把自己古老的秉性转变成攻击性稍弱的采集者才行。狩猎大型动物时代，依性别而产生了文化分野的智人种类得找到重新在一起生活的渠道，定居下来，共同开创新的生活。

人群与驯化放牧动物之间逐渐演变的相互依赖严重到了影响人类特色的地步。人类在成为定居者后，建起了自己的社会，而这恰恰也是他们把特定的可放牧家畜固定于一地的操作模式。在白天，他们的牧群是与其保护者和所有者混杂在一起的。他们和它们一起成了残余猎手轻易攻击的目标，那些人坚持按照陈旧的方式获取动物。最为顽固的猎人继续漫游继续寻找，他们不习惯于区分野生动物和驯化的、有主人的动物。

从哥贝克力山丘迁到别处继续狩猎的氏族把他们未来某时在别处定居的选项保持了更长的时间。他们和那些在想法及习惯等方面与他们相匹配且富有冒险精神的猎人走到了一起，最终，这些游荡的猎人群体联手组成了强人团伙。合力一处后，这些人把他们的意愿强加给了早先发展起来的居民

点——其中有些此前已经弱到无法迁移的地步。定居的人类慢慢地被坚持狩猎的人列入他们的目标单子。游移猎人所掌握的用于野生动物的伎俩在家养动物身上收效更佳，用在它们的主人身上也同样很容易。

装备不佳的农牧民手中的工具并非是为打斗而设计的，农牧民们以小组分散在农田牧场，长时间地辛勤劳作。作为弱者的他们，常常成为那些渴望通过老方法掠到肉食的抢劫团伙的障碍物。因此，种植者和游牧者需要众多人手协力防御。正是这种因惧怕而不是因生产更多的食物而引起的对人力的需求，促进了人口的增长和定居的发展。假如你是个男性的驯化者，但又感到无力保护你的家人、族人和自己的财物；假如你认为你太弱了，那么你就需要养育更多的男孩子、更多的打斗者，他们最终会帮助保护你和其他定居者。

随着时间的推移，一部分漫游的猎人团伙合并为强人群体，而先前已经定居的猎人则成了最易受日益增多的威胁攻击的对象。最终，定居者为了安全，为了保护自己而需要团结起来，避开前者的锋芒，把自己赶进用围墙圈起来的村庄和城镇。然而当人们在土坯、木材和石头背后避难后，固定不动的城市本身却成了被觊觎的目标。组织起来的强人可以征服和控制这些城镇，反过来，他们知道如何以防御的名义先发制人战胜自己的竞争对手。村庄和城镇一旦落到军阀手中，就成了胜利的占领者发动侵略的堡垒。定居的、和平自卫的驯化者就此沦为军阀们的仆从。

驯化所造成的个人变化

驯化动植物的农业所暗示的是一个能将其发起人陷于无法自拔的经济当中的结局。久居一地使他们能够养育更多的孩子，而更多的人口立即使机动性和诚实的狩猎越发困难。当然，定居者保持其怀旧之情不至于泯灭，而且肯定有一些人偶尔还会成功返回到令人更为兴奋的追逐生活中去。但总体来说，定居的农民是被自己的进步困住手脚，无法前进了。他们作为驯化者越成功，在野外能找见的动物也就越少。

在从狩猎向驯化的过渡期间，一些对狩猎者至关重要的、关乎自尊的东西仿佛败给了定居者。如果将狩猎与后来的家庭式培植豢养及屠宰行为予以系统比较，也许会揭示出猎人的自尊所含的成分是什么。为此，我们将对"狩猎"和后来与其相对应的"培育及家庭屠宰"做一比较。我们将关注的重点放在双方所必须的起码的努力方面。具体来说，我们将在动机、准备、追赶、冲突与杀戮、屠宰和运输等方面衡量这些活动。我们同时还会将这些努力连同宗教合理化放在一起考量。维持宗教合理化的目的是为了实现社会的合法化，是平衡存在之所需。

动机。显而易见，上古猎人是被他们对食物的需求所驱动的。其事实就是定期并反复出现的饥饿感。而对那些技高一筹的猎人来说，赢取更高的社会地位应该是他们额外的动机。它是可以通过在狩猎场地所表现出的非凡的勇气和技巧赢得的。相比之下，种植者和放牧者则是带着对未来需求的深谋远虑行事的。因为驯化劳动确实需要长远谋划并富有创造性，需要储存食物，一时的身体对饥饿的反应不会成为引发他们每日劳动的动机。相反的，策划、工作常规、有条不紊的次序一起发挥作用，才使各项活动流程简单明了。一时的冲动要服从于计划、方法和工作程序。

准备。猎人们需要保持他们的工具箱简单而便于携带，

食品也需要保持干燥轻便。驯化者则截然相反，他们可以积累大量的工具和食品。他们甚至可以开发复杂的程序制造工具，并且可以建立程序进行常规维护。一个听起来有点怪异的定义是：文化和文明开始于剩余商品的积累，也就是说，开始于积累的商品变得太多而无法携带之时。囤积者需要成为定居者——仿佛要等劫匪减轻他们的负荷之后再继续前进才是明智之举。

追赶。猎人们把大部分精力放在了跟踪、追逐、等待伏击和设置陷阱上。驯化者则恰恰相反，他们把穷追猛打降到最低程度。他们用陷阱加友谊的策略预先安排他们对食物的追求。他们通过育种、约束、培育、驯化和友好相处改变动物的行为。他们的警惕性是针对曾经的同行捕猎者和竞争对手，即那些曾被其猎人祖先作为图腾崇拜并模仿的神圣模范。猎人们在对猎物的穷追猛打中所体验的兴奋感逐渐地被周密的、仪式化了的活动所代替，他们最终用宏伟的祭祀盛宴来消解无聊。群居场所平淡而乏味的屠宰可以根据被邀请作客的人或神仙的身份地位或者根据可以获得的礼仪的规模而放大到巨大的夸富盛宴式的屠宰。

冲突与杀戮。猎人们在穷追猛赶结束时经常会掀起杀戮的高潮。这是他们要经历的"关键时刻"——由振奋的瞬间向应得的休息的过渡。相比之下，驯化者则可以有条不紊地应对他们所面临的冲突。他们没有兴高采烈的感觉的支撑，没有英雄般的自豪。而且，和猎人们那真正的胜利的快感形成鲜明对照的是，驯化者则是把杀戮和屠宰当作令人失望的怯懦行为来体验的。显而易见，这样的情绪徘徊在与前文提到的举办祭祀节日或夸富宴的机会所形成的鲜明对比中。

屠宰和运输。猎人所面对的一个艰巨任务是他们必须把屠宰的肉带回家。有些情况下，当把家庭搬到屠杀现场更加容易时，他们又得花力气重新搭建帐篷。由驯化者所进行的屠宰则不然，动物和礼仪执行人都已经到位。更多的精力可以专门用到正规的餐饮和复杂的仪式上，包括社区的大宴会。

正常化。猎人们自我辩解的礼仪程序的目的在于消解杀戮的负罪感，在于说明社区大宴会所需屠宰的必要性。依据神明示范和预定的权谋所进行的狩猎是对神明提供的及人类谋取的牺牲品的侵害。相比之下，在定居者的仪式中，对屠宰家养动物的辩解的重点则转移到申明其对活动物以及各种财产的拥有权乃是神明的保证上。驯化者所具有的杀戮并食用的负罪感变成了宗教及由文化所定义的经济问题，而这个问题正是建立在神明所保证的地位和财产权利的基础上。

牺牲品和经济。驯化者对财产的拥有权可以通过优先祭祀神灵以及为获取财产权而建立人—神间的关系来证明。在一些早期的游牧文化中，为了合法拥有整个畜群，需要将动物中的一个整体（全牲）献给神，即献给动物原本的所有者。祭献给神灵的东西代价太高，穷人往往担负不起。因此，当着神明的面借助宗教手段进行献祭的调整模式也许可以稳定一个畸形的社会秩序。全牲祭献并不是因为神灵真的需要分享食物，而是要以某种有序的方式稳定人类之间的所有权。从神学角度看，这种情况可以理解为，神已经在人类仪式中扮演过他们的角色，并以他们的恩典，使人类的经济、贸易和交流开始运作。

现代学术贬低了古代的祭祀活动，因此，它所展示的不是卓越而开化的理解，而是无知——对平衡早期驯化者和最早拥有者之间的社会所需的实际缘由的无知。为了更好地理解原来的问题，我们只需想象狩猎文化之后的大量人口。在

该文化中，每个男人依然是一个训练有素的猎人和屠户，但大多数是失败的猎人，他们除了能找到有损男人自尊的一些事情外，很少有别的事情可做。我们还可以想象到，人们试图运行的经济没有常规，即一个人可以拥有动物或出售肉食所应依赖的常规！

围绕祭品杀戮——如后来被驯化者所践行的那样——的礼仪阐述首先必须被理解为务实的社会创新，就像康德《实践理性批判》的哲学筐筐里边的东西一样。从社会角度看，祭祀盛宴所起的作用是替代男人们在外狩猎时曾一度自然到来的惊险与刺激。采集和狩猎是不同的生活方式，在从前，二者加起来后很可能比后来做驯化的家务活更愉快。一般来说，狩猎似乎比铲粪或锄杂草更有尊严。狩猎之所以更具"贵族"精神，首先因为它定义了后来成为贵族的猎人的生活方式。同时它比不断地侍奉被驯化的动物更具有陶冶性情的作用——这些动物甚至从来没有做出努力控制自己的排便行为。

驯化的屈辱。如果稍微变换角度去观察，智人在以技术性的预谋杀戮术发展了数百万年后，其自尊日渐削弱，他们已经意识到他们自己成了忏悔的受害者——命定要遭厄运，所以他们从事驯化劳动来赎罪。愚蠢的动物由于其被需求量的增多，仿佛成了那些屈就、服务于它们的人类主人。而一个人一旦决定当农民，即使他只拥有一头用于挤奶的母牛，都要不间断地操劳费心，不能指望能有一天的假日。亚里士多德，甚至很多地方的公务官员，都会瞧不起农民的身份，因为农民不是心甘情愿去操劳，而是一生下来就注定要与粪土打交道，从来都没有成就大事的资质。

当男性猎手在旷野很少能弄到大块头的野生动物和大批量的鹿肉的时候，他们的家人不得不采取补救措施，在营地四周寻找任何可以食用的东西。因不小心把采集到的种子撒落在营地或顺手扔掉的植物无用的部分等生根发芽后，很可能引起种植与栽培的发明。而这种最基本的种植有可能引发了开创性的园艺试验——主要由从事采集的妇女来完成。这种进化及系列事件大有可能都发生在水源充足的地方。

在被称作"驯化"的文化重组期间，英勇而精力旺盛的非天然捕食者需要重新学着做温顺采集者的卑微的角色，然后像松鼠那样学会种植。不出几代人，他们中的一部分需要转变身份，从捕猎者成为采集者。更重要的是，他们还得学会驯养那些原本可以轻易杀死的动物。这意味着他们需要用母亲般的战略替代他们灭绝的冲动，这样一来便导致他们自己的被奴役。在地球上，人类有可能是最富适应性的物种，而其从自信的神圣捕食的高峰回落到最原始的繁琐的采集模式的精神忏悔及战略转换的速度是远远超越想象的。高傲的男人需要再次学习简单的采集技巧，而做这种事，任何一个手提篮子的女人都会胜过他们。

从过度捕猎向驯化过渡这个综合的经济难题听起来很简单。但在现实中却充满了问题，其复杂程度是任何现代头脑都无法用后见之明想象得出的。已经发展了 600 万年的男性原始猎人的自我遇到了挑战，他们得从根本上重建自己。这个自我是训练和培育出来的，在遭遇超越于人（即神）的兽类对手时，它使猎人能够忍受一切可能的危险。假如同伙和家人需要保护时，猎人们是能够做到牺牲自己生命的。然而他们却无法与时俱进地调整自己以适应由他们自己的武器制造、过度捕猎和人口猛增所导致的环境失衡。理性演进——成为智人——以平衡并辩解其行为的必要性已经远远超过任

何肤浅的、如今归因于类人动物的实用主义。

对于新石器时代的一个骄傲的猎人来说，假如只让我想象出一个比他无法带着足够的肉食回家更糟糕的背运者的话，那将是一个雄性狮子。在热带稀树草原变短的草丛中，由于自己的个头太显眼，雄狮子会被那些身材较小的母狮子在捕猎技能上轻松超越。是不是由于热带稀树草原的草现在变矮了，雄狮就成了"依赖性的"婴儿杀手？人类男性偶尔体验到想去打仗的冲动是不是因为在很久以前他们学会了如何敲击更好的燧石，因为自己的女人有更多的孩子，因为可供追捕的猎物不如以前那么多了？难道人类女性真的会因为她们的男人在刀枪碰撞中战死疆场成为英雄而感到自豪？这种故事似乎没有漂亮的结语。

我们必须继续详细解读人类在进化中不言而喻的艰辛。经历了数百万年后，人形的非自然男性捕猎者需要和女性采集者一起学习怎样成为不同的婚姻伙伴，学会成为不同的父亲，即不再能有效地漫游狩猎、与不太重要的人打交道的人。[①]如今，一万年过去了，整个地球依然在男性身份转换的过渡危机中挣扎。事实证明，这种身份认同危机，一直是伟大的新石器革命所留下的为时最持久的疤痕。

招待神灵的祭祀

有没有人能肯定地说，我们最早的猎人祖先果真曾经给超越于人类的捕食神灵祭献过食品吗？我们当然可以肯定，他们是祭

---

①参见克罗伯、克利夫顿、伯纳德·L.丰塔纳著《吉拉大屠杀》，图森，1986 年。另见卡尔·W.卢克特著《美拉尼西亚之死亡的地理研究》，《努曼——国际宗教史评论》卷 18，1971 年。

献过的。而他们的猿类前辈们早在数百万年前也曾经祭献过。他们如果没有偶尔把自己无法捍卫的受害者尸体的一部分让与一些强于他们的、饥饿的竞争对手的话，就不可能存活下来。在他们把肉切成大块后，会争取带一部分跑开。如果他们没能带着肉块跑开，那么只要他们自己能活着跑开就算是幸运了。在这种情形下，丢掉性命的可能性是很大的。而神灵们可以说那是原始人自找的。把这样的事件重新当作"祭祀"来考虑，是人类挽回面子的一个策略。因此，一个人牺牲自我的行为通常不是自愿的选择。通常情况下，猿人猎人的死亡，是他们用完了救命的策略、技巧和运气。当然，还有神圣的冷漠或"奇异恩典"。

作者随感：这些都是食肉动物生活的原始事实，笔者将以亲身经历来证实。早年，我的童年是在乡下度过的。偶尔，我不得不把我的午饭给一条流浪狗。其实那是一条纯种狼，居民区的人给它喂食，但很显然，它从来不受驯化条款的额外管束。这弱小男孩初露头角的智慧（在这个地球上第万亿次）再次发现了通过奉献祭品这种短暂的求生式投降获得救赎的方法。把上学时吃的午饭奉献出去是一个令人屈辱的经验。这个秘密我从来都没有对父母说过。在（德国）这个遭受战争的国家，村民的脾气需要保持冷静。请求父亲在这方面提供帮助，大多数情况下会使情况变得更糟。孩子们是明白生活中这一事实的。

当然，我们的原始人祖先被迫在其职业生涯的早期，即觅食和拾荒阶段学习这样的求生招数。他们自己就从那些屈

从于他们的劣势者手中抢劫过。他们还从比他们强势的捕食者那里偷东西，因为他们认为它们的警觉性没有看上去那么高。他们不断地试验性地测试所有的神圣竞争对手的优越地位。这样的试验性竞争碰巧是猿类的能力倾向性最适合的。事实上，我们有证据表明竞争肯定是那样发生的，因为一部分古老的捕猎者神圣物种实际上已经灭绝了，而那些幸存下来的被废黜了。即使是（动物中的）皇族狮子和老虎如今也被迫接受动物园半驯化地位的侮辱，接受人类狱警步枪的保护和管束。

1959年，J. 海克尔发表了对狩猎仪式方面的开创性的总结。在文中，他提到了留存头骨、体骨、兽皮、膀胱及俑与对被猎杀动物转世的普通信仰之间的关系。在他介绍"祭品"一词前，他还提到一个事实，即（被杀戮的）动物是被派遣出去送回到自己的神圣主人那里，大概是为了传递善意的消息。接着，海克尔似乎正确地介绍了牺牲的类别，因为他把特定的留存物称作"供品"，即猎人们献给他们神圣上司的礼物。人们观察到猎人是把"第一份用作供品"的。[①]

在把牺牲者的肉拿给猎人食用之前，先得拿走一小部分烧掉——往往是一些重要器官。海克尔还提到萨摩耶人储藏驯鹿头骨和长骨的习俗。他认为这种习俗也可能反映了"类似的"献供思维方式。海克尔从"第一口饭"用于祭献到骨头储藏然后再到"类似"论点的滑奏法并不完全令人信服。

上古猎人将其所获的第一部分献给超级的猎人图腾之举的确是在认可神在狩猎中对人的佑护之力。[②]将这样的份子祭献给

---

①参见海克尔：《动物之主》，《历史与当代的宗教》（第三卷），图宾根，1959年，第511—513页。

②海克尔并未表示他清楚猎人要做自我辩解的必要性。

神的做法肯定开始于类人时期，植根于觅食和社会共享时期。

如果我们因为我们的祖先把太多的东西给了更为强大的掠食者这件事而哀叹不已，那么，通过应用黄金法则，我们可能会静下心来考虑一下那些被我们的先辈所摆布的下一个较低级别的掠食者品种。当然，最先被驯化用来狩猎的犬科动物狼和狗应当有更多的理由抱怨人类，因为在我们早期进化的日子里，它们凭借自己更好的狩猎技能，不仅排名高于人类，而且后来在仪式中充当神圣的合法化的角色。鉴于人类施与其共同生存的可怜恩典，当人类成为他们的主人后，狼接受了更多的屈辱。它们赢得的特权是吃它们所捕获猎物中最糟糕的部位及它们所交给人类主人后剩下的残羹剩饭。

在一个神圣守护者的赞助下进行狩猎是一个神学解决办法，可用来解决杀手们自己越来越明显感知到的罪过问题。要成为一个"制造工具的捕食者"是我们的祖先猎人学着成为智人的职业。他们制造武器的行为是难以从道义上自圆其说的，更是难以否认的。一件被提在工具制造商手中的预制的、血迹斑斑的工具所指控的，就是工具的持有者；而在他自己的眼中，他是被他的武器定罪的。猎人的罪行是"策划好的谋杀"。

原始的猎人用各种巧妙的借口、理由、诡计和祭品的变动来开脱他们的内疚。在这些方法中，分出祭品去开脱内疚也许是宗教视角下最诚实的一种。从未来主义角度看，这些即兴的献牲已经成为人类经济的基本习惯。祭祀创建了牲畜和财产的价值。一直以来，一部分献出祭品的人不可避免地比别人更快地学会了如何从与他们打交道并订约的神灵那里获取最大的优势。

那些我喜欢称之为"阿尔法—欧米伽祭品"的祭献物的

类型都是从被征服动物的四肢和头尾两端剁下来的部位，这些部位可能包括鼻子、尾巴、犄角、眼、肛门或一部分皮肤，这些往往是从整体动物的两端弄下来的，因此才有"阿尔法—欧米伽"之称号（译者注：阿尔法和欧米伽是希腊字母中的第一个和最后一个。）在神圣保护者同意接受动物的基本外缘后，人类猎人便可带走不太重要的"填充物"部分的肉，所以他们就吃得身强力壮，成了智人。①

　　分献的祭品既可以呈给一位碰巧近在身边的守护神，也可以发送给一位住得很远的守护神。在与神灵世界打交道时，地理上的距离是无需考虑的。只要一位神灵接受了一个杀手的忏悔，那么就可以推定，这位神灵承担起了受害者死亡的责任。通过合乎逻辑的延伸，在普通狩猎中，接受祭献的神灵参与分享猎人的会餐和分担他的罪孽，这两件事其实都是共同狩猎所得的结果。人神之间的赎罪纽带扩展到会餐的其他客人身上，一旦吃了肉，就对受害者的死亡有罪。在这样的会餐中，这些客人的赎罪将因一位神灵的出席而得到认证，因为该神灵通过出席宴会承担赎回所有的罪责。所有参加庆典活动的人都成了合约猎人的结拜兄弟。人类结拜的最有效仪式莫过于一起经历生死关头，一起遭难做牺牲品或联手杀戮，一同流血，一同接受有罪或得到宽大处理。

　　为了减轻良心上的负担，猎人在表面的姿态失败后，会以存在主义方式屈服于强大于人类的图腾捕猎者，明确地成为神灵的

---

　　①在一部教育影片中可以看到一个有关扎伊尔侏儒简短但有用的记事，包括一次成功的猎象活动。参见凯文·达菲：《森林的孩子》（28分钟），金字塔电影与录像公司，800-421-2304。

属品，与他分享猎物。①我们可以明显地看出，这种神圣解决方案是如何被仪式化并修改，以减少祭品份额的规模的。最早以实物支付形式所做的祭祀为猎手的良心忏悔提供了一个宗教式的解决方案。祭祀被扩展了，如《圣经》中畜群的主人需要将头胎动物做全牲祭献。以祭献部分牺牲作为支付方式换取畜群的发展已逐渐演变成现代经济学体系。根据这个体系，第一个物主头衔是可以通过支付增值的祭品来换取的。为了拥有畜群和粮食丰收，我们的祖先需要从合法的神圣业主那里，从创造并因而最初拥有它们的神那里购买他们的第一个牲畜和第一批种子。然后，这些东西可以在人类之间作为商品进行交易，它们可以作为"祭品份额等价物"被购买。

在合约买卖分献祭品之下，还可以献出更便宜的祭品。一位传统的纳瓦霍（迪恩）猎人向我展示过具体的方法。他做了一个人手大小的棍子雕像替代和支付受伤或死亡的动物（图33）。如果当一个人因自卫而杀死了一个诸如美洲狮的神

图33 树枝雕像——为捕食者同伙所祭献的替代品

———————

①卡尔·W.卢克特：《纳瓦霍猎人传统》，1975年，第17页起。

圣的食肉动物时，用棍子俑是合适的。①

这个迪恩猎人绝对不敢把这样一位在捕猎中做神圣佑护的神灵当作食物进行切割。这意味着他也不会认为切割最初的阿尔法—欧米伽部位是合乎情理的。他怎么能把这些部位当作大会餐中的开胃祭品献上去呢？这种行为可以被看作是对神圣的"猎人同事"的一种同类相食的侮辱，或者是对潜在的猎人图腾佑护者的侮辱。猎人所呈献的代物俑一旦被神的恩典所接受，其因自卫而杀死动物所欠的命债也随之得到了原谅。

分献和替代物祭献可以借助歌声、借助奉献与欢乐的节奏和舞步、借助赞颂及感恩的话语来增强效力。减轻杀戮——为获取营养品而将自己定位成图腾神灵"天然"地分享猎人所进行的杀戮——之罪的基本概念，在猎人成为驯化者之后产生了深远的影响。它为人类顺从奴隶制度设定了一个模式，也就是劣势人被期待服从那些在质量上强大的超驯化者。

指控某人为某种罪名的凶手或屠夫的事可以落到任何一个胆小的猎人或驯化者头上。即使在狩猎时代结束后，遭遇一个自知他本人会通过礼仪而赎罪的"萨满式"指控者的可能性总是存在的。这样的指控者应该知道如何获得超人类的宽恕，首先为他自己。他也知道你一直愚蠢地保留着自己的内疚。然后，假如你接受了他提出的宽恕方案，他就变成了你事实上的道德卫士——通过你对以往内疚的记忆与你联系在一起。赎过罪的猎人和内疚的劣势者之间的区别给世界带来了质量"更好"的贵族上层阶级。

受自我反思的智慧和制造更多有效武器的愿望的驱使，人类

---

①描述见卡尔·W.卢克特：《纳瓦霍人带回家仪式》，1978年，第193—195页。

变得比以往更具罪恶感的可能性也增加了，找到更加合适的赎罪渠道和宗教式辩解的必要性也随之增加了。正如发明更有效的文化侵略招数是永无止境的，宗教赎罪的潜在路径也是没有边际的。

猎杀和屠宰一个动物时，它表现出的疼痛，显示出的解剖学上的相似性，流淌出鲜红的血液，并且在求生的最后挣扎中表现出某种程度的智慧——凡此种种都会值得一个理性的猎人予以尊重。因为这些同时也是他个人自尊的组成部分。可以推定，任何种类的动物的幼崽在成长期间的相互玩耍与角力中都有一定程度的公平性。在从这种零零星星的学习过程中，从人类的模仿能力到进行试验和发明创造的过程中，同时也发展了能够确定人类这个物种灵魂的特点。不管文化侵略调动起了多大程度的智力，为了平衡起见，也需要调动同样大的量用以宗教撤退。

在为文化和侵略服务时，智力所瞄准的是外部。但却逆向地以"良心"进行反思——从字面来讲是"反"或者"逆着"试验"科学"的方向的（译者注：在英文中"良心"一词分开拼写正好是"反科学"，即 con-science。作者在此借助文字游戏阐明自己的观点）。而广泛地看，其中的实验科学代表的是向外侵略的智能化方式。狩猎即骗子的把戏，出色的狩猎说明骗局用得漂亮。早在无法记起的岁月，被我们的祖先所害怕和羡慕过的强大于人形的捕食者曾经表现出它们自己也是更为强大的骗子。它们成了我们祖先的榜样和图腾主人公。它们的存在使得人类狩猎合理化，无论功过它们都接受。

仅仅因为一些在我们的传奇剧目中的猎人神现在被降低

到骗子或小丑的地位——比如狼在美国有时被降级为笨蛋或巫婆——并不意味着在进化之初没有给予它们更高的地位。[1]它只是意味着人类现在感觉强大到足可以笑对他们所敬奉的一些早期的神灵了。拿神来开玩笑是降低其地位的一种方式。但开玩笑没有诅咒危险。诅咒是承认被诅咒的对象也许还有能力因此需要被诅咒。在此，在迪恩人的话语中，存在着一个不尊重的笑话和轻蔑的诅咒之间的区别——介于狼神、巫婆和笨蛋之间。

透过以往一万年之久的驯化文化的窗口看去，古代猎人和图腾神应不再被信任。任何人都可以偷一个动物，然后将其阿尔法—欧米伽部位献给一位猎人神灵。上古猎人宗教辩解的方法已不再能够保护驯化者。猎人们早期的守护神经常被驯化者重新发现和重新定义为恶魔或魔鬼。[2]

看一看中世纪时期欧洲基督教里典型的"魔鬼"的外观吧！他看上去像是刚从前人类流变神话中走出来的食肉动物世界乱七八糟的大拼贴，包括人造的三叉矛。决意从事驯化的人别无选择，只好寻找一位强大于人类的造物主神明以便合法地获得植

---

①在我为撰写《郊狼法，一个纳瓦霍神圣治病仪式》（亚利桑那博物馆出版社和亚利桑那大学出版社，1979年图森和弗拉格斯塔夫）而做田野调研时，我发现吟诵方式的背景里，美国郊狼仍然充当着一个积极的图腾神。不过，在一般的纳瓦霍民间信仰中，不管是郊狼还是狼都未能幸免于被调侃。前者被当作笨蛋和骗子嘲笑，而两者都被当作巫婆而使人惧怕。这样看来，似乎"雷纳狐狸"的传说代表的是图腾狐狸神话类似的退化，而哥贝克力山丘可能是狐狸图腾进化的突破点。

②古老的图腾神或王朝徽章的被诋毁，在最近的世俗政治革命中成为必要是理所当然的事。反对由图腾徽标所代表的王朝的士兵们在大多数情况下都不知道他们正在结束古老图腾式的猎人宗教的残余部分。古代的宗教和政治从来不曾完全分离过。

物、田地、牧放的动物和其他私人财产。没有公共的宗教改革，就不可能发生从狩猎到驯化的转变。

复活与轮回

我们不能将上古猎人所留下来的所谓的"头骨和体骨的留存"断然解释为"供品"。同样的，"轮回"的过程并不一定意味着对某位动物主人的奉献，轮回过程也不需要献牲。对一个猎人来说，在面临自己究竟能带多重的东西回家的问题时，把动物尸体中不能食用的那些部分留在狩猎现场是一种实际需要。因此，我们应该把纯粹的骨骼留存与显而易见的献牲区分开来。人们对复活的期望也许已经借助人兽骨骼培养并表达出来——但也不一定。

迪恩印第安人狩猎遗址中的骨骼留存似乎表示的是复活的期望，而不是海克尔所谓的"轮回"。我是在 1971 年听说这些遗址的，因为它们是迪恩猎人传统的一部分。纳瓦霍猎人对骨骼说告别话语的主要动机是想减轻他们杀戮的罪责——他们是在尽力减轻其行为的严重性。骨头完整了，本质的灵魂也不会受损，猎人的牺牲品由此也以未来主义的形式存活了下来，以便再次猎杀。人们期望骨头能复活，这样一来，猎人因杀戮所犯的罪就宣告不复存在了。这里没有丝毫的"轮回"信仰——认为一个精灵正在某个地方等待进入一个新生人体。骨骼就是灵魂，新肉和筋将在其上重新生成。死去的动物会再爬起来，人们会看见它们再次奔跑。这就是灵魂轮回与肉体复活之间典型的区别。人们期待复活会

因骨头的再生而发生。①

在应对爱德华·泰勒爵士的"万物有灵论"过程中，一个显著的困惑已经悄悄进入西方人类学思维。受古希腊二元论的影响，许多西方读者会以灵魂占据和放弃躯体之说对生死现象做出解释。与其问"死亡之时离开躯体的是什么？"我们可以把该问题中和一下，以减少其引起损害的程度，这样提问："发生了什么变化？"但凡猎人的前人类流变神话回荡的地方，"变形"和"复活"通常比隐含着"体现"和"轮回"概念的印欧语系的二元论更接近预期含义。

"复活"和"来生"的主题确实应该被予以观照。从一般的历史观点出发，现在看来，"复活"和"来生"这个概念有可能首先是由猎人们在关系到其牺牲品时想出来的。信仰来生之事与减轻猎人杀戮的罪孽感的关联度可能大于他们在面临死亡时对改善自己命运的希望。我是在 40 年前做田野调查时得出这一结论的。这一发现纯属意外，但从进化意义讲又合乎情理。如果某个更为强大的势力最后也终止了自己的生命，那么一个依靠最终会招致死亡的方式而生存的智人猎人也就没有什么可抱怨的了。死亡似乎是以吃饭而暂时求得生存所要付出的公平的代价。

至高的神与动物之主

如今，在涉及原始宗教的学术圈中，或多或少令人觉得窒息

---

①见卡尔·W.卢克特：《纳瓦霍猎人传统》，1975 年，第 36 页及 206 页始。骨头与复活可能性的古老关联回荡在圣经传统中以西结眼中的"枯骨谷"例子（以《西结书》37）里，也与拿撒勒的耶稣受难记述（《约翰福音》19.32）有关。根据故事情节，骨头没有断，显然是为了让以后的复活更有可能出现。

的事情是他们担心自己被归类为"进化论者"。但是安德鲁·朗格在 1898 年、威廉·施密特在 1912 年至 1954 年还在勇敢地追寻一个愿景，即在全世界各种各样的文化中寻找一个更原始的、对单一的至高神的信仰。回答这些问题的时候，不能完全避免宗教进化问题。也许是为了在支持或反对"原始一神论"的巨大努力中引进一些相对论，或者为了对高上神概念的普遍性做出一些质疑，许多学者开始更集中地研究狩猎宗教中的动物之主。被引用来支持原始一神教理论的狩猎—采集者对动物之主的信仰能不能被追溯到历史上的任何一点？或者说，对于理解今天的宗教在其进化过程中依然扮演着动物之主的角色到底有多重要？

　　把至高的神与各种原始文化阶层中的动物之主放在一起比较，好像把空间高程归因于"高处"的神，还有最早起源于最原始人群中的那些复活、来世之类的概念，可以证明或者驳斥某些超人类维度之事。浪漫主义黄金时代的神话到底对这项学术研究有多大影响或刺激呢？其他学者试图从心理学角度找到原始宗教出现的根本原因。他们假定了一个特别种类的原始心理，据说可以使宗教式思考变得容易或者有必要。①

---

　　①参见路先·列维·布留尔：《土著人如何思考》（1910 年）。列维·布留尔区分了两种思维方式："原始的"与"西方的"。原始派没有把超自然现象与现实区分开来。他把他们的心理活动称为"神秘的参与"。依照布留尔的分类，本书作者必定是个原始派。我的第十章中的跷跷板标尺也没有把"自然"与"超自然"加以区分。相反，我假设非天然捕食者拥有并控制着善分析、好侵略的人类思想的存在。作为一个生命长度有限的人类，本书作者知道自己影响力的终点也是超人类阶段的起点。但是我并不知道"自然"的外部界限。因此，也不可能知道"超自然"意味着什么。

好像原始一神论争论的表层下，关于宗教的论争没有像涉及早期形而上学算术和计数的论争那么多。一个小孩或原始人类，能在区分"一"、"二"和"许多"之前学会将"一"概念化吗？

西方研究议程中讨论原始猎人宗教笃信时忽视了狩猎本身这个核心话题。本文作者则深信原始猎人猎杀和屠宰时见到的鲜血喷流是他们狩猎时试图表现宗教虔诚的首要原因。

作者随感：在被质疑以贬义的口吻使用 "原始"一词之前，容我在此说明一点。我确实一直认为生我养我的农耕文化是很原始的。在家乡的文化中，我们都和自己农场里的动物说话。那样更容易说服它们如此这般地工作——和它们对话也确实让我们这些孩子觉得放松，确信并假定那些我们必须用棍子去指挥的动物能够同情并理解我们作为子女的艰辛。在宗教历史学的范畴里，这种阻碍我们认识正确处境的情况印证了一个事实，即学生们要么期待有史证能建立一个原始一神论的理论，要么试图在回望中从所有的一神论中逃出来，在看到他们父辈们的宗教仍被热烈追逐、想要拯救的时候苦恼于他们世俗的灵魂。但另一方面，如果以王位的高低对任何前君主政体时代的神进行分类便失去了意义。我从未遇到、看到或听说过登上王座的狩猎神灵。他们都如曾经的我一般游荡或骑马——当然，除非这些神灵当中碰巧有以树一般屹立不动或如山一般岿然静坐为乐的。即便如此，不游荡的狩猎神灵也从未如至高的神一般坐上王位。

不过，有人可以像在第十章中一样画一个经验和反应波谱图，适应那些确实遇到了似乎超越人类现实存在的人。对宗教历史学家而言，神不仅仅是名号或形容词，神是在人类旁边做已经做或还在继续做的事情。为了确认神在做什么，他们的行为必须与人类门徒自认自己在做的事情区分开来。原始宗教不能单靠同义词或形容词的汇编来说明；它们需要名称，尤其是动词。

在纽约大街上尝试同样的调查方法，向人们询问关于基督教三位一体的问题。不，你甚至可以选择去任意一座教堂询问关于基督教三位一体的解释。你第一次尝试的时候，能找到一个精于世故的、能用此教义为你构造一种历史感的神学家的机会是微乎其微的。一定要寻找综合了神学与历史学知识的人，并以开放的态度向其提出开放式的问题。

同时，我一直在一神论与多神论之间寻求自己的人种学界定。我从不相信神的数目问题，所以，一般说来，我也从来不问。1971 年及之后的几年时间里，我拒绝向克劳斯·齐-桑尼提出这样的问题，他是教我纳瓦霍人猎鹿法的老师。我知道此人睿智，一旦我提及"伟大灵魂"之事，他有立马捏造一个"伟大灵魂"神学理论的能力。虽然他自己从未提起过这样的一个神。

然而，在通常所说的神之谜的开始阶段，很明显这个"神的祖父"可能已经揭开引起片刻注意的普遍一神论的状态。但是这样做完全没必要。这样会陷入纳瓦霍人自身及学者们的种种怀疑。西方的措辞中，这种普遍的神很难解释纳瓦霍人祭祀中出现的那些戴着面具的装扮。因此，只要神灵处于其最低调状态（与人类相比），便是其人类信徒最易理解、接近和忍受的时候。

与一位传统纳瓦霍猎人—萨满一起工作，不时穿行在他打猎的区域，我不仅发现他的宗教词汇里不包括"伟大的灵

魂"（甚至连一个关于"精神"或者"灵魂"的字眼都没有），而且发现他打猎的范围从不是一方"快乐的猎土"。打猎活动一直让他背负罪恶感及被神报复的风险。他在打猎及屠宰时犯的每个程序化错误，都立马需要一个仪式化的和解过程——恢复他与神圣动物人的关系，直至状态恢复正常、平衡。对他而言，如此仪式化的急救式的赎罪措施比任何追踪、杀戮及屠宰所需要的运动技能都更加重要。①

　　1974 年我记录的纳瓦霍郊狼法仪式，如所有纳瓦霍人的"圣法"仪式一样，是以调解人类与圣人的关系为主旨，也就是与神为伍。在表演和记录这种治病仪式的过程中，我避免问到多神论的问题。仪式和记录结束之后，我和约翰尼·库克回到萨满师傅那里，问了很多补充问题，大多是那些我们听到的有可能被误解了的片段和字眼。直到最后一次见面结束，当我们确定得到了所有需要的东西后，我才斗胆问了一个关于宗教算数的问题。我慎重地探问："在这 9 个晚上的祭祀中，我们向 16 个郊狼神、说话神以及召唤神祈祷，给他们供奉祭品。有没有可能这些神都是同一位神呢？"郊狼法大师不假思索地回答说："可能是吧。"很明显，他的回答欲语还休。如果是那样，一位神接受了不同地方所有的祈祷、歌曲及供品。郊狼法仪式的内容却丝毫没有改变。

　　作者随感：想来有点尴尬，在卢克·库克的纳瓦霍宅子作客

　　———————————————————

　　①这点我不是很确定。我宁愿把研究这个问题当作浪费时间，但如果迫于无奈，我想我不会到美洲原住民传统猎人中去，而是去詹姆斯·费尼莫尔–库柏 1826 年的小说《最后的莫西干人》里寻找一个"快乐的猎土"的末世论。顺便提一句，依据真正的历史，当时并没有所谓的"最后的莫西干人"。

的第二天，我帮着他和他的两个儿子为他们年幼的小母牛在耳朵上戴标记夹子。比起努力负责那些动物的我的纳瓦霍族朋友，我作为在堪萨斯州干过农活的德国农民的儿子，有着更大的决心。我把那些动物放翻在地，侧躺着。正当我努力使自己看起来不比这些牛弱的时候，我慢慢发现，在我的纳瓦霍朋友眼里，那些小牛更接近于完全的"人"。

罪与悔的问题

人类学家在探究原始的猎人宗教时所提出的典型问题中，明显地省略了流血、获得的罪孽、与神和同伙动物人的和解等问题。学者们看起来都在忙于寻找一个某种程度上曾经，或者依旧与自然和睦相处的理想的原始猎人社会，也就是说，试图找一种不具罪恶感的情况。

不言而喻，罪孽、愧疚、原谅或者公正的问题，是不能直接去问的。因为所有文化都习惯性地否认那种罪孽感，而在所有人意识到罪孽感这个问题之前，否定，甚至为一般侵犯进行开脱的理由就出现了。对罪与悔的当时当地的认知，只能在一个更大、更可靠的环境中，在可以信任和觉得安全的人当中分享。

不！美国土著人并没有在哪个"灵魂纯洁"的神的指引下以西方浪漫主义乌托邦的方式生存。这些猎人的确是知道他们在猎杀那些他们认为是"人"的"动物人伙伴"。很多这类动物人被视为是神圣的，在人类部族、部落中，在有着众多会员的男子会社中都有着其图腾亲属。后者要接受教育并浸入到周围的神圣中，直到今天还在他们举世闻名的"幻象追寻"中那样做。部落中的男子会社就是培养这些传统的。

现代精练的学者们已经被教导如何依据法学、政治学、生物化学以及体育运动合理化他们自己文化中的杀戮习俗。西方关于狩猎及打鱼的祭祀，像体育运动一样，支持把野生动物看作"游戏动物"①。它是用驯化者的词汇指称商业性的渔猎的，如"收获"。所有这些现代概念滋养了我们关于"原始"猎人的错误观念。另外，关于人类身体及精神灵魂的希腊式的区分，以及关于动物活体内缺乏真正灵魂的权宜假定，仍然是我们行业化处理和开发动物物种的一个因素。

的确，人们不禁要问，我们的生命科学和我们的食品化学，亦即我们定义食品组成的方法，难道不是由我们对人类文化对被剥夺的生命形式的侵略性所做的辩解的感觉所启示的吗？有时候我真想知道所谓"支持生命"的科学实际看起来是什么样。自我辩解的伦理问题，以及超越于人类的现实或规范诉求，总是宗教所关注的。出于同样的原因，现代俗人为了使自己的想法显得科学合理，习惯于从公众视线中隐去他们的旧宗教理由（及他们更新的世俗"合理化"）。

我大学生物课上的第一节实验课与生命毫不相关，因为要求我们解剖的是一具动物尸体。同时，计算机工程师盗用了许多古代神祇的名字，甚至圣像。他们把希腊语中的 bios（生命）一词重新指派用以控制计算机的操作程序，从而移交给机器的后端（BIOS 是 "basic input output system" 的首字母缩写，即基本输入

---

①最成功的纳瓦霍族语言学家贝拉尔德·黑尔神父，选用了英语词汇 "game animals"（游戏动物）。但是对于传统的纳瓦霍猎人来说，他们的狩猎并非一场游戏。我在写作中始终在 "game animals"（游戏动物）、"prey animals"（捕食动物）和 "preyed-upon animals"（被捕食动物）之间犹豫不决。

输出系统，碰巧与希腊语"生命"一词同形。作者在此玩的文字游戏）。为了掩盖痕迹，在被计算机操纵的英语 Word 词汇里，不再能在"bios（生物学）"字根下识别出"生命"之词义了。通过否认那个衍生出"生物"的词汇，计算机科学的爱好者帮助我们减少了生物学、生命及其圣洁、罪恶感及伦理学的议题，也帮助我们从机械唯物主义的斜坡上滑了下来。

我一直承认，类似纳瓦霍猎人传统中的那种罪恶感并不是"科学"地进入我的视野。而是由个人交流而来，那是在野外工作中意外获得的。科学假说的雷达屏幕上也永远不会出现人类对"杀戮的辩护"问题的。

人类与犬科的驯化

如果你生下来就是类人动物，需要爬树的时候，比黑猩猩笨拙，牙齿大小也只有黑猩猩的一半，排列在缩短了的颚骨上。此时你能做什么？答案是，就用你现有的继续工作：包括更挺直的后背（适合走路，能比黑猩猩走得更骄傲笔直）、一个与其他手指相对的大拇指（不同于黑猩猩强壮的手），经过训练可以使棍子、骨头和石块变得精准灵活。更重要的是，你会用你双耳之间的脑袋。

如果你生来就是灵长类动物，后天又习得了对肉的渴望，当你成了一只狼追猎的目标时，却只能以那个犬科动物一半的速度奔跑，你得做些什么？你必须发明武器和一个能在一定距离外扔出去的"假牙"，以便击伤你的目标猎物，然后你可以邀请一只狼成为你的朋友，让它帮助你完成追踪和杀戮。当然，你必须始终利用双耳之间的头脑，并创造一

个引人瞩目的仪式去恭维犬类，这样能保证你占有所捕获野兽的躯体。毕竟，只要拿着刀屠宰的时候你就永远比狼厉害。如果你高尚地扮演你的角色，像一位明智的、深知生与死的大师，这只狼就会在它和你能存活的日子里变成你的宗教信徒、狩猎奴隶及你的狗。

然后，等你 78 岁时，你就比在你年轻时候的那些狗活得长。一只黑色的拉布拉多猎犬就能正确分析你的弱点。她叫斯基那，虽然知道你不能再跑，不能再把东西扔得很远，但是，这只黑色的狗就是要你难堪，它把它的棍子捡回来让你扔。这时候，你就必须用你双耳之间的头脑去捍卫你物种的尊严。你必须把你的孙子特拉维斯叫来，把斯基那的棍子给他。它已经把小男孩训练得非常好，他把它的棍子扔得很远，很难取回来。你的孙子得到了锻炼，而斯基那作为拉布拉多猎犬为自己赢得了自尊——这种自尊远远超过了衰老的人类扔棍者所具有的。那么我呢？我已经不用献身便得到了另一段的安宁。

作者随感：若干年前，我在密苏里有一方土地，试验种植了美洲山核桃树。每当我走过去开我的拖拉机时，邻居的两条狗就威胁我。一只哈士奇，还有一只郊狼杂种狗。后者经常露着它的大尖牙，但是胆小地缩在哈士奇后面。天天冒着被咬的危险并没有让我很愉悦。因此，有一天我捡起四块鸡蛋大小的鹅卵石，一个拿在右手，三个拿在左手。这两只狗袭击我的时候，我打开手掌，把那些石头拿给已经离我双腿两掌宽的哈士奇看。两只狗叫也没叫就立刻撤退了。同一天下午，我在树旁锄草，哈士奇偷偷跟着我。我感觉到它碰我的左腿，立马拿起锄头自卫。但是哈士奇不是来袭击我的。它想臣服于我。我把右手伸到它的脖子上，把它的头按到地上。控制了它十几秒之后，我说："好了。"它发出一声痛苦的呜咽然后偷偷离开了。从那天开始，那两只狗再也没有攻击过我。尽管我知道它们就在附近，我再也没有看到过它们。哈士奇已经把我奉作他遥远的主人，某种程度上就像退隐的上帝（更准确地说，是一个休闲人，如果他曾经在我教书的地方学习过的话）。很显然，郊狼杂种狗也同意这种做法。

对两条腿的类人动物来讲，在玩耍时将一只狗从脖子上按下去几乎是很自然的事情。相比之下，在小狗的种内比赛中，对兄弟姐妹实施这样的行为却是为了树立等级，需要非同寻常的力量和天赋——权力与友谊之间微妙的平衡。然而，在物种间，与小狗开玩笑式地争夺中，即使是一只笨拙的、人类小孩的胳膊，从上往下压的话，也有着天赐的优势。

在比 15000 年前更久的亚洲和非洲，很有可能就已经开始驯化狼了，在狩猎的遗址，也就是自然的"食物圈"，一些狼狗群发明了行为礼仪来让人类狩猎者接受他们。它们掌握了和平围绕在人类身旁的艺术，所以人类狩猎者用刀屠宰并割下肉以后扔给它们。这时，这两个物种之间的遭遇战可能已经开始了。因此，人类喜欢看着狗争夺他们扔的肉块。最初，猎人喂养它们可能只是为了防止它们离自己太近。他们将开玩笑式的"牺牲"给了这些劣势者们。假使它们能更好地组织成狼群，本应该比类人动物更强大。在当时，也许是因为我们这个物种拥有一种口头语言的优势才得以相互交流对策，为自己谋得了一个比犬类更高的地位。

在连续的狩猎中，狗学会了取悦其人类主人，帮他们定位、追踪猎物。从而使它们可能已经找到了分散危险的、更大捕食者注意力的方法，使它们足智多谋的、两条腿的主人免遭伤害。狗发现了合理的、"宗教"奴隶状态的价值。所以，很有可能，狼通过自己顽皮及虔诚的老辣让自己成为了人类的奴隶并为他们服务。在与人类猎手的战略性联盟中，这些动物给自己创造了比坚持竞争及敌对遭遇战更好的生活机会。

第一次关系的缓和可能会以各种方式发生。虽然接近成年动物需要三思而行，但第一只被驯化的狗可能是被作为宠物收养的断奶的小狗。不过，狼确实是习惯于包围大量食草动物的。当人类猎手在场并试图模仿它们包围和"牧放"有蹄类动物的战略时，一些狼猛然发觉让人类参与它们的围捕是有利的。因此，狼利用两条腿的人作为它们的猎人，就像人类认为他们在利用四条腿的狼作为猎狗一样。狼可能已经意识到，它们所取得的单边胜利极可能很容易被人类猎人化为乌有，因为他们是有能力在相当远的距离外给予它们致命一击的。

它们很有可能艰难地学到了这节基础课。犬类借助理性的狡猾，选择在狩猎时冲锋在前帮助人类，之后再乞求奖励。一旦它们无法在白天的服务后得到充足的奖励，它们可能在晚上，在人类休息之后冒险外出为自己狩猎。这种策略的主要收益是：它们不再需要竞争或者惧怕被毒箭射中了。

这一章的背景中有三个主要问题：(1)从哥贝克力山丘慢慢离开到别处打猎的猎人怎么样了？(2)5000年后，城邦国家和帝国在美索不达米亚、埃及和印度形成时，加入军队行列的战士都是什么人？(3)在驯化者居住的地区，是什么推动了城市的建造？每个问题都有助于回答其余问题，但是答案仍然是基于假设。

第十二章　向着超驯化的狩猎

哥贝克力山丘的疏散

新石器时代的直立人，也就是12000年前哥贝克力山丘捕食成性的灵长目动物的梦想能从事工业的后嗣，开始实现祖先的抱负，使自己成为地球上燧石武器制造技术的顶尖高手和恼人的人。野生的猎物赶不上他们的数量，也不在他们所要狩猎驱赶的范围之中。可能在大约11000年前，当矿工对他们的赎罪宗教的负罪感和热情达到顶峰时，显然出现了一个很多猎人部族逐渐开始慢慢离开这一地区的时期。

通常，猎人和采集者在考古学上留下的足迹是很浅的。因此，哥贝克力山丘的巨石柱的分量显得更加引人注目。冰

川时代结束时，沿新月沃地一带的气候变得温暖了。北方沿着山岭的冰川正在融化，山坡下所有生物正繁荣生长。每一物种都决心遍布大地。从事工业、一定程度上定居的猎人也繁荣起来，居住在这片土地上。他们数量的增加产生了使他们分开的动力。

可能是由于短暂的、不定期的寒冷期，冰川融水减少，成了涓涓细流。结果，这里的生活状况起伏不定、日益恶化，不但猎人深受其害，定居的驯化者也不堪其苦。这一地区发掘的定居点并不足以使我们确定发生了什么事情。但是，我们可以假定，2000年的气候转变，以及周期性的冰川融化，其发生不可能是规律而平静的。一旦大批定居的驯化者遭受不可预测的干旱，连续两季歉收，食物短缺就会使其茫然不知所措。我们的历史气候学研究并不是很精确，还不能确定这些短暂灾难发生的时间。

人们可以设想，在人口增加的一两千年期间，冰川融化着，动物则遭到过度捕猎。当山口开放时，猎物及其猎人开始溜走。与猎人部族一起离开的，是有代表性的工匠。工匠们在哥贝克力山丘曾是矿工和武器制造商。这些人向欧洲前进，进入亚洲时，他们发现了石灰石峭壁和燧石结块。

当小群体的人们一浪一浪进入新的地区，他们发现了可维持他们生存的猎物和可使用的植物。在进入欧洲和亚洲的条条路线上，他们遇到了一群一群的人，这些人以前就散布在那里，而有些人最终到了美洲。他们遇到了猎人，猎人的数代祖先有过冰河时期的体验以及生存技能，非常自豪。这些猎杀巨型动物的猎人，知道哪里可以找到野牛，也知道在这寒冷地区的哪些地方还可以找到猛犸象。这几个大陆并非空空如也。直立人进入欧洲、亚洲和印度尼西亚群岛，或许还跟随可能在30000年前到达澳大利亚的其他人一路到了那里。

人们可以设想，不论来自哥贝克力山丘地区的猎人到哪里去，他们都会带去日益增加的、有关互相交替的两种生活方式的知识。他们知道放弃狩猎、停止搬迁的亲戚是什么命运，他们了解那些继续漫游的人力图避免的挑战。他们明白在人口继续增加的环境中出行的危险。他们对部族之间的冲突有所了解。在一些野生动物多得让人不敢相信的地区，情况可能就是这样。在猎人部落之间为争夺领土而发生冲突的地方，野生动物会更多。如果他们决定定居下来，就会感到种种危险，也会明白他们有很多选择。

部落规模缩小是有特定应急措施的——贮藏种子和坚果，还有晾干水果、甜菜、块茎或者鱼。当狩猎与采集混合的生活方式恶化得不能忍受时，就需要采取这样的措施。几乎每一个群体，在向永久定居的可怜的变通办法投降之前，都要经受一次次群体规模缩小。当动物稀少时，就有必要寻找植物茂盛，河流蚌、鱼丰富的地方。当家庭重要成员衰老、只能从事采集时，需要寻找这样的定居机遇，即使是暂时的。更大的河谷会养活更多的有着类似期待和需要的人群。婚姻及图腾部族间的联盟缔结了。当人们搬走时，原先的纽带不再那么紧密了。然后人们再混合、结合时，新的纽带建立了。

对于离开一个古老中心的每个主要群体，都会有少数的充满怀旧感的不合群者像朝圣一样从远方漂泊而归，寻找父母和祖父母那具有传奇色彩的家乡。通常，他们可能会发现，祖先的土地没有怀旧的长者记忆中那么富有魅力。丢失的部族几代以后会在远方被发现并再次证实，而图腾故事正被分享、修正和增补。

如果你是一位主要的长者，负责占卜前方的路（通常是猜测），你可能需要讲一下"很久以前你听你爷爷讲的故事"。这可能会是一个很方便很礼貌的计策，可以诱使各群体朝着你喜欢的方向前进。如果你故事中讲的地形是错误的，如果大家最后深受其害，你不必受到责备，因为你爷爷很早以前得到的信息是错误的。早期的生活已经是对知识的追求了——讲故事的人的一场竞争。这在一定意义上，对智人来说，今天还是这样。

推理到过去，因纽特（爱斯基摩）部族的人们似乎在哥贝克力山丘之后几千年已经到达了阿拉斯加海岸。他们今天的亲人还出现在白令海峡两岸。在他们之前，也许在哥贝克力山丘的繁荣年代或者之后不久，说海达语和阿萨巴斯卡语的人就到达了美洲西北部。①在美洲猎杀大型海洋动物的一些人可能已经回去看望亚洲那一边的亲人了。他们可能在亚洲和北美洲两洲的人之间助长了一个谣言网络。沿美洲西北海岸很多无人照料的图腾柱（那么久以前如果有木头图腾柱的话）就可以与他们失去很久的亲戚再次联系起来了，或者与新的亲戚再次联系起来。这些新的亲戚奇迹般地不知从何处出现，说一些能辨别出来的词语，或者很快就学会新词语了。

在为自己的性命之忧感到害怕时，单独的冒险者可以很快学一门外语，尤其是在阿萨巴斯卡这样的讲故事者的传统中，主题常常是通过长时间的沉默传达的。令人轻松的沉默会比任何话语

---

①亚洲沿叶尼塞河一带与阿萨巴斯卡语有亲属关系的语言中，只有在遥远的北方还有55个人流利地说凯特语。他们现在年龄都超过55岁。见爱德华·J.瓦迪亚：《迪恩—叶尼塞语的联系》，阿拉斯加大学考古学论文，2010年6月。海达人，这些可能是西北海岸一带最早雕刻图腾柱的人，尚未在语言学方面被联系起来。

更快地表明两人的和睦。有着恰当的行为——比如用嘴唇而不是指头指出来——会比控制正在考虑中的故事内容更重要。不知从何处冒出来的流浪者，碰巧在到处闲逛，"像郊狼一样到处闲逛"，即使今天他们也并不少见。我认识的一些纳瓦霍人有一个习惯：不跟家里任何人说一声，就消失并漫游数天。这样的习惯实际上已经磨炼了家里其他人的警惕性，让他们善于猜测，也让他们对偶尔猜测错误的人富有同情心。

就像我们在前文第五章所试图表明的那样，猜测、理解图腾柱的故事是可能的。一个人只要"想起来"另外一个在远方的人代表的意义和看起来什么样子就行了。主人对此通常很好奇，并且愿意就不同之处达成一致意见。

要对一位雕刻者的家庭传达热情会很容易，尤其是如果主人为自己的作品感到骄傲的话，并且刚来的人很让人喜欢时，他喜欢回忆很久以前的故事，并且不介意被人重新发现他是与其相似的乌鸦、虎鲸或者狼，或者如果主人正拼命寻找一个值得信任的亲戚、一个替补儿子或者一个好女婿的时候。

通向超驯化的路

超驯化意味着在驯化上又增加了额外的东西——某种多余的东西。为使这一讨论简化，我们在采集和狩猎这一层面再次总结。

猎人和采集者通过破坏、重塑、改变矿物，介入了它们的存在。他们介入植物和动物的存在是为了终结生命。之后，那些成为驯化者的人也拥有、控制了栽培品种和家畜的

培养方式。他们介入了整个生命周期：培植、出生、养育。种植者为种植而立桩标出园子和田地，而牧人以圆形畜栏的形式堆起大树枝作为集中动物的营地。这样，栽培品种可以系统收割，动物可以放牧、饲养、捆住后屠宰。

关于较早时期猎人的"前人类流变"类型的神话倾向于将所有生物接受为"人"。尽管评价很高，驯化者最终需要找到办法在概念上将这些生物降低到非个人消费品的地位。在动物被驯化时，它们会有资格得到人类家庭可以给予的任何种类的养育和同情。但是，在任何驯化的动物能被宰杀之前，它需要在精神上，以现在和将来的时态，被重新归类为某种拥有的财产和食用物质。"肉体"需要被神秘地转变成肉食。在这一宗教的归类过程中，人类的平衡和辩解在被界定。

除了纯粹的驯化方面的努力，一些猎人和兼职的属主还考虑如何超越他们仅仅拥有动物和物品的基本的限制。他们成了大驯化者，也就是"超驯化者"。他们声称对其他人类具有拥有权和永远的控制权。在新石器时代革命开始时，还没有传统的限制去约束从猎人转化而来的人而使他们自己局限于纯粹的动植物驯化。从道德上来说，要在传播、生育或养育方面超越对矿物质、植物和动物的驯化水平是容易的，也就是为了干预其他人类的生活而穿越了一个几乎看不见的界线。不管怎样，所有时代的父母都是这样暂时对待自己的孩子的。对在玩耍中和善地屈服的人施加约束并不是很难。对那些在入会仪式上已经接受"预期死亡会发生"的人，使其死亡也并非不可能。

超驯化者把猎人和牧人为管理动物想出的很多花招用在了人类身上。但是，他们也会极度强化自己的控制措施。他们会棍戳、鞭抽、追赶、控制、剥头皮、阉割、杀死、烧烤。通过施加这些极端的控制，他们不但忽视了同类之间的自然纽带，甚至还漠视了原来存在于人类与高于人类的图腾崇拜上司之间的界线。在学会如何操控和"驯化"猎人图腾之后，他们开始着手围拢并谋取以前遵从那些神祇的普通的被保护人。我们把所有这些夸张的行为称为超驯化。

在他们传统的推理的基础上，执意和傲慢的猎人不需要就其超驯化风格的胆大妄为而良心不安。大多数问题可以在古老的宗教传统的舒适的环境中得以解决。超驯化者可以放心的是，他们和他们神圣的传统都没有恶化。他们可以把自己看成是那种真正的正统的英勇猎人，这种猎人是他们祖先中最出色的。相比而言，很多贫穷而多余的放弃狩猎的猎人是真正改变了的。对他们来说，已经不再有足够的野生动物可以被猎获了，他们也降到了家畜保姆的地位了。大量贫困潦倒的猎人下降到了打洞的鼹鼠和耕作者的地位。就像无草可吃的食草动物用蹄子刨地一样，种植者用锄头和棍子刨地。骄傲的正统猎人知道为什么他们宁愿当英雄和贵族。

事后看来，各地最早的驯化者似乎都适应并从事了平静的种植和放牧生活，但是这种适应太快了，对他们并不好。很容易看出，猎人小群体，或者为狩猎和征服而保持武装且能够迁移状态最长久的部族，最终从狮子那里弄到了领地，通常这些领地都是以较大猎场的形式逐渐获得的。结果，他们控制了大多数土地，多得超过早期驯化者能够使用或者愿意据为己有的程度。到处劫掠的贵族猎人会坚持攻占并抢劫最早的居民点。他们会抢走居民用汗水换来的劳动成果，而且连定居者本人也抢走。

在最近的反君主革命之后，继续将残余的贵族及皇室成员与普通居民区分开来的，依旧是他们如同其祖先那样声称拥有对大片土地的广泛的狩猎权这一事实。这样的土地被称

为是贵族狩猎所必需的和合适的。

随着时间的推移，他们的策略，在对被选择的弱小驯化者到底是进行征服还是承担起保卫责任之间摇摆不定，正如他们抓住长矛的中间而使用其两端一样。他们把下属狩猎用的每一片土地都据为己有，包括被征服居民所拥有的空间。

当然，跟生活在森林里的"猎物"一起来的，还有生长在那里掩护野生动物的树木。利用特殊的延长的"种植者逻辑"，贵族猎人会坚持对他们动物、土地和树木的最终所有权。他们留给驯化者的仅有的东西——当他们自己说话时，会大声地开玩笑说——是这些人对劳动的自豪。这一承认是有好处的。士兵、贵族和皇族继续以正统的方式狩猎。当无礼的普通人出于怀旧也偶尔猎杀一只野生动物时，他们会很生气。在石器时代，在出现普通人和精英之前，所有人类的祖先都有权这么做。以前，我们的父亲都是狩猎者，母亲都是采集者，谁也没有土地。

当第一对智人夫妇收养、驯化并声称获得了第一只猎物，同时在他们声称是自己财产的土地上播下种子时，猎人的"天堂"很快就消失了。驯化、收养的动物需要得到保护，从而免受漠视收养权的猎人之害。播种的园子需要得到保护，从而使其免受漠视财产权和界线的采集者之害。当超驯化者乱上加乱时，人类本身就处于精英者驯化魔咒的控制之下了。贵族猎人将脆弱的人类看作自己的合法财产之一了。

大赶拢。从狩猎赶拢到驯化和超驯化赶拢，有直接的连续性。猎人赶拢猎物所用的策略比人类本身还要古老。通过模仿狼并与狼配合，以及观察一些较大型猫科动物，类人猎人学会了赶拢这一技术。早在我们人类祖先捕获蹄类动物获取肉食很久之前，那些食肉动物一直都在赶拢猎物。模仿这一技能让我们的猿人祖先成为了智人，去模仿狮子、狼和老虎的技能，并且智人祖先知道如何做得更好。伏击狩猎技术更加古老。我们的祖先是在观察爬行动物时学会这一技能的。

动物开始变得有些稀缺时，将蹄类畜群围在围栏里，是人类试用的一种活动。可能猎人们建造畜栏的最早的直觉是在空旷的猎场上狩猎时产生的。可以假设，很早的时候，一群群猎人堆起一圈一圈的灌木，在里面安全过夜。之后，集体狩猎可以通过利用地理特征进行，比如峡谷、河流和悬崖。天然的坑可以用灌木障碍物加大，做成 V 形的漏斗路线，可以把动物赶进去，同时用火炬吓唬它们。网和其他缠绕物大概是后来才加上去的。驯化者堆放棍棒和树枝搭建圆形围栏的方法可能在他们学会了如何在开放猎场围绕动物的时候就首先预想到了。有了畜栏，驯化者为驯化和控制想出了"集中营"这个主意。在超驯化时代，驯化者的畜栏变成了有围墙的城市、堡垒、监狱，以及为囚禁人类而有选择地建造的更加坚固的集中营。

牧羊犬现在为牧羊人从事着它们古老的赶拢的杂活。它们做的工作，与它们现在的人类统治者的祖先做的是一样的。那些模仿能力超群的祖先，通过观察牧羊犬的狼祖先的策略学会了这种工作。当然，人类主人欣赏他们牧羊犬的聪明才智，认为狼的这些卑躬屈膝的后代的理智的策略是在某个时间被人类教会的。①

---

① 在纳瓦霍印第安人的思维中，圆形控制成了一种原型。比如，访客开车环绕某人的泥盖木屋被认为是粗鲁的，即使有小路也不行。开车环绕或许比倒车要容易些，但是"环绕"这一古老的、有挑衅意味的意思继续萦绕在他们的脑海里。

正如猎人兼采集者的女人们发明了编篮子技术以更好地采集，男猎人们把可以驯化的动物赶进畜栏就像存在篮子里时，他们就此成了牧人。

　　把猎人组织起来，并设法使其成为具有整体性的"一帮一帮"的战士这一行为，一定程度上是普通的狩猎和采集的衍生物。传统的猎人群组以及世袭的和自愿的图腾猎人组织的整体性，很早就处于压力之下了，至少是在哥贝克力山丘时代。关于赶拢人、进一步的劝诱、威胁和痛苦的基本概念，在猎人的入会仪式期间可能已经出现了。随后的驯化和超驯化花招，比如阉割和折磨，都是对猎人的宰杀技术的直接发展。对受伤猎物的处置也可以用在奴隶身上，实验性的——用在所有那些超驯化者声称属于他们自己的人的身上。

　　晚些时候的一帮一帮的战士，在他们开始赶拢人类时，做法就像狼赶拢猎物一样，或者像牧羊犬赶拢驯化的绵羊一样。从智力上讲，战士是有能力把赶拢的任何东西，包括牧人，放在野外的猎物的等级上。在战争情况下，驯化者简直可以被看作是盲目跟随的动物徘徊在那里，等待被围猎、被作为一大群中的一部分被赶拢。

　　当图腾猎人组织转变为战士群体时，猎人组织的萨满领导就变成了人的指挥者。这些指挥者发动战争时，他们欣赏他们的战士，仿佛他们还是以前在开阔的猎场上的同伴一样。但是，随着时间的流逝，在计划战争时，这些指挥者开始把他们的战士看作自己的捕食者群体，用来发动战争，命该被杀死。古代图腾的至高地位，即它们拥有的对猎人的至高权力，因此被最早的雄心勃勃的萨满教指挥者篡夺了。这些指挥者超越了纯粹的狩猎远征，而变成了军阀。

我们可以通过从内部审视一个当代军事情形来考虑形似情况。士兵总是注意到在训练场地锻炼和战场野营之间的质的差异。在开阔的战场上，指挥官为了自己的好处会把士兵当作同志去依赖。在军营附近，他有一个超驯化结构支持着他，也就是这样一个结构：能使他把士兵当作臣民对待，甚至当作他可以相当自由地对其表达超权威和藐视的臣民来对待。

文明，或者像我们这里称它的那样，"超驯化"，在其最初暗含着控制人类的意思。文明的状况，就现在能够追随的起源来说，来到这颗行星不是通过和平的目的，也不是通过明智的经济学家制订的组织计划。当然，大群战士的指挥官们从他们抢劫过的猎人那里借用了几个基本的小花招。他们把"赶拢"家仆看作是赶拢动物——从猎人的角度来看，这些人就是猎物。

在超驯化的价值尺度上测量，地球动物中最理想的驯化动物竟然就是人类本身，恰恰是那些使自己变成动植物驯化者和拥有者的人。一旦被战士征服，他们利用语言进行交流的能力经证明是相当靠不住的。对那些被抓获成为囚犯的人，基本的语言能力最后成了被奴役时的另一个枷锁。人类可以被威胁征服，也可以被谎言、奉承和诗意诱惑而进入围墙。因此，他们比一群野山羊更容易讲道理，更容易被奴役，更容易变成被驯化的动物。

与山羊和牛不同的是，类人动物有着建造自己的畜栏和畜棚的习惯。一旦其创造性能量和汗水与黏土融在了一起，

一旦他们在篱笆墙上用涂抹泥巴的手留下签名印记，他们就和住处神秘地联系起来了。他们在情感上将自己安置在那里，在那里扎根。如果超驯化者不鲁莽行事，即使不安排卫兵（牧人）之类的看守，他们驯化的类人动物都会留在那里。当然了，不是历史上所有的超驯化者都明智得可以认识到这种可能性——那些没有理性感觉的人强迫他们的人民去建造堡垒和监狱。

这些超驯化者都是些什么人呢？今天他们是谁呢？从历史记载，我们知道他们是军阀、君主、皇帝、独裁者。所有这些人还在被一种猎人心态驱使着，有着强烈的屠杀倾向。他们的基因还在我们体内——在有些人体内更凶猛一些。他们是有着高贵举止、"领导才能"的受人高度赞扬的人。很多人靠着性情和姿态依然是充满激情的猎人。在更加民主的环境中，一些人利用更新的技术手段和策略继续"狩猎"。有了控制论技术，他们现在可以把牺牲品缠绕在网络和电路上。捕捉不能飞行的两条腿的动物，不再需要用大麻纤维编织的网。控制论的"虚拟网"也发挥着这一作用。当然，这些网最终也能把织网者缠住。

短见的贪婪会使多数超驯化者因不自量力而深受其害。因承诺虚假的自由，他们的贪婪会使古老的争吵和革命再现。自由怎么会被一个被强迫干活的工匠，也就是那些得到了材料技术并在晦涩的空间继续编织更大缠绕物的织网者获得呢？

尚武主义。作为实际生活中的一个类别，尚武主义突出了聪明的人类所擅长的最暴力的技能。它以一种有组织的方式，培养了很久以前在进化的猎人水平上就已想象出来的暴力花招和策略。在新石器时代，燧石武器的发明极大提升了这些技术。狩猎是人类男性培养和掌握的与动物相对抗的策略性欺骗行为。

但新石器时代武器制造者不知道的是，他们的狩猎技术也同样适合于建立超驯化体制，稍晚一些时候，这些体制将会奴役那些技术高超的燧石武器制造者的孩子。新石器时代的猎人经过几百万年的训练，才能成为职业的动物杀手。猎杀的范围从猛犸象和河马到野生牛、水牛、驼鹿、鹿，包括用匕首对抗利爪与熊、狮子，和老虎较量。在哥贝克力山丘工业激增之后，来自这一地区的一些猎人以一群群饥饿的流浪者的形式漫游了五六千年。他们演变成了大群的抢劫者和士兵。最后，他们聚集起来，训练军队，用鞭子抽打出了我们这个星球上第一个帝国主义"文明"的形状。

刚刚超过 5000 多年以前，当定居的驯化者由于害怕游荡的大群战士，不可避免与那些他们最害怕的人结成防卫性联盟时，就到了一个临界点。他们的条约通常是在绝望中达成的。由于世界范围内驯化者人口的增加，骚扰、掠夺他们的战士群体也相应增加。住在居民点的驯化者开始与其中的一些人组建共同防御联盟，否则就会被征服掉。换句话说，为了保全自己的性命和四肢，驯化者需要明智地谈判投降事宜。他们与新的统治者一起抵抗仍然漫游在山中寻找、劫掠更容易下手的居民点的大群战士。

超驯化的最低水准是在运动水平上的残余狩猎。最大的力量是在大群战士之间的激烈竞争中运用的。杀人者词汇的持续性在当代体育和战争语言中仍然完整地保留并流通着。国际间连续不断的战争和武装冲突不是最近发生的事件。它们是雄心勃勃的自我的结合体，沉溺于老弱的石器时代猎人的心态。这些猎人演变成了四处抢劫的土匪，并且侦查后制定了最有利可图的"保护"温顺的居民、换取奴役和赃物的计划。

哥贝克力山丘之后整个一千年间，用弓发射燧石箭狩猎的本领使人类自食其果。自某个时间起，我们的祖先需要害怕他们自己为进一步寻找食物而发明的武器。为了防卫，他们使自己聚拢到畜栏中。这些畜栏他们最早是用泥巴、木头和石头建造起来用以控制动物的。当这些人类自己建造的堡垒作为防御工事无法承受时，就恢复其最早的作为畜栏和监狱的功能。一旦最早的城市围墙可以御敌，自愿的自我囚禁这一弄巧成拙的过程就无法停止了。总是有更多的人要被那些想保住自己及其城中财产的人挡在外面。

带着极大的兴趣和一些担忧，我们期待哥贝克力山丘所有的狮子会所的充分发掘。人类超驯化戏剧中很早的一幕的记忆很可能就在那里。他们在那里上演的整个戏剧很有可能是现代悲剧的原型。一万年前，只有那些身材大很多号的神可能把这些高贵的行为作为戏剧来欣赏。超驯化产生的社会结构现在已经很明显了。图腾神祇发挥着贵族的自豪、力量和地位的支柱性作用。坚持不懈的猎人蔑视那些放弃早期狩猎方式的人。他们越藐视，以后他们的战士后代就越容易抢劫和征服那些"失败的定居者"。

所有权与奴隶制度。古代的统治者从来不承认农夫、猎人和驮兽之间的区别。一个超驯化者傲慢地以为他有权——甚至是神让他——占有和管理所有自然的和人工组成的畜群和人群。

整个民族都有被如此奴役的人群，这包括在祖先图腾下组织起来的战士群体，以及一些图腾鼓舞下的战士猎人。这些战士猎人本身已经超越了奴役动物的行列并将较弱的欠债牧人和农夫纳入其统治的队伍。随着时间的流逝，所有权和奴隶制度已经按照不论谁都可以被统治或冠以"劣等"的称呼来界定了。征服了自己的图腾神祇而逃脱惩罚的聪明的掠夺者，对于接着征服那些曾经是图腾支持者但后来被剥夺权利的虔诚信徒的人类下属来说，没有持久的存在论、神学和道德的顾虑。

对抗武士帝国风格的宗教运动偶尔也在殉难和牺牲的保护下进行。它们的一些救星假装成温柔清白之人、乞丐、卑微的隐士、预言家或者人道主义改革者。人类语言中任何概念都能成为对立和对比的一种象征性的候选者，而且有时候其中一些对比可能真的能成功地羞辱超驯化者。不过，世界上并没有出现什么新的东西。在过去狩猎的日子里，有些猎人穿着图腾鹿皮以达到伪装目的。在有组织的超驯化体制中，会有"穿着羊皮的狼"、"成功组织鸡政变的狐狸"或者努力冒充强大的解放者狼的绵羊。根据一个相对较温和的版本，"明显的绵羊"后来可能会标榜说他们的虔诚获得了"赎罪"之效，于是，便堂而皇之地"依据上帝的恩典"成了被授权的超驯化者。

人祭。在早期超驯化文化中，由猎人的分献祭品直接派生出一种习俗传播开来。尤其是对大份财产来说，献祭份额需要付给高于人类的力量，比如某个贵族的祖先或者特殊的图腾神祇。在本书第三部分，我们将作为主要特色的，是貌似饥饿的神祇和图腾祖先的"明显消费"的几个例子。在我们目前的理解水平上，完成一个完整的有关全球的人祭演变的梗概还不可能，但是可以发现一些例子，能够作为人类演变道路上的基准。要完成这一主题的一个更加详细的梗概，必须等到搜集到更多事实和数据的时候，当有兴趣的历史学家能够比本作者更能将注意力集中到更早时期的超驯化主题的时候。

古代的猎人已经演变出严格的为基本的猎杀和屠宰赎罪的规则；由于各种（宰杀方面的协助和正当化）原因，他们

接受了图腾神祇的监督。之后，在驯化和超驯化各时代，"献祭"仪式的增加将普通的屠宰提升到了代表大祭司和最高神虚荣地位的水平。大祭司就是后来的驯化者高神的"厨房圣所"备受尊重的屠宰者（也就是虔诚的正统的猎人）。超驯化崇拜是很多简单的花招和赎罪时刻的复杂积累物，这些积累物是普通猎人和屠宰者设法凭直觉理解并在它们的演变过程中编造的。

最终，成熟的超驯化者们增加人祭牺牲者以扩大他们的庆祝活动，去恐吓、占有日益增多的人类群体。文化上没有什么新的东西引入人祭的合法化过程，除了一套改进的工具和普通宰杀与屠宰的评价。精心计划的宰杀节、夸富盛宴和过度的胜利庆祝活动，所有这些都是古代猎人更简单的猎杀、屠宰及随后的庆祝行为的派生物。成功的社区狩猎后盛大的庆祝活动、对英勇的组织者及其声誉的提高的阿谀奉承，都能通过增加人类牺牲者而进行大肆宣扬。他们适合于打动、操纵人群。超驯化者用献祭庆祝他们作为猎杀者和屠宰者这一物种的演变。在这些庆祝活动的支点矗立着典型的最高的智人：图腾猎人和祭司屠宰者。

超驯化者认为，原则上，他们像驯化者声称拥有动物一样拥有人类没有什么不恰当。对人类拥有权的证据，他们仅仅提出了猎人的一个古老的观点：他们可以杀死任何决定要杀死的猎物。他们的逻辑仍然顽固地以为要将分献祭品献给一个古老的捕食者神——"用实物"。某些地区，比如哥伦布到达之前的中美洲，其战争的发动都是为了抓捕战俘用来献祭。在现代战争中，这样的斗争已变得更加世俗化、更加奢侈了。世界大战两边战死的人，可以算作祭品，并且被虚伪地安葬在某个强大的图腾支持者的手中——某个鹰脸、熊脸、狮脸的祖国——以便使征服、和平及牺牲者应得的安息永远正当化。

虽然是如此的道貌岸然和歇斯底里，但人们仍然被处决、献祭，主要是为了强调维持一种据说通过恐怖和鲜血可以成功安抚和平衡的环境。"献祭"和"处决"之间的区别根本上说在于命名，借助这个命名，超驯化的训令将牺牲者要么界定为被正当获得的"财产"，要么界定为由更伟大、更纯粹的捕食者权威交给行政官员管理的臣民。

人口的增加。就我们这个行星的大小和演变史来看，70亿啃食牧草和食用草料的动物似乎并不是一个危险的大数字。但是70亿灵长类动物，70亿倾向于尝试肉食和草食的动物，就不是这样了。其祖先在6000年的过程中已经学会"模仿"值得效仿的狼、狮和鹰图腾。也就是说，肉食动物，他们足可致命的技术本领已经发展到可以智胜地球上一切生物，只有几个杆状菌和病毒物种未能被击败而已。哎！地球上这样的生物甚至可以给自己带来问题。如果不是我们自己而是其他物种，我们可能早就忧心忡忡、提心吊胆地认识到这一困境了。在假设的另一个智能物种眼里，我们肯定已经被认定是自己的灾难了——这个行星的一个危险的、自杀性的侵袭。

人口的增加一直是各个时代的神祇给予人类（采集者和猎人、驯化者和超级驯化者）的最高福佑和奖赏。这一慷慨的福佑似乎已经随着时间的推移而增加了。哥贝克力山丘时代史无前例的人口增加，可能是其最后全职采集和狩猎的2000年期间繁荣的燧石业促成的。它使猎人和动物之间产生了数量的不平衡。燧石武器制造技术的改进毫无疑问有助于增加集体狩猎活动的收获。

然而技术性夸大的人类数量的祝福实际上是从武器威胁

下的神祇那里获得的。神祇们要么不能够要么不愿意替换正在被安装了燧石头的箭和矛杀死的所有猎物。较大的人口数量提供了一种明显的安全感。过度狩猎至少暂时增加了食物供应，正如它也增加了人口。接着，当超驯化的狩猎运动被放大到军事行动的规模时，人类牺牲品就取代了被猎的动物。

更多的婴儿出生、成长了起来。其中一半是男孩，未来可能是猎人。通过这样产生自己的人口，哥贝克力山丘以燧石为基础的狩猎行业，使猎人文化朝着人口过多和不定时的猎物短缺方向发展。不满足的猎人希望过上更稳定、更好的生活。但是，由于猎物短缺，他们的危机加速了，让更多人四处漫游的原因增加了，需要通过采集、种植、放牧使替代食物增加，并且要定期地做。

即使人类曾周期性地受到饥饿的威胁，但有意限制出生率这一选择却很少有人想到。搬迁是古代猎人和采集者的社会中所有问题的最终解决方案。在猎人们想要定居之前，搬迁的困苦限制了能够携带的孩子的数量。然而在哥贝克力山丘过渡期的宗教崇拜那里，一个新的适应生活需要的意识和宗教狂热的整个要旨却是为了促进更多的繁殖，即更多的孵化和分娩。哥贝克力山丘所有神圣的围圈和巨石柱，以及大多数浅浮雕品，都说明了这一信息。

几千年之后，在超驯化的环境中，人口增长仍然是一个关键因素。人们不知道什么时候另一个军阀的军队会来毁坏他们的防御工事，屠杀很多人，抢劫资源，把体格健壮的人们作为俘虏带走，使其变成奴隶或者祭品。所以，即使人的生命在被浪费，超驯化体制也发生抵触，但人口也仍然在浮动，而且通常来说，数量是增加的。人口数量增长的驱动力是恐惧。

每个被征服的社会、每个军阀和占领者都希望并且需要较大数量的男人。所有受到威胁的人们也都是这样。防卫以及先发制人的突袭和征服总体计划都需要男人。这意味着在军事行动的每一步，在任何冲突中，交战双方都希望获得基于人数优先的短期胜利，一个超越其他神的神祇作为福佑而赐给的胜利。他们把超驯化体制和人口数目之间取胜竞争的荒谬误认为是构成神圣的祝福。要赞同人类进步的方式，需要很多盲目的信任，别无选择。在紧急情况下用军队将人民投入有围墙的城市使其免受伤害，似乎是最好的解决方案。如果一家人觉得脆弱而缺乏安全感，如果一位国王估计自己缺少一千人，那么没比鼓励人口增加更好的长远规划了。而且，人们也可能殷切希望，当时的统治王朝会永远能够保护其人民。在一些当代国家，对母亲养育儿子的鼓励并不是难以觉察的。

在较大的驯化演变过程中，出于军事防卫的必要性，需要增加普遍控制。从最初简单的动植物驯化，扩大成了一个"超"阶段，增加枷锁以建立更大的控制。枷锁先是束缚动物，然后束缚人类。为了更加有效，人类被评定为财产和资源。甚至在他们自己凭着与生俱来的尊严和权力，努力拥有自己的动物、植物、妻子、孩子、仆人甚至奴隶时，就被别人占有了。占有和被占有暗示出一种必要性，由对失去安全和生命本身的恐惧驱使。

让我们更仔细地思考一会儿：今天，在公开竞争的民主国家，没有哪个教师在某个时间不曾被给予友好的建议让他或她更加热情地卖掉自己。只要对人的商业估价在竞争中得以真诚应用，就会开辟出一条路，使人从因获取而感到骄傲径直走向自我奴役。到了那时，下一轮的超驯化其实已经

开始了。

由对强大于人类现实的顺从回应构成的宗教，有时可以赖以减弱仓促的变革。犹太教、基督教、伊斯兰教的最高神一直在用"生养众多、遍满地面"这句话保佑其民众，就像上帝和中国的高祖们一直保佑其后裔那样。他们用数百万直至多达 10 亿的人口数量的增加保佑这些人。那么，那位曾几何时用数量赐福人类的神明怎样才能修正其永恒的承诺呢？让一位永恒的神明更新其古老的承诺似乎是不可想象的。不过，一个更新的启示也许能更精确地指出在什么程度被利用的祝福会转化成一种诅咒。不只是充满祝福的宗教缺乏这样的精准，充满诺言的政治意识形态也并无不同。那么，自私的人类理性会因为神明启示的更新而变得可以信任吗？或者说我们能信任它会去更好地分配世俗政治利益吗？

一神教。人们极为重视阿肯纳顿法老借以将其太阳神阿托恩称为唯一神的"阿托恩赞美诗"。凭着他的几行凿刻的诗文，这个古怪的统治者已被认为是世界上第一个一神教者。的确，如果整个世界的智慧仅限于这一个人自己的碑文，他确实会是第一个。但是，如果我们让太阳神阿托恩把阿肯纳顿的碑文照得更亮一些，就会发现他的赞美诗证明了厌倦的法老本人与其个人化的唯一神阿肯纳顿之间的一神教关系。这个神只爱法老阿肯纳顿那托，另外，他也爱其配偶。这是一个人的宗教，此人所渴望的是绝对统治和最高的神圣荣誉。令埃及幸运的是，在他作为埃及王位上的荷鲁斯猎鹰期间，并没有得到这荣誉。[1]

---

① 超驯化（过度驯化）的神学问题已经在卡尔·W.卢克特的《埃及之光与希伯来之火：基督教神学和哲学根源》中得到了广泛的讨论。该书为纽约州立大学出版社 1991 年出版。

如果要进行比较的话，那么阿肯纳顿的宗教显示出了很少与反动的一神教之间的共同之处。因为这反动的一神教，在大卫王的管理之下的亚伯拉罕、摩西以及雅伟/以罗欣的祭司和先知们，都受到了赞扬。他们的宗教，尽管也是受到一个王朝的支持，没有为一个唯一统治者的利益，但至少为了一个部落联盟而得到了传播。一些先知的制衡出现在了后一种一神教中。

阿肯纳顿的神权政治梦想与较早时期的埃及法老的野心是一致的。关于第一王朝法老们的超驯化习惯，会在后面第十七章述及。西方文明和一神教宗教的方向和速度是在古埃及确定的。在第十九章将埃及与古代中国的比较中，通过这两大文明的互相印证将会有所帮助。

原来，就其本身来说，一神教从来就不是解决困扰人类文化、经济或有组织的宗教的诸多不平衡的万灵药。日常生活中的数学式可能性太多了，不可能减少到一个。除了生活在一个唯一神权之下的这一令人安慰的宗教图景，一神教还用下一个较大的数目——二元论——再诱惑人类做算术。通过努力将人与"拯救"捆绑在一起，一神教者最终轻而易举落到了一个很明显的"对立者"手中。就这样，世界就很方便地被解释成一个交战不休的二元论了。

在一个假定的善与恶（上帝与魔鬼）的二元论中，"恶"的那一部分通常从科学角度说比"善"的那一部分更容易论证。因为"善"高高在上，被想象成是一个统一的、无法解释的和自给自足的存在。从逻辑上说，它不能是别的情况。善于分析的人脑容易被自己制造的烟雾和镜子欺骗。科学实验需要先前的分析，这意味着可以将其"分解成许多

方面或部分"。于是，通过分析，并且为了实验上的控制，科学主义对其所生产的碎片更为高效和慷慨。因此，沿着科学的道路，分析、分解、控制、征服和破坏总是比综合、生长或者有机的完整性更容易实现。我们不能忘记，智人正如非天然的杀手和屠夫一样，是模仿性动物，是在提高理性分析能力时发展进化的。

如果我们从历史角度追溯一个皇帝的一神教的话，这样的政治化宗教可能在比 5000 年更早的时间就已经扎根，以支持埃及和美索不达米亚（可能还有其他地方）的皇权地巩固了。而且，有一段时间，牛的驯化者在其理性思考的圈子里重新发现了自己的形象。他们把自己看作家畜，也成了他人的所属。人们告诉那些在超驯化者的鞭子下生活的古人说，他们自己就是家畜，被神占有，被皇家代神管理。当然，那些希望挣脱超驯化枷锁的人，为此需要首先学会超越那些将他们界定为家畜和财产的神话和意识形态。①

不管超驯化者利用什么样的意识形态来为奴役人民找借口，对这同一个世界观的理性评论，不管好与坏，都是作为"卸载"起点的受害者争取解放的斗争所需要的。那个古代的说法必须颠倒过来并加以改变，以创造一连串适合于重新平衡的中和因素。着手从零开始讲道理、不再理会那些支持业已失去作用的世界观的昔日神祇，或者更愿意在一个现代的无神论本体论基础上寻找

①这一看法在美索不达米亚史诗《艾奴玛·艾力西》中无耻地表达了出来。在《希伯来赞美诗》（比如第二十三首赞美诗）中反映得更加温和。在后来的文本中，人是羊，由一个神圣的好牧人选出来在他的浇过水的绿色牧场上吃草。在神祇不再坚持要任何屠宰和烧烤的东西的一个当代背景中，这样的诗意即使在葬礼上为获得安慰而阅读也是合适的。

正当理由的反叛者们，有可能最终得到更老的掠夺性的原始主义——比如一些掠夺性的英雄的、图腾崇拜的民族主义。此外，仅仅以那些把"非个人事情"、"精力"或者"盲目的力量"归于宇宙的性质的现代原则为基础，很难为人的权利、尊严或者任何生命的合理性据理力争。因此，宗教的历史在人类正在对尊严和生命进行的追求中仍然是一个重要的重新定位的智力工具。

在第十七章，我们会看到埃及最早的法老们，也就是第一王朝的神王们，是如何管理朝政的。作为神话的猎人，变异的猎人/牧人，他们管理朝廷就像管理满是人类的谷仓场院一样。当不朽的法老们意外驾崩并暂时被转变为死神奥西里斯时，大臣和仆人被杀死作为献祭，以缝补王朝这块布料上的断裂之处。在神王的葬礼上，成为祭品的人加到随葬品中，以达到让人震惊的效果，通过吓唬潜在的反叛者以巩固王朝。连宠物狮子，作为古老的图腾的后代，也被迫在神人奥西里斯的过渡时期，也就是在他成为自己继承者的时候，陪伴他。从窗帘之间窥视，并在字里行间稍稍阅读之后，我怀疑那些献祭者的死亡与法老来世的幸福没有多少关系。它似乎与授权帝国王朝，也就是与让神王能够更加有效地统治埃及有关。这些世世代代的葬礼献祭增加了重要性和平静的气氛，也就是恐惧强加的和平气氛。这气氛是埃及唯一的神强加的。他使自己的猎鹰化身周而复始地出现，以使王朝的辉煌一代一代地继续下去。

第三部分　变化和转化的例子

在阐释上古种植者宗教时，阿道夫·金森纪录的德玛神话现在已经成了宗教历史的支柱。这些材料英文摘要的出版，迄今已经导致了对本可理解为韦马莱（Wemale）"猎人传统"退化阶段的忽略。这意味着，从狩猎到驯养的石器过渡的动态一直被忽视和模糊了。我们目前的论述是基于一个修订过的韦马莱传说和神话，同时参照爱斯基摩和纳瓦霍文本进行比较。

第十三章　狩猎椰子、屠宰山药

阿道夫·金森关于海奴韦莱神话和德玛神学的里程碑式的报告是与赫尔曼·尼格梅尔合著的，题目为《海努韦莱：摩鹿加岛塞兰民间故事》，收于 1939 年美因河畔法兰克福出版社出版的《尼乌斯远征的结果》第一卷。[1]海奴韦莱神话的最早的英文翻译本出现于约瑟夫·坎贝尔 1959 年出版的

---

① 阿道夫·金森著：《早期文化的宗教世界观》，莱比锡，1939 年。阿道夫·金森、海因里希·尼格梅尔著：《海努韦莱：摩鹿加岛塞兰民间故事》，法兰克福克罗斯特曼出版社，1939 年——这里翻译了一部分并得到使用许可。《三河汇流：韦马莱精神和宗教生活之特点》，莱比锡，1948 年。《原始民族的神话与崇拜》，威斯巴登，1951 年。英文翻译于 1963 年，在芝加哥出版。

《神的面具》。

我是 20 世纪 60 年代初在芝加哥开始接触古播种文化和德玛神学的进化阶段的，那是在米尔恰·伊利亚德教授的课堂上。他告诉我们如何以古种植者的方式去理解可食用植物品种的神话起源和功能，以及如何认识秘密男子会社所扮演的角色及他们对生死的特殊理解。尤其重要的是，他解释说德玛神学是人们可借以理解韦马莱古种植者宗教世界的关键概念。以天为导向的种稻者神学与韦马莱块茎种植者中以地为导向的德玛神学之间的对比确实令人着迷。[1]米尔恰·伊利亚德提出问题以帮助理解当时正在实践人祭与猎头的秘密会社中心男子们的思维取向。韦马莱男子社团的极端行为的借口是，古代种植者对植物王国的神秘认同导致了这个悲剧性的后果。简言之，导致了哲学的植物神秘主义的悲惨后果。伊利亚德教授对这个主题的移情推理大部分是基于佛尔哈德和詹森的著作做出的。[2]

依照惯例，"海努韦莱"材料以简写本形式从德文翻译成英文。它们被精简，虽然以最好地适应金森本人在文本中给出的普通古种植者的意思。然而，原始记录中的一些句子被忽略并通过这种精简方式删去了，它们本来同样可以给韦马莱狩猎以某种启示的。当然，必须理解的是，在预先假定的"种植者的德玛神学"范围内，一些被忽视的部分在翻译者和编辑看来没有什么必要性——这是可以理解的。

---

①关于水稻种植宗教的模型参见汉斯·肖若著《恩加朱（Ngaju）宗教》，海牙：马丁努斯·奈霍夫出版社，1963 年。

②米尔恰·伊利亚德：《比较宗教的范型》，克利夫兰，1963 年（1958）；《神话与现实》，1963 年；《从原始到禅》，纽约和埃文斯顿，1967 年。另见 E. 佛尔哈德：《同类相食》，斯图加特，1939 年。

正是考虑到这些被省略文字的极端重要性，我通过增补一部分被省略句子的方法对德、英两种文本做了重新审查——尽管依然用了简写手法并且在第二语言中尽量让整个德语文本有用。无论本书还是未来的研究，要想详尽地论述韦马莱宗教的原本意义，都势必要系统地回到金森的未经删节的德语文本和语境中去。在此，我的目的是给一系列业已发表的评论文章和预期在将来要发表的文章添加我卑微的意见。为了个人文摘的需要，我翻译了一些迄今尚无英文版本的句子，而且为了节省笔墨，我也如法炮制，省略了那些对我的论点无关紧要的部分。我的目的只是翻译足以使英文读者重新思考韦马莱神话的部分，让他们认识到该神话不只是与仙女海努韦莱有关，而且更重要的是与她的父亲——猎人阿米达有关。我在重新审视这些材料时，确信神话人物阿米达不仅在理解塞兰人的新石器时代的种植宗教方面意义重大，而且在理解猎头、人祭和同类相食方面，以及在理解全世界石器时代猎人宗教转型过程中的神话方面是必不可少的。

我们并不是想让这个神话展示古代种植者的宗教，而是需要带着进化论的眼光看看由怀旧的韦马莱猎手所表述的石器时代的猎人传统。尽管这位新石器时代的祭品海努韦莱姑娘很可能给国际民俗市场做了一个浪漫的提升，但韦马莱妇女的真实的园艺维度似乎只得到了男人们马洛祭祀仪式的侧光。我们的假定是，在海努韦莱神话被讲给金森做记录之前，它已经被曾参与过猎头和人祭的过时的猎人在脑海里处理过了。这些男人的目的是吓唬女人们，迫使她们相信女人块茎园艺的精髓确实是控制在神秘的男子会社手里的。在意

识到这种意图后，我们建议今后应该更恰当地以"阿米达和海努韦莱"的组合神话来看待海努韦莱神话。

在芝加哥初次接触韦马莱宗教 20 多年后，同时在定期做了美洲印第安人猎人传统田野调查 15 年左右后，我回过头去重读了金森关于摩鹿加岛塞兰人的材料。起因是，20 世纪 80 年代末，佛罗伦萨和罗马的意大利中东远东研究所（IsMEO）的《东方与西方》编辑向我约稿。[①] 就在那时，我才发现在第一次阅读时几乎忽略了的一个方面，即颓废的猎人社会里两性之间严重紧张的关系，这种紧张关系倾向于在危机和转型时期加重。而我自己在大西南地区对美洲印第安人的实地考察使我对这个问题更加敏感。

在摩鹿加群岛，猎头者与他们的女人之间不断变化的紧张关系似乎比仅仅对后者的菜园产品做强制的哲学或神秘的识别要复杂得多。以后见之明看，这些被佛尔哈德、金森和伊利亚德等看作德玛神学的核心的哲学的植物神秘主义现在应予以重新审视。他们认为这个植物神秘主义提供了在块茎园艺背景下理解猎头、同类相食及人祭的关键线索。它需要在"过时的新石器时代猎人中的危机和自我辩解"这个题目下予以考量。

当然，伊利亚德教授知道韦马莱的性别冲突——至少在他们所讲的故事水平上。我在这里只是对教授替韦马莱男人做的哲学合理化，大意是他们是神秘地沉浸于农耕而且是合理地平衡的种植者，以及他对他们作为过时猎人的意志消沉情况的低估这两点保留个人意见。我是为了解释我对阿道夫·E. 金森有关韦马莱宗教的传奇的重新认识才用英文提出我对德文本的重新审察，当然

①见卡尔·W.卢克特：《再论海努韦莱与猎头》，《东方与西方》第40卷，第1—4期，261—279页。意大利中东远东研究所，佛罗伦萨和罗马，1990年。该文的部分内容于 2000 年上传于 www.historyofreligions.com.

是出于使用这两种语言的读者的考虑所作的。

　　本书作者修正后的意见认为，海努韦莱故事主要是男子们对猎人—屠夫的一种滑稽型的讲述，它代表的只是绝望而过时的猎人扭曲视角下的种植者神话和德玛神学。那是没有一个妇女乐意重复或解释的神话，而她们才是韦马莱园艺的实际拥有者。我们不知道妇女们会对她们的男人们在其百寮中心讲的故事评价多低。非常有可能的是，男人们的故事压根儿就不想传进女性的耳朵，也从没期待得到女性们的欣赏。对我们英语世界的人来说，这种洞察力最终肯定会导致对"德玛神学情结"的整体复审，以作为更好地理解所谓"新石器革命"——世界范围内猎人和采集者向园艺过渡——的前奏。

德玛阿米达和海努韦莱神话

　　在人类先祖的九个家族从努努萨库迁移出来后，他们住在西塞兰的一些地方……在那时的人中有一个叫阿米达的人，他没有婚配，没有儿女。一天，阿米达带着他的狗出门去打猎。过了一会儿，那狗在林中发现了一头野猪，并将它追赶到了一个池塘边。

图34　野猪与椰子。由本书作者依据理查德·巴茨于慕尼黑发表的栖息地的照片收编进"阿米达和海奴韦莱"故事。

野猪跑进了水里，狗还站在岸上。很快那野猪游不动了，淹死了。阿米达到那地方之后，把淹死的野猪拖上了岸。猪的獠牙上挑着一颗椰子。那年月，人世间还没有椰子树。

在梦中，阿米达得到的指令是让他种植椰子，他就照着做了……三天后，棕榈树已经长得相当高。又过了三天就开花了。他爬上树去砍花做饮品。结果砍伤了自己的手指，血滴到了一朵棕榈花上。他回家包扎伤口。三天后等他回到棕榈树上时，看见他滴到棕榈叶子上的血已经和花汁融到了一起，他还看见一个人的样子正在那里形成。脸部已经成形。又过了三天，等他再次去看时，那人的身子也有了，再过三天后，他的血滴已经变成一个小姑娘了。梦中再次得到指令后，阿米达把小女孩带到了家里……给她起名叫海努韦莱（椰子树肢）。

女孩很快长大了。只三天时间，她就长大到可以嫁人了。可她不像普通人。她如厕的时候，排泄物中包括贵重的东西，如瓷器和铜锣等。由此，她的父亲阿米达变得非常富有。

那时，塔米涅西瓦人们跳一种大舞，名叫马洛舞，一跳就是九个夜晚。人类最先的九个家族都参与其中。他们的舞蹈是九曲螺旋式的。人们晚上跳马洛舞的时候，女人们坐在中间。但她们把蒟叶和槟榔递给跳舞的男子们，让他们嚼。跳舞期间，那位叫海努韦莱的姑娘站在中间给跳舞的人发放蒟叶和槟榔……舞蹈的第二个晚上……她给跳舞人发送珊瑚。所有的人都认为她的珊瑚很好看……到了第三天晚上……她给大家分发漂亮的中国盘子，凡在场者，人人有份。第四天晚上，她给出更大的中国盘子。第五天晚上，她给人们发丛林大砍刀。第六天晚上，她给出的是铜质的做工精致的蒟叶容器。第七天晚上，她送给大家的是金耳环。而到了第八天晚上她给的是漂亮的锣。就这样，海努韦莱分送东西的价值一晚比一晚高，而对男人们来说，这事的神秘程度也越来越深。于是他们聚在一起，谈论他们很羡慕（即很嫉妒）海努韦莱能分送这么贵重的东西的事。他们决定杀掉她。

到了大型的马洛舞蹈的第九天晚上，海努韦莱再次站在舞场的中间，分发蒟叶。而男人们事先在那地方挖了个深坑……他们把海努韦莱裹到慢慢移动的螺旋舞队形的里边，徐徐向前，把她带到墓坑边，推了下去。三个人嗓门齐唱的洪亮的马洛歌声，淹没了女孩的惊叫。填下去的土埋住了她，跳舞的人借着舞步把她坟上的土踩踏得结结实实。天亮时，马洛舞结束了。人们各自回家去了。

马洛舞结束了，但海努韦莱没有回家，阿米达知道她被害了……他到跳舞的地方，挖出她的尸体，把它割成很多块。他把各个碎块分别埋在舞场的四周。只有两条胳膊，他没有切割，也没有掩埋，他把这两条胳膊带到穆卢阿·萨泰涅那里。这女人是创世造人时由一个没成熟的香蕉转生的。那时，人就是受她统治的。不过海努韦莱被掩埋的尸块，都变成了当时世界上还不存在的东西——比如块茎植物，打那时起就成了人类的主食。海努韦莱的胃变成了一个大罐，至今还保存在霍尼泰涂村长的手里……故事的这个部分描述的是海努韦莱身体的九个部位以及它们变成的九种果子。

阿米达诅咒人们，穆卢阿·萨泰涅也因为他们杀了人而气恨他们。她在塔米涅西瓦的一个地方修了一个硕大的门。这大门有九曲螺旋，是仿照马洛舞的队形做的。穆卢阿·萨泰涅自己站在大门一侧的一个大树桩上，两手举着海努韦莱被割下的胳膊。她把人们集合在大门的另一边，对他们说

道："我再也不留在这里了，因为你们杀了人。我今天就离开你们。现在，你们必须经过大门到我这里。凡能通过大门的，会继续做人类；凡不能通过大门的，结果就不一样了。"所有的人都试图通过大门，但有些没有成功。凡没能通过大门到穆卢阿·萨泰涅那边的人，都变成了动物或鬼魂。就这样，大地上才有了猪、鹿、鸟、鱼和很多鬼魂。它们曾经是人，但它们没能通过穆卢阿·萨泰涅的大门……

萨泰涅说："我今天就离开你们，你们再也不能在地上见到我。只有你们死后，才可再次见到我……"接着，穆卢阿·萨泰涅从大地上消失了，打那时起，她以尼涂（鬼魂）的身份住在萨拉华，即位于西塞兰岛的死亡之山。凡想到她那里的人，首先必须死亡。[1]

史学视角下的海努韦莱神话

海努韦莱谋杀故事的中心情节在几十年前受到了学界很大的重视，并曾一度被认为，以史学角度看具有"情景不一致性"。海努韦莱奇特的生产模式，即排泄有价值的器物，为文献断代提供了暗示。这些商品在赛兰岛上是当钱用的，不可能先于16、17世纪的调料贸易。这些东西是那时才首先在摩鹿加群岛出现的。它们甚至有可能属于一个更晚的时期——属于1902—1910年间由荷兰殖民者为加快殖民而引发的"货船形势"时期。[2]

---

①译自金森和尼格梅尔著作《海努韦莱：摩鹿加岛塞兰民间故事》，1939年版，第59—64页。有删节。

②见乔纳森·Z.史密斯：《一颗高价珍珠与一车山药：不协调情境研究》，《宗教历史》，1976年。

一个"古老"神话的明显的近期的时间表述没必要使那些本以为它距此久远的人焦虑不安。口头传统中，三四百年时间足以做一个故事的情节跨度。起源于上古的现存口头传统，即我们有些人曾经做过记录的那些传统，一直被新一代的讲述人不断地回收再用，而且不断地更新。那些时间跨度长得让人难以置信的近东传奇本身就属于传奇的话题。有学者认为那些传奇的时间跨度是《圣经》中记载史前史的两倍，而且据称被当作史实，口头分享了 1000 年。一旦一个古老传说的记录者是不具名的，那我们可以有把握地说他们的想象力一贯被低估了。所谓的"口头传统"在经过 500 年时间后，口头记录的历史事件与一件事印在讲述人脑海中的纯粹的历史证据之间的区别已无关紧要了，除非那件"事"得到考古学的佐证，而且是可觉察到的。

传统的讲述者是为了与其生活的时代相关而讲故事，而不是为了佐证一个记录下来的古老传说。他们没有什么古老传说记载可佐证。因此，假如中国瓷器在塞兰岛出现过，而且更重要的是假如在当地人的宗教仪式中用过某些这样的瓷器，那么在受尊敬的传统中提及此事是每一个有操守的讲述师傅本应做的事情。

然而，在眼下，殖民形势的具体的历史背景是韦马莱宗教历史中最受欢迎的标杆。正是在这个形势下，海努韦莱因能生出诸如中国盘子和锣等各种贵重物品而扬名。它帮助我们调整古代驯化者中几乎可以肯定被夸大了的哲学食物神秘主义的动态。令人吃惊的是，一些进口的盘子和锣竟然能如此影响我们在历史真实感方面的观点。没人可以否认，必须得首先进口这些商品并且让它们变成众所周知的东西，然后

才会有金森版本的故事流传的可能。

然而，问题的主要部分依然存在：这个海努韦莱神话的更古老的核心是什么？主要的人祭德玛女孩海努韦莱及其身体部位所变成的可食用植物这两件事，比仪式期间作为礼物发放的中国"货币"的出现更关键。由此，我认为该神话的古老核心包含着海努韦莱的创造活动及其生产模式。虽然海努韦莱的行为在现代都市人看来有些古怪，即她排泄的东西不能被当作"不义之财"或一个充满讽刺意义的原始版的"赃钱"来看待。

具有创造力的排泄题材在世界其他地方也有记录，而且时间更早，与西方殖民没有关联。比如在 9 世纪的日本。我们在日本纪中读到，食物女神保食神用口中吐出的食品招待上天差遣的月夜见尊大神，后者因感到食物肮脏而怒杀保食神。事后，未来要用的家禽家畜和食物继续从保食神的尸体上长出。①女神头发分开的地方长出了牛和马，额头上长出小米，眉毛上长出蚕茧，眼睛里长出另一种类的小米，下阴长出大麦、大豆和红豆。

同样，在塞兰人的版本里，粪便和污物不是以对抗支持生命的食品而存在的。在原始意识中，排泄物在这里不多不少地表述(寓有双关语)、设想可吃的食物，然后被重新命名。此外，女性在"粪便和尿液之间"的肮脏的创造方法充分强调了塞兰人在其他方面的知识，只要女性充当的是厨师和提供食品的人。例如，在神话的原始时代，女性的排泄物是被煮熟后变为可食用的西米（西谷椰子属）的。而且，一位肮脏无比的奶奶变成了一棵

---

①卡尔·佛罗伦兹：《史料中的神道宗教》，哥廷根和莱比锡，1919年，第 144 页起。本书作者译。凡亲手收割过大麦的人都知道，日本纪中的起源故事，是由粗野的人讲述的，而且被看作是滑稽到极点的。

西米树。①

清洁和不清洁的问题，就其给原始猎人造成的心理负担来说，无法在这里全盘处理。我们就凭借它来观察自700万年前的猿猴水平以来被看作生命之液的女性分泌物的流动，它与男性的狩猎、杀戮和操控生杀之权的冲动形成鲜明对比。就在不久前，这样的创造生命的液体的痕迹依然会毁掉任何传统纳瓦霍猎人杀死一只鹿的机会。女性对男性侵略性的对抗，甚至从雄性手中没收石头武器，都曾在当代黑猩猩行为中被观察到。②

接着是塞兰岛进化中的偶然性：反对暴力的人类女性，即男人们欢愉时的伴侣，曾一度为他们的古种植者家庭成功种植过营养品，超过了男人们打猎所获。这种向驯化过渡的危机的证据散布于世界各地——大意是：作为民生变化的结果，男性猎人已经失去了很多自尊。这种基本的进化方面的考虑对于解释韦马莱男人们的沙文主义和关乎粪便学的海努韦莱神话的主体很有用。

当塞兰人的一些故事讲到男人的排尿——又是粪便学的类型——如何会导致怀孕时，常识性的平等措施就已经实现了。③此外，人们可以看到韦马莱男人是如何把污染与大小便联系起来的，以及如何将其与侮辱、杀戮和驱逐联系起来

①见金森和尼格梅尔：《海努韦莱：摩鹿加岛塞兰民间故事》，1939年，第69页起。

②见前文第一章；另见弗兰斯·德-瓦尔：《黑猩猩政治：猿类社会中的权力与性》，纽约，1982年。

③见金森和尼格梅尔：《海努韦莱：摩鹿加岛塞兰民间故事》，1939年，第269、356页。

的。①但这些沙文主义的消极性没有一个能够战胜女性排泄物的积极性和创造性的意义。这个意义完全在于女性能够生育的普遍功能。每个活着的人都得承认他（她）从何而来。

我们得具体地回到海努韦莱的创造性上来。她首先以排泄的方式创造；也就是说，没有牺牲自己的身体。因此，在她第一轮的礼物分发中，她的身体起着源泉和容器的作用，其自然程度犹如一个子宫的创造功能一样。只有在后来，当她的身体被男猎手砍成碎块，而且当她的遗体腐烂成发臭的排泄物时，可食用的块茎和其他植物才开始从种植的部分发芽。读者可以依此情景思考一下施肥的整个过程：种植—埋葬—成长—挖掘—切割—烹饪—食用—营养—块茎的排泄周期，起先是通过人的消化道然后是不通过人的消化道。一旦我们现实地考虑了种植者与腐殖质、粪肥和泥土之间的共生关系，那么一切关于古播种者的存在会变得更加清晰。

同时，不用说，勇于跨出干净的历史书本走进肮脏的土地和原始风情的宗教史学家还必须敢于超越一个历史学家自己理论上的"现实生活"进行调查。在这种情景下，甚至连"现实"（Sitz，德文本意为"座位"，在此短语中为"现实"——译者注）这个词都是词不达意的。原始的块茎种植者挖开泥土处置粪便，同样也挖开泥土收获营养品。

"民族学"可以被定义为考古学的顶层，也是仍然带有气味的那一层。而来自城市商业的如"赃钱"一类的词句，则过于消极，在海努韦莱族人的小块菜园子里，是格格不入的。另一方

---

①见金森和尼格梅尔：《海努韦莱：摩鹿加岛塞兰民间故事》，1939年，第172—329页。

面，欧亚童话中拉屎能拉出黄金的驴或牛只是部分地属于文学幻想的境界。它们的实际化身依旧在现实世界的牧场上吃着草。在贵重的田地和土壤上，在反过来滋养它们的草上，动物馈赠出它们神圣的祝福。

阿道夫·金森不止一次表示过，让他倍感沮丧的是他没有能力解释海努韦莱神话的核心意义——它与猎头及隐含的仪式性杀人的必要性之间所存在的关系。他一定意识到纯哲学的植物神秘主义并没有提供足够的合理的连接。因此，我们自己对海努韦莱神话核心主题的解释不只关注海努韦莱更近期的外国商品方面的创造，更要关注她在全球性的、由妇女们实践的"肮脏的"创造活动中的基本参与。女性普遍性地扮演着生育者、种植者、厨师和食品提供者等基础性角色，当然是随其男人的态度而不断更新的。我们要记住，韦马莱男子是怀旧的猎人，他们宁愿吃自己打猎所获的肉食，而不愿从他们更成功的妇女手中接受蔬菜或水果。

文献记录中还有一个颇具竞争力的塞兰人故事，堪比海努韦莱的排泄物主题，而且最能说明问题。这个传说把借助排泄物进行创造的能力归于一个天上的猎人。这位天上的猎人和一个地上的猎人一同出去打猎。他大便时拉出酷素（kussu），撒尿时尿出一条线，变成了一条蛇。后来地上的那位猎手杀死了那条蛇。当然，大家都知道，凡讲这个故事的地上的猎人都已经有杀死蛇和酷素的习惯。那么，这个双重性的猎人故事是不是比海努韦莱般种植者的仪式杀戮主题更早呢？或者说它只不过是一个后期猎人的传说，所关注的是为那些仍然可从天上猎人的领域获得的"肮脏的创意"做辩解的事？在这里，狩猎作为一种职业是以天地两个领域的共

同点而提到的。那么，讲这个故事，是不是为了表明排泄出的或者生出的生灵都是属于猎人的，是要被他们杀死的？

现在该是离开海努韦莱粪便式创造性一些距离，到神话中的另一点上了。它可是马洛牺牲品本身的中心所在。在上面的叙述中，马洛节日期间，海努韦莱的主要礼仪功能被确定了好几次。她所要做的是依照风俗给跳舞的男子们分发蒟和槟榔（亦即可用以愈合和恢复的药物），供其咀嚼。到了第九天晚上，当礼仪接近高潮时，讲述者再也没有提到涉及分发宝物的近代点缀。

很明显，故事开始时这样的宝物分发方式，只是为了把人们对一个女孩为男子做一般服务的传统期待摆在舞台后方。其结果是，在她超越了男人们的期待并以一位铺张的财富女神现身时，他们发怒了。因此，我们在知道仪式的最后一个晚上只表现蒟与槟榔，而且考虑到塞兰岛上中国瓷器的近代年份后可以断定，仪式开头几个晚上奢侈物品的出现，只不过是讲故事人的自由发挥。由此，鉴于最后一个晚上仪式的情景中用以愈合和复苏的蒟和槟榔再度被给予了中心地位，因塞兰岛上中国瓷器的近代年份所引起的怀疑揭示了一个艺人在第二天到第八天晚上讲述中的添枝加叶。那么，这种论述用于阐明当舞蹈者发现海努韦莱是具有创造力的妇女之原型时所引发的不满，因为她不仅是食物女神，而且是财富女神。

杀死海努韦莱的人嫉妒她获取和分配财富的能力——至少那蹩脚的借口是这么说的。不过，以拉长的进化观点看，这种以嫉妒所生的后果为马洛祭品辩解的理由，很可能是从十年之久的殖民统治中衍生出的，那时，为保持纯粹权威的更古老的斗争早已偏离了关注的焦点。当然，并不仅仅是男人对女神的嫉妒刺激古韦马莱男子杀了她吧？海努韦莱神话的构思是为了蔑视女孩和妇女。海努韦莱是一个神女，是由一个未婚男子创造的，没有女人参与。为在园艺种植中替她创建一席之地，也为了把她的威力完全置于男子的权威之下，就得有一个马洛祭品，就得讲述她的神话故事。

一个答案现在越来越浮出水面了。韦马莱男子所追求的是仪式性地控制海努韦莱的食品植物范围，控制村子及其舞蹈场所和女性园艺本身的整个领域。他们嫉妒妇女的"真正的"经济地位，因为与此地位形成对照的是不切实际的猎人的怀旧情愫，狩猎业消沉后，这种怀旧情愫注定成了残存的遗产。

他们寻找出路，想再度成为真正的男子汉，也就是重新成为家里的主要保护人和供养者。这些人变成了暴力的麻烦制造者，因为在村里的小规模冲突中，他们的暴力使他们至少成为其家人显而易见的保护者。他们以礼仪主持人的权威及猎头、残食同类的恐怖行为填补家庭供养人方面的欠缺。过时的猎人在接受园艺种植过程中进化角色调整的失败，使他们失去了平衡。当然，他们的失败是以我们的标准衡量的，而我们的标准又是基于后见之明的。

海努韦莱神话及其猎人传奇

我们只有把海努韦莱传说置于男子们失败的狩猎文化和宗教进化论的背景中，才能把它作为古种植者的中心神话予以重新观照。这个故事带有男性作者的全部印记。怀疑该故事是否是真的古老的责任确实会引起一种不安的感觉。那么在今天的学术界，阿道夫·金森的创新且闻名的"德玛神性"

分类会发生什么?

令人惊奇的是,海努韦莱故事被不加批评地看作古代作物栽培着最中心最典型的神话。因此按其准确意义来说,只有在一个更大的进化背景,这个附带条件里看待它才对。学者们迷上了浪漫的光天化日下残食同类者和猎头者的沙文主义——尽管故事情节的"猎人背景"和马洛宗教背景都是全然展现的。不过,总的祭献理论无论其宗教上的平滑或政治上的边缘不整,都很少完整的直截了当或诚实可靠。

海努韦莱传说中人转变为动物或鬼神的结尾,是猎人神话中一个典型的"前人类流变"主题。[①]但就海努韦莱的祭献主题来说,把故事的标题改成"阿米达和海努韦莱"应最为恰当。这个韦马莱故事中的主神德玛神就是阿米达。作为猎人,他既没有被杀,也没有被肢解。

阿米达在故事中的出现,是在他出门狩猎公野猪并由此而得到了第一颗椰子果的时候。他的任务是把自己猎获的种子种到地里。这种子是属于他的,因为从传统上讲,一个猎人拥有他所抓获的或在打猎中捡到的任何东西。为避免猎人追赶椰子果的愚蠢之嫌,讲故事的人就让公野猪带着它跑。

狩猎之后的事件不仅说明椰子果属于阿米达这个事实,而且也说明,食物女神及其生产财富的能力和后来从她躯体部位所长出的作物品种也都是阿米达合法的后裔和所属物。虽然说海努韦莱是作物品种赖以长出的具体物质基础,但阿米达是她的创造

---

①关于"前人类流变"神话,见卡尔·W.卢克特:《纳瓦霍猎人传统》,1975年。同时参见本书第十四、十五两章。

者，甚至是她的本质。是他用自己的"血液"使他自己的椰子花受孕。而巧的是，血液不仅是月经和分娩时铁定出现的副产品，而且是各种狩猎的副产品。阿米达是在没有妇女参与的前提下繁殖、养育了那个椰子—树枝—女孩的。这位神圣的女孩是专属于他的财产。

后来，是那些男人——过时的猎人—— 借助他们的螺旋舞蹈把这位德玛女孩推进了他们挖好的坟墓。她不是某个单一的猎人杀害的，而是猎人们整体的螺旋舞杀害的。接着，是她自己的所有者和生育者阿米达把她的尸体挖出来，劈成小块，当作块茎种子种进地里。最终，是那个凭借着流血使自己的椰子花受孕的德玛神，即韦马莱猎人，拥有维持人们生计的植物品种和种植艺术。就这样，在通过神话所支撑的仪式宣称对所有农业的控制权的过程中，男人们宣称对女人控制的权利。不管女人们在传统上曾宣称过属于她们的领地是什么，她们自己的发明创造和在园艺种植方面所取得的进步，都被不太成功的、过时的男性猎人篡夺去了。

塞德娜，海洋动物的女主人—— 一个因纽特德玛神灵

除了金森的海努韦莱材料，宗教历史学家同时一直在琢磨拉斯穆森笔下的爱斯基摩人的塞德娜神话，因为它拥有类似的德玛神威。神话中，在塞德娜紧紧抱住她父亲的独木舟的边缘时，被砍断了手指。就这样，她被自己的父亲、海洋动物的猎手亲手溺死了。她断下的手指变成了不同种类的海生动物，而被肢解的塞德娜本人就成了统治它们的女主人。

于是，所有的经常犯杀戮海生动物之罪、不断砍下其神圣妹妹手指的因纽特猎人感到有义务依照她的愿望行事。他们定时地请萨满给她梳理扭成团的头发，以平静海浪。[1]

反思这个海生动物猎人神话的时候，人们总会感到惊奇不已。这些猎人成功地把他们狩猎的内疚放在他们自己在艰难的海上所经受的重重困难中去衡量。借助塞德娜的恩典，他们通过讲述所狩猎的海生动物的来源和命运，在一个或多或少均衡的、正常的世界秩序里依照充满内疚的职业把自己成功地同化成了非天然的捕食者。

这个因纽特故事的进化、文化和社会各方面的影响力还需要在具体的背景中进一步开发或理解。因此，我在这里对塞德娜神话的参照只限于两个事实：第一，宗教史学家已经把她看作一个可与海努韦莱相比的德玛神灵；第二，这个故事实实在在地属于一个海生动物猎人的世界，即伊格鲁利克因纽特海生动物猎人之世界。

我真希望我们可以去拉斯穆森针对这个故事的原始记录片段重新体验它。他的伊格鲁利克男性讲述人在这里是不是在拿海生动物笨拙的脚蹼开玩笑——就像拿人的灵活的手指与拇指做对比那样？要么，这个伊格鲁利克故事是认认真真地讲出来以便整体解释超越于猎人祭品本体论的？它是把他们的牺牲品作为一个滑稽的玩笑来讲述的，还是这些人是想严肃对待猎人的内疚感的？我不知道答案。但是，我对纳瓦霍印第安人的故事还是颇为熟悉的。的确，下面这则关于熊少女的纳瓦霍故事，完全可以不打折扣地看作一个猎人—屠夫滑稽剧的例子。

---

①克努德·拉斯穆森：《伊格鲁利克爱斯基摩人的智性文化》（1921—1924年第五次极北地区远征报告），第七卷第1期，哥本哈根，1929年。另见弗朗茨·博厄斯：《中央爱斯基摩人》，华盛顿哥伦比亚特区，1888年。

熊少女，一个纳瓦霍（迪恩）猎人的德玛

我们不能在只提到海努韦莱和塞德娜神话之后就此停笔。还有一个纳瓦霍印第安神话，与海努韦莱的肢解情节很接近，而且毫无疑问是一个猎人故事。这个纳瓦霍故事中只有一个基本成分可以归结为是受种植者影响的，那就是按照四个方位的颜色划分动物种类的习惯。但这只是一个外围特色，很明显是与霍皮印第安人宇宙学相符的，而这个宇宙观恰好是中美洲宇宙学的前沿化身。这个纳瓦霍"熊少女"故事的核心所代表的是最纯粹的猎人滑稽剧：

一个神话时代的少女，亦即原始郊狼的老婆，成功地杀死了她所有的兄弟，只剩下最年轻的一个。为了杀他，她把自己变成一头凶猛的熊。然而，她的小弟在其他神灵和动物的帮助下，反而杀死了她。接着他让哥哥们复活，再接着肢解了他的熊姐姐。[1]就像韦马莱猎人阿米达对海努韦莱所做的那样，这个纳瓦霍人把那位熊少女也劈成碎块。不过，受猎人传统所限，没有多余的言辞讨论种植她残存躯体的事。即使说了也没用，因为纳瓦霍妇女操心的是绵羊，而不是菜园子。迪恩男子不会面临来自园艺蔬菜等种植者的挑战。所以，屠夫们只需把肢解的躯体留给自己就行了。不知怎么回事，她的阴道变成了阔叶丝兰。她的一个乳房变成了矮松树，因而其松果至今看上去像原来乳房上的乳头。她的另一

---

①见方济各会牧师波拉德·海尔神父（卡尔·W.卢克特编）：《向上移动与兴起之道》，1981年，第207—216页。另见《纳瓦霍郊狼故事》，1984年，第82—84页。

个乳房变成了豪猪。一个胳膊变成了黑熊，而另一个胳膊变成了蓝熊。一条腿成了黄熊，另一条成了白熊。她的肠子变成了细长的蛇，而她的结肠变成了带角的响尾蛇的头。她的小肠变成了长蛇，她的脊椎变成了粗短熊。总之，这构成了纳瓦霍迪恩猎人的有关创意屠宰的滑稽故事。

猎人和屠夫的德玛神性

现在，至少有一种可能性是确定了的：在当今的原始猎人中存在着德玛神话的某些体裁。接着，更仔细的观察会很容易发现，屠杀牺牲品的躯体与有经验的猎手的技术非常契合。该神话的基本主题——创造性屠宰——并不符合种植者文化，当然除非种植者骨子里依然把自己看作猎人和屠夫，而且因不得不适应刺激程度低的驯化之道而寻求补偿。很显然，家中豢养动物最终还是为了屠宰。但与家养动物相关的活动既不是海努韦莱神话的主题，也不属于马洛仪式所想达到的目的。正如爱斯基摩人的塞德娜神话和纳瓦霍印第安人的熊少女神话一样，韦马莱神话似乎也是为了表达男人的利益，他们还紧抱着残存的猎人和屠夫的梦想。

我们现在既然已经开始重新考虑猎人和种植者是如何卷进进化论的辩证法的，一组新的问题出现了：我们还能不能说塞兰岛海努韦莱神话的核心是一个原始种植者阐释其园艺的方法？我们是否还可以维持这样一个结论，说海努韦莱肢体的一部分已经被种植？什么样的女性种植者会以理性的心态去挖空心思讲这样一个故事？女性的生计落在了对什么是能够发芽的种子的明确认识上。由于据说海努韦莱是被男性猎人和屠夫杀害并肢解的，那么人们难道不应该到这些人专职从事的梦想与体育世界中去寻找原动机？最后，能不能像某些人建议的那样将"德玛"主要作为古播种者宗教的一个独特的神学类别？

屠宰块茎、狩猎椰子

逐渐地，看来对海努韦莱躯体的切割和种植——作为块茎种植的原型——好像代表了男性猎人的失调。对他们来说，狩猎和屠宰领域的界线早已成为问题。对他们来说，屠宰一个动物应该是一项崇高的任务。然而为了生活要男人们去"屠宰"一个块茎——山药或芋头——其本身似乎是一个愚蠢的恶作剧，它显然是妇女造成的。这是对男人侮辱女性尊严的一种报应。

男人们为马洛祭献做辩护而讲述的园艺起源神话，把妇女的一般地位降低到了块茎种子的水平。由过时的猎人主持的祭献程序降低了海努韦莱牺牲品的地位。这是与男子们自己作为屠夫的功能被文化变革降低到滑稽可笑的水平成比例的。既然能想象到块茎肉质与一个祭品女孩的肉体之间是一种平行关系，那么"阿米达与海努韦莱"神话及马洛节日就把所有可食用植物放进礼仪领域、置于男子的管束之下。

西方殖民者与塞兰人的最早遭遇早在 16 世纪就发生了，而且一直延续到 20 世纪。西塞兰人是猎人—采集者和刀耕火种的块茎种植者。那里的男子经常性地卷入小规模战争和猎头活动中。[1]据此最近的一次猎头事件有可能发生于 1992 年（或者迟至几个星期之前）。20 世纪 30 年代，阿道夫·金

①克那普：《萨尼利迪迦之气（塞兰语）：1675 年至 1950 年间对其发现及解释记事》，《东南亚与大洋洲人文社会科学学报》，149 卷（1993），第 2 期，莱顿，第 250—273 页。

森在西塞兰仍然发现了两个男子的秘密会社。这些是韦马莱更古老的瓦泡拉迈会社以及最近的地下卡基涵会社。后者于20世纪30年代从阿鲁尼扩展到整个西塞兰。上述会社中已没有一个还在守护该神话或者金森收集的有关马洛宗教、韦马莱猎头或同类相食的古老的仪式信息。因此，我们仍然依赖民族学文献样本以假设古老的韦马莱种植者的世界观，即由德玛神灵、猎头者和同类相食者所推动的世界观。我们来看看作为故事讲述者的韦马莱男人是怎样解释猎头根由的：

> 开始时男子们修建了一个集会用的房子（百寮），在那里举办庆祝宴会活动。他们用各种各样的水果装饰百寮，譬如椰子、香蕉和菠萝等。但他们觉得这些东西不好看。他们又挂上了狗、鹿和猪，但还是觉得不好看。然后他们想，用一个人头装饰百寮应该是不错的主意，当然要弄到人头并不容易。
>
> 这时，拉图厉萨（战争首领和百寮领导）决定去取下他妹妹思莱的人头。他吩咐人们说："去，把我的香蕉树砍倒！"这些人没有弄懂他的意思，所以回来后就说："我们没有找到香蕉树！"于是拉图厉萨亲自到他妹妹那里去。当时她正在织一个阿鲁尼妇女穿的裙子，即卡努耐裙，他就砍下了她的头。①他把这个人头挂在百

①韦马莱妇女是不允许织布的，他们穿的是棍棒槌软的树皮。与韦马莱种植者不同的是，阿鲁尼人是"吃米的"。韦马莱人是块茎种植者，而且是依母系原则组织的。韦马莱女人在月经期间会躲到村外专门的小屋子去住。韦马莱人与阿鲁尼人之间是禁止通婚的。见G. 克那普：《萨尼利迪迦之气（塞兰语）：1675年至1950年间对其发现及解释记事》，第252页。

如果转换视角，以进化论的观点来看，这个故事不仅仅
是给猎头作解释的。它首先表明为什么需要男子社团和会
所。他们的会所可是个非常特别的地方。妇女园子里产的瓜
果等植物是绝对不能用来装饰自尊受伤的猎人的避难所的。
曾几何时，用被猎杀动物尸体制作的奖杯应足以建立猎人的
社会地位。而现在，闷在会所里的猎人再也不能像往日那样
在林子里把真正的动物装入袋子相互炫耀了。猎人们成功找
到动物的机会越来越少了。他们搜罗动物肉食的能力减弱
了，而男性对女性菜园里农产品的依赖性增加了。男人们承
担着寻找新的方法拯救自己的压力。如上面提到的传说中，
甚至连男子中的上级领导都无法狩猎足够的动物来赢得尊
重。于是，他们需要找到别的途径来保持他们的有用身份和
尊严。他们坚持用他们作猎人时学会的技能。他们选用他们
所熟知的、施加给动物的恐惧，如法炮制，把它们用在人类
身上。

这个历史传奇中的首领通过割下亲妹妹的人头强制性地
重申了他在家族中的权威及他的所有权。这种对武力的炫耀

①摘译自金森和尼格梅尔：《海努韦莱：摩鹿加岛塞兰民间故
事》，1939年，第115页起。

必须放在更古老的猎人原始生存风格中加以了解。依照惯例，凡猎人能够屠宰的，早都在他的操控之中。上古的猎人首先是制造和拥有武器，然后占有其牺牲品。

至少在把这个故事讲给外人之前，需要在原始的狩猎冲动之外找一个充分的理由，说明为什么要谋杀头领的妹妹，这种对家庭成员的残暴需要一个说辞。在思莱遭斩首前，她正忙于逃离其兄长的家，逃离他的权威。她正在织的是一个阿鲁尼裙子，几乎可以断定她正准备和一个阿鲁尼男子偷偷成婚。因此，在故事中插补一段那女子当时在做什么事的情节，仿佛就是为了给首领的暴行增加额外的借口——不错，她确实是在织一件卡努耐裙。

仔细研读后会发现金森所收录的海努韦莱文集中的大多数，甚至马洛宗教，似乎都是特意地、专门为开脱这位首领的行动路线及其随从的所为而设定的。当女性用接近排泄和腐烂的肮脏方法培植植物食品时，秘密男子社团的成员则不仅对更广阔的外界的动物世界承担起了贵族般的责任，而且还找到了路子使自己不再做局外人，以保证在家庭营地周围的礼数。家宅是一个种植者家庭赖以存活之地。但为了在这样的地方维持猎人脆弱的自尊心，为了缓和猎人对往日的追怀和为了保持其过时的男尊女卑的观点，也为了重温那种随着最后一批大型食肉动物数目的下跌而失去的生活方式，传统的韦马莱男子需要不时地杀死一个海努韦莱女孩。他们从怀旧的猎人直接变成了超驯化者——成了人类的拥有者和杀手。

在停业的、处于防守而足智多谋的猎人编造出海努韦莱神话的那些日子里，真正的男子去邻村进行猎头。他们跳着马洛螺旋舞，杀害了海努韦莱们。他们肢解女性肉体并滑稽地模仿女人种植块茎一般将其种在地里。他们知道自己有罪，就以宇宙起源做借口，声称这种牺牲是宇宙平衡所需要的。此外，鉴于妇女在整个种植者生态学中的重要作用，将猎头所带来的后患归咎于女人，说那是她们拙劣的创新，就不足为奇了：

当人们还生活在麦那拉的日子里时，还不知道有参战打仗之事。当时人们玩一种竞技游戏，也没有使用武器。那游戏叫作撒威。人们空手相搏，触摸到对方头部者获胜。战败的一方被认为死去了，要退出比赛。他们经常在一起玩这种游戏，也会前往邻村和那里的人玩这种游戏……

有一次在他们玩游戏时，一只猛禽飞过来，嘴里叼着一只小老鼠。它啄掉老鼠头上的毛，让死老鼠落在地上。之后人们说：那咱们在游戏时也得这么做，获胜的一方应该拔下对方的头发。但因为无法拔出头发，他们就用刀具割下头发。麦那拉人模仿猛禽所玩的这种新游戏叫作讨瓢颅。麦那拉人和邻村人玩这种游戏时总是获胜……

一天，邻村的 31 个女人来到麦那拉玩讨瓢颅，因为在当时妇女参与竞争的程度不亚于男子。在路上，她们看见那同一只猛禽叼着一只死老鼠。她们看见那猛禽弄断老鼠的头，扔下了身子。这些女人对麦那拉人总是得胜这件事愤愤不平，就说："猛禽教给我们怎么做了。从今往后，我们也要这么做。我们也砍掉他们的头颅。"她们来到麦那拉以后，所有的人都还在菜园里干活。她们只找到了一个老头，就把他的头砍了下来，带着回家。途中来

到巴图考考巴山边，她们把人头放在岩石上面，停下歇息。其中只有一个女人因家中有个三个月大的小孩，直接回家去把她们在麦那拉砍下人头的事告诉了村里的人们。与此同时，麦那拉的男人们回家后发现了无头男尸，他们跟踪来到巴图考考巴山，追上了那些女人。当他们看见岩石上的人头后，发起进攻，把那30个女人全部斩首了。从那时起，人们使用武器发动战争，而且总会有猎头之举。失去30个女人的头换来一个老人的头对那个村子来说太背运了。正因为此，大家一致同意女人永远也不该再去参战。①

这则传说，把男人们为辩解其做法而讲的故事类型表现得淋漓尽致。在所有猎人宗教里，有些捕食动物是被用作模仿的图腾模型的。所以，模仿一个成功的猛禽应属猎人的常识。

尽管如此，只有那些真正堪当捕食者的男子才有权通过模仿捕食者图腾获取这类辩解。在这种情况下，男人们也选择记住他们"理想"的、失去的猎人天堂，那时，他们只需割下被他们击败的受害者的头发。而现在，在他们看来，问题产生于无知的女人们想做猎人和杀手，并想表现得像男人一样之时。

或者说，这是不是真的表明"当女人开始唠叨说男人没有带足够的肉回家"？如果换位到他们当时的进化背景下，这种情绪暗示，真正的麻烦开始于女人篡夺男人的角色从而成为食品的主要提供者的时候。因此，男人需要谨慎的是女人会不会也篡夺他

---

①翻译整理自金森和尼格梅尔著作：《海努韦莱：摩鹿加岛塞兰民间故事》，1939年，第113页起。

们的替代道具，即在战争中证明其巨大能耐的特权。此前我们已经看到另一个故事，是关于猎头行为始作俑者的更为坦率的故事。该故事中一个砍下他妹妹头颅的首领被当之无愧地看作第一个猎头的人。而相反的是，我们眼下这个故事却把猎头的责任转移到妇女身上，这个故事更具体地解释了猎人借口的扭曲逻辑。在这些男人眼里，他们之所以杀戮和猎头都是因为来自女人的压力——他们自然也记得他们自己以前所施加给野生动物的压力。

我们从字里行间可以看出，频繁地进行猎头是为婚姻做准备，是为了打动新娘并让她放心——正如男子需要通过成为猎手、屠夫及供养家庭之人而证明自己有用一样。他们像其他动物中的雄性做的那样，通过参加战斗来证明自己有用。在人类社会一些特定的边远地区，出拳打架至今还起着同样的作用。因此，归根结底，在猎头者眼中，猎头的实行及其必要性，仿佛总是女人的错。

尽管并非每跳一次马洛舞都要求从村子里找一个海努韦莱牺牲品，金森还是发现马洛舞从传统上讲都是在猎头之后进行的。因此，袭击"敌人"村庄的猎头活动总是在家中举行人祭之前进行的。人们是去别的村子猎取人头的，也许是为了报复以往的失败，但同时也是为了借助代用的武士荣誉挽回其业已丢失的猎人身份地位。海努韦莱牺牲品弄到家后会被杀死，也许尽量少杀但依然被祭献，为了强调，为了平衡。一个依据其自身天性及养成而被区分为雌性的觅食者和雄性的非天然捕猎者的物种，是一个自相矛盾的物种。在从狩猎向驯化过渡期间，性别之间的宁静、邻村之间的和平，注定只是一种例外，而不是一个规则。

对于学习宗教史的学生来说，阿伊努熊祭已成为最受欢迎的人种学衡量基准，它在一定程度上反映了古代阿伊努猎熊者的宗教行为。这本书的重点是介绍从猎人到驯化者宗教的转变，因此，这个基准样本的内容将为我们凸显阿伊努仪式的关键时刻。而与纳瓦霍猎人传统相比较的契合点，尤其是"前人类流变"神话的主旨，将在下一章节介绍。

第十四章　北海道的猎熊者

在北海道与阿伊努本土文化有关的人类学主题中，熊祭已臭名昭著到了极点。然而今时此地，这个仪式似乎已经无从考证。如今，所有关于猎捕阿伊努熊的记载都已成为发生在过去的故事。现在这个岛屿以粗放栽培小麦、大豆、土豆、玉米及用以饲养牛的牧草为特色。

即便如此，对于学习宗教历史的学生来讲，阿伊努熊祭节依然受到热捧。毕竟，古代猎人确实曾用弓箭猎杀熊类。

但是，如果用这种被称作送熊灵的北海道流行节日来说明古代阿伊努猎熊人的宗教文化，一定会将人引入歧途。从前森林中的阿伊努猎熊活动，杀死已经成年的熊是一码事，而现代的送熊灵节日，也就是将驯化的幼熊送回到森林中的神圣主人那里，则是另外一码事。

本书通过对送熊灵节日的回顾，帮助我们了解在变迁历史进程中的某一时刻，已经传奇化的猎人宗教究竟为何物。的确，从早期阿伊努驯化者的旧时回忆及他们学会如何在变迁适应期在村子里生存，我们仍然可以学习到一些额外的东西。如果我们试着把送熊灵理解为人类进化进程中特定时刻的宏伟作品——高峰、宣泄的时刻，抑或是石器时代狩猎的终结时刻，那么送熊灵仪式似乎是最有意义的。它标志着人类进入了适应驯化的文化阶段。北海道猎熊则沦为纪念杀戮不可或缺的节日。

10000—12000 年前，哥贝克力山丘可能也出现过同样显著的变迁活动。据我们所知，古代祭祀仍秘密地从家庭中、定居点中分离出去，以此寻求它的宗教出路。自前期猎取头颅、同类相食及杀戮献祭这样相当规律、全球性的特点开始形成，类似的戏剧性地应对文化变迁危机的回应便已爆发。经历了复杂多变的变迁过程，伴随着约 600 万年的深度进化，原始狩猎采集者的后代们至今仍然在尝试着习惯最近新石器时代震动所带来的影响。10000 年前，新石器革命留给人类文化一个转换震惊，直至今天其回响只增不减。社会失调、革命和战争，仿佛是散发自这场人类文化带来的最大变迁。那些古老的创伤给人类造成的自杀性悲剧和它们所取得的胜利一样多。

对于送熊灵，通常的解释就是将用来献祭的熊送回家，

交给它的主人——住在远方的一位神灵，他住在山中或者山的另一边，据说这里仍然有野生的熊居住。动物的阿伊努主人仿佛已经成为某种神圣长者或熊族首领。用以送熊灵的祭熊被派遣到这个遥远的主人那里，这样做是为了传递一个传统的讯息，亦即更多的熊应该被派过来，以便让阿伊努人猎捕和屠宰。此外，这只充当信使的幼熊还被邀请回来，回到阿伊努人中间，像客人一般受到欢迎。

虽然猎熊者要求更多的熊被送来这件事明显是正常的，但现代阿伊努屠熊者在送熊灵节日期间传递的信息已不再能与传统猎熊人的情感联系起来了。它更多的是体现一种节日情绪和驯化者的希望。受害者是一只被俘虏和驯养的两到三岁的熊。

为向被献祭的动物致敬，人们举办了一个节日，为这有名望的受害者而聚集。男孩们用小弓朝它射出钝箭。这些投射物既不大也不锋利，不足以杀掉这只动物，只够折磨和激怒它。这只熊注定要缓慢且痛苦地死去。当高潮来临，一支比较大的箭被仁慈地送至这个受害者的心脏时，所有的人都冲过去，希望自己能参与到杀死这只动物的行动中。

如果谁要在大多数青少年男子进行模拟射击时，以最近的送熊灵庆典为基础来阐述这个仪式，或许他可以将这种行动解释为启蒙男孩的一种方式。若只有一只熊可用，许多男孩就可以瞬间达到成年猎熊人的状态。尽管在一定程度上，启蒙的目的好像是这个仪式最原始的目的，但似乎这种策略不是这个节日的最初意图。在19世纪，约翰·巴彻勒居于阿伊努人中并报道他们熊祭的细节时，好像森林里还有足够多的熊，用以帮助大多数男孩通过真正的狩猎证明自己已经成熟。另外，约翰·巴彻勒为鉴别当时此事件的动态提供了充分详细的信息。①

　　起先，祭品通常是被驯化并关在笼内的熊，也就是两三年前猎人在猎杀、屠宰母熊后捕获的幼兽。从猎人的一般行为来看，我们可以假设，那时候，他们并不是那么饥饿，所以没有杀掉幼熊。此外，他们敏感仁慈，将那只幼熊带回家给妻儿作活的"泰迪熊"宠物。在这只幼兽学会如何自己找食物之前，都由人类养母的乳汁来喂养的。人们不仅把幼熊当作宠物孩子来抚养，而且像欢迎一个声名狼藉却备受尊敬的神圣客人一样欢迎它。它在人类养父母及一群没有血缘关系的兄弟姐妹中长大。

　　在阿伊努文化中，对幼熊像对待神灵一样的欢迎，反映了"前人类流变"多样性中一种典型的神话取向。它与"前人类流变"神话，比如下一章要总结的纳瓦霍印第安猎人的传统，是完全吻合的。

　　　　据一则有趣的阿伊努原始资料记载："神有时候来到人的世界玩耍，以黑色的皮毛、锋利的爪子以及庞大的体型将自己伪装成熊；一个名曰白狼（Horokeu-Kamui）的神，一身白袍伪装成狼来到这里；名曰 Chiron-Nubu-Kamui 的神，扮作黄棕色的狐狸；其他伪装成鸟、昆虫或者鱼等。在神的国度里，狩猎之神一直是一位美丽又年轻的女神，但是她伪装成一只小鸟来到这个世界，例如，日本松

---

　　①约翰·巴彻勒：《阿伊努人及其民间传说》，伦敦，1901 年，第 483—95 页。

图35　阿伊努送熊灵仪式，日本手绘卷轴画，现藏于大英博物馆

鸡。Nusaburo-Kamui 是土地和农业之神，伪装成蛇的形态。而又小又长的蠕虫，形似住在山间河流里的蚯蚓，则是水神的伪装。①

此时，或许会有人打断我说，这般对于幼兽的早期收养也许应当成为人类驯化者成功驯化一些物种的秘诀。然而，结果是，人类对于永久驯化最野蛮食肉动物的试验，比如熊，是注定要失败的。

当被驯化的熊崽长大，足以伤害人的时候，就必须被关进笼内小心喂养。即便如此，它与人类家庭最初的情感纽带仍不会完全褪色。当献祭那天来临，它的人类养母便开始使用各种方法解释动物无法逃避的命运：熊已经太大以至于无法继续喂养；它其

① 金田一京助著，吉田美统译，《西南人类学学报》，第 5 卷第 4 期，1949 年。

实属于其他父母，或是山里的主人。它应当回去那里转述它在人类养父母家庭所受到的关怀照料。然后鼓励这只动物，在未来的某一天，应当回归阿伊努人民，再次参加这荣耀的节日。这些最后的想法，很明显，意在减少这些杀戮者们的罪孽感，同时，美化他们的屠杀行动。这些话，目的还在于试图给予那些人类家庭成员宽慰及安心，他们悼念他们的宠物孩子或兄弟姐妹，他们与它小时候一起共度时光：他们的分离将只是暂时的。

无论如何，我们似乎可以肯定地讲，十分可能，阿伊努熊祭并非某位解说员平常所说的是一场"完美的狩猎"，除非所谓"完美的狩猎"意为驯化者象征性的屠杀节。①又或者，除非他理解的猎熊这样的英勇表演，是为了给那些在猎熊及其他方面知之甚少的妇女儿童留下印象。如果只为上演一场完美的猎熊表演，就不需要宏大的仪式及对动物屠杀的滑稽放大。也不需要太多小弓箭，熊也不必一有逃跑迹象就要被捆上四肢随意摆放。换句话说，动物就不用备受折磨，缓慢死去。在弥漫着歉意的正统猎人声张其虚伪信仰的背景下，受害者的苦难与死亡正是将成功的狩猎远征变为不完美猎杀的罪魁祸首。事实上，阿伊努熊祭更是放大了这种不完美。

通过人为地激发动物的狂暴与愤怒，阿伊努农户与猎人共同展示了他们所谓的英雄主义，还希望得到村里每一个人的钦佩。真正在森林里狩猎的时候，真的需要击倒一只熊的猎人寥寥无几。但是这些村民们相当一致，抓住他们仅有的

---

①参见乔纳森·史密斯：《宗教历史》，1980年，第126页。

机会展示他们作为有潜力的猎熊者（就像那种经历过早期真正猎熊英雄时代的男孩会长成真正的男人）的基本价值。为与英勇的肉类提供者（从前这个角色会赢得真正的地位）一起重新估算价值，村里所有人都参与组织屠熊节。现在能在森林里猎杀熊的机会少了，他们就上演这样的节日展示。他们无法提供真正的肉类，就用暴力和闹剧来弥补。这正是暴力补偿的一种，我们可以在其他地方地向着驯化的早期转变的文化中发现它的踪影，随后，会在努力推动一场转型至超驯化时期（因此进入所谓的文明时期）的人类中发现它以暴力战争形式再次出现。

然而，"前人类流变"神话是以全世界的各类人同为一个整体为假设的。比起真实的可以被改变的精髓，我们认为，外形是暂时的、更容易被轻视的。那么，在阿伊努类人猿变迁本体论中，是什么使一场庆祝酷刑的表演成为可能？金田一京助从一个十来岁的阿伊努女孩那里了解到一些阿伊努神的信息。[1]这些数据资料意义重大。据她说，她很小时候听到的关于送熊灵仪式的解释都是通过以下方式进行的：幼熊神是来阿伊努地区玩耍的。它来到这里，与人类小孩一起玩耍成长。

因此，最后这轮酷刑闹剧意在说明神依旧在玩耍。[2]我们可以很合理地假定：在熊的"欢送节"之前，如果不把它关在笼子里，它确实在人类兄弟姐妹中表现得相当蛮横和暴力。在它被捆绑前不久，它的人类玩伴抱怨说它一直在折磨他们。现在这些人

---

① 金田一京助著，吉田美统译，《西南人类学学报》，第 5 卷第 4 期，1949 年。

② 对现代的局外人而言，这个观点貌似有失公正。但是，我们现代的猎鹿运动真的是一种对所有参与者都公平的"运动"。

类朋友给它点教训，让它学会在人类社会中应该如何表现。当然，这是以好脾气的兄弟姐妹玩 "熊戏"和对抗的方式呈现出来的。

但是，阿伊努人是否真的相信他们可以和他们狩猎之神中最伟大的"熊主"交流，只告诉他说他们是如何爱护这个收养来的熊孩子的，而隐瞒将它折磨至死的事实？实际上，阿伊努人明白，猎熊时代已接近尾声。作为即将过时的猎人，作为新手驯化者，他们努力想要保留某种延续性；这种延续性能够帮他们平衡新的生活方式并以某种方法保留住他们记忆中的猎熊传统。因为过去的那些年，正是猎熊这种活动铸就了他们的身份，给予了他们自尊。

这一章是作者1975年同名著作的引申。这里简要给出了各
种主题，因为它们是那种有助于发掘哥贝力克山丘一些秘密的
见解："前人类流变"神话，狩猎的负担及合法化，虚构的地
形分布，为狩猎而对猎物的释放，群居动物所有制合法化。
1975年那部书是作者首次接触纳瓦霍印第安人石器时代的宗
教，后来又有几次接触。

第十五章　纳瓦霍猎人传统

猎人神话

　　1971年，我开始对亚利桑那州和新墨西哥州的迪恩印第安人
居留地进行田野调查。在向迪恩（纳瓦霍）传统主义者解释我希
望向他们学习什么时，那些关于宗教的学术定义，以及我们上学
时费力弄懂的社会结构和令人质疑的进化事件都很不实际。阅读
了现有的纳瓦霍人在恪守礼节方面的人类学文献之后，我们还缺
失什么就很明显了。我需要迪恩传统狩猎方式这方面的证据——
狩猎歌、仪式、祈祷和神话。在约翰尼·C.库克的帮助下，我找
到了最后一个完整的仪式化狩猎方式的保持者。我不需要提出关
于狩猎方式的来源或者演变方面的问题。因为那些神话可以从其

内部回答这样的问题。

当然了，作为这一石器时代猎人传统的人类守护者，克劳斯·奇·桑尼对绝对起源一无所知。没有哪一个人类故事能够解释绝对首因，因为不管说出哪个首因，它都会回避提到的任何原因前面的原因。不过，任何善于讲故事的人都知道，故事应该有进展，自己不必在别人的形式逻辑所需要的无数倒退上浪费时间。

在克劳斯·奇·桑尼的石器时代狩猎神话中，所有的猎神在一定程度上都还是"动物"或者"神—动物—人"范畴的成员。只有说话神这一个猎神例外，因为他属于事先出现的、像人一般"说话"的人格。不过，这个明显的例外并没有干扰那个即将为人所知的更大的画面。在这个神话的语境中，也就是前人类时代，现代人类的原型和其他掠夺者及神祇，都作为生活在一种神话般的前人类流变状态中的"人"的不同的样子出现的。前人类流变指的是人类与生命世界中所有生物早期亲属关系以及它们中间必不可少的连贯性的神话。在前人类时代，所有生物都存在于一种流动状态中——它们的外部形貌就像衣服一样容易变化。① "前人类流变"神话与爱德华·伯内特·泰勒爵士以及其他人告诉我们的关于"泛灵论"的内容形成了鲜明的对比。在传统的纳瓦霍人的"前人类流变"的意义上，不能说一切事物都包含精神或灵

①卡尔·W.卢克特：《纳瓦霍猎人传统》，1975年，第133页。一个很好的"前人类流变"神话的例子也发现于阿伊努人传统中："在这里，一位神，一头用黑色的皮毛、尖利的爪子和高大外形伪装的熊；这匹狼……穿着白色袍子过来了……" 金田一京助著，吉田美统译，详见第14章。

魂——相反，应该说，根据这一古老的神话，所有的"人"曾经可以通过像换衣服一样改变外貌来改变自己。这里强调的是人及其外貌，而不是看不见的、应该能够像发电机那样从内部给人们提供能量的精神和灵魂。即将在下文摘取片段并加以概括的"狩猎来源"神话，就是处在前人类流变中的"人们"如何改变自己的外貌之后有时候又以原来的形状出现的一个例子。

克劳斯·齐·桑尼的狩猎神话选段。第一个（人类）猎手有四支箭。这个猎手瞄准的第一只鹿是一只成年公鹿，这只大公鹿把自己变成一丛短叶紫杉，灌木丛的叶子像鹿角。猎手瞄准的第二只鹿是一只成年母鹿，这只鹿马上把自己变成了一丛岩崖玫瑰。这一灌木丛的茎秆上剥落的皮被母亲用来安顿婴儿睡觉。猎手瞄准的第三只鹿是一只双尖角，这只鹿马上就把自己变成了一棵死树。纳瓦霍语中双尖角与"死树"同音异义。猎手瞄准的第四只鹿是一只小鹿，这只鹿马上把自己变成了一块岩石，上面是斑斑点点的地衣。纳瓦霍语中的"小鹿"与"长着斑斑点点的地衣的岩石"同音异义。这四个鹿人，在神圣的变形的前人类流变条件下出现后，就让人们知道了与不被猎杀作为交换的必要的狩猎规则。这样，狩猎道德，也就是恰当的规则和安全程序，就根据作为攻击目标的神圣的牺牲品的规格建立起来了。[1]这样，狩猎在鹿人自己声明的条件下得到许可。依照他们的规则就会没有了感到愧疚或者承受起愤怒的必要了。

"前人类流变"并不是出现

发现前人类流变神话主题作为纳瓦霍猎人神话的起始基础是

①卡尔·W.卢克特：《纳瓦霍猎人传统》，1975年，第29—31页。

完全出乎意料的。就像美国西南部的其他任何人一样，事先有了取向，约翰尼·库克和我预料到，任何纳瓦霍"狩猎起源"神话都会是以某种类型的出现为背景——有一个故事讲述最早的猎人和/或他们的猎物是如何从几个层次的阴间存在进入表面世界的。我们预料纳瓦霍猎人可能已经通过某种类似阴道的裂缝，或者通过在空空的芦苇秆内部往上爬行，从大地母亲那里出生。这是附近的霍皮印第安人部族（虽然不是所有的）一直告诉他们的孩子的，也告诉了一些外界人士。霍皮印第安人甚至在小科罗拉多河峡谷的河水边指出了这一出现的确切地点。

出现神话在纳瓦霍人的治病疗伤的吟诵中并不是很明显。纳瓦霍的"上升及出现"歌手们讲述了出现神话的一个荒谬的版本，以帮助他们从出现方式的角度对纳瓦霍人的全部仪式进行分类、记忆。这些萨满教的从业者认为所有其他迪恩人的吟诵都从他们自己的出现之路的礼仪芦苇上偏离出去了。一幅从这一颂歌传统角度画出的几米长的图表在亚利桑那大学档案室贝拉尔德·黑尔神父的文件中被发现了。我将这一文件在贝拉尔德·黑尔的《向上移动与出现方式》的"编者序言"中发表并加以解释。①

出现法的依据采纳了周围的普韦布洛印第安人的宇宙志的文化环境，并且它将基本的具有创造性的愈合过程概念化为"来自阴间的重现"。

祈福法歌手们已经构建了一个相似的记忆合成，以解释他们自己的认识论取向。之后，由于祈福法歌手们似乎被认

---

① 见贝拉尔德·黑尔：《向上移动与出现方式》，1981 年，第 7—15 页。

为在我们这个时代要比更老的纳瓦霍吟诵版本存在时间长，一般的出现神话正因为其名气和简朴而被大多数评注者接受。它被一些人认为是"被接受的标准"迪恩版本。但是迪恩吟诵演变的历史动力要复杂得多。[1]

在记录完猎鹿法两年半之后，我还在 1979 年记录了持续九个夜晚的郊狼法仪式。这一仪式的出现神话删节幅度很大，只有一则与阴间的郊狼人的发现有关的故事。只有足够的叙述表明第一个郊狼法的萨满教徒是如何去阴间学会郊狼法吟诵的。就这样，郊狼法传统尊重人类的本源，借助"出现"并运用它来叙述第一个萨满在阴间获取法力之事。

不过，最新的加入者卢克·库克将具有代表性的出现神话更加充分地引进到他个人对郊狼方式的理解——包括典型的"第一个男人和第一个女人"家庭。与克劳斯·齐·索尼相比，卢克·库克的更大的本体论轮廓和纳瓦霍猎鹿法仪式阿吉利传统是有关联的。[2]

可是，与约翰尼·库克一起作为克劳斯·齐·桑尼以前的学生，我觉得有义务证实他的话。当他以前人类流变的形式讲完他的猎鹿法来源神话时，我问他为什么他的狩猎故事没有提到出现的故事或者四个方向的神祇们——所有这些在很多课本中都得到了认可。他马上清楚地回答说："出现的故事和四个方向的神祇们与迪恩猎鹿法无关，它属于祈福法。"

---

①就郊狼法仪式而言，仪式演变过程的概要描述，见卡尔·W. 卢克特著《郊狼法，一个纳瓦霍神圣治病仪式》引言部分，1979 年，第一、二章。关于历史研究，纳瓦霍人吟诵法的所有的"祈福法"成分，在我们这个时代，被解释成了好心的语言上的简化，有时候甚至被解释为防卫性的"原教旨主义的"简化论。

②卡尔·W.卢克特：《一个纳瓦霍人带回家仪式……》，1978 年，第 17—20 页。

这个动物的主人还不是一个自然的拥有者

在记录和调查纳瓦霍猎人传统时，我注意到并没有明显的合法的动物主人。当时倒是存在着这样的意识：在其畜群中，公水牛以前曾经发挥过主人的作用，而长耳雄鹿依然发挥着主人的作用。

这一普遍逻辑属于一个传统的纳瓦霍比例式思维的标准系统。例如，作为一个治病从业者，克劳斯·齐·桑尼把一种长得很高的药草看作首领，它统治着生长在其周围的类似的、矮小的植物。①

克劳斯·齐·桑尼没有讲述一个确立的动物主人，而是讲述了竞争这一领导角色的多种多样的食肉动物。最初，猎人们就在其中。还有一个自信而有力的猛禽类型，黑神（乌鸦），曾有一段时间以策略胜过了其他猛禽。在神话时代，当人类开创狩猎时，黑神是最早的神圣猎手之一。最初，所有漫游的"人"都可能是猎手。根据克劳斯·齐·桑尼的说法，被捕食者受到了虐待，所以黑神把它们聚集在一起以"保护它们"。它们在猎场变得更为稀少了。

这都意味着，这个新的动物保护者，也就是黑神，不再是一个猎手，而变成了一个被捕食动物的保护者了。他把动物们关在围栏里，有时为自己和家人取一只动物并宰杀。克劳斯·齐·桑尼的牧人心态在这里看来是得到充分发展了，比他在生活的早些时候仍然想做一个传统的、纯粹的猎手那一刻迈出了一大步。

这一猎手神话的逻辑是明显而协调的。除了口头传统，

---

① 卡尔·W.卢克特：《纳瓦霍猎人传统》，1975 年，第 54—57 页。

田野里的纳瓦霍猎人已经看到黑神在猎人接近时是如何警告他的动物们的。所以，在神话时代，保守的黑神一定被赋予了牧人的愿望。他被其他猎人怀疑与动物们的消失有关。最终，很明显这个神把所有动物关在了他在山中的地下盖泥木屋。不过，这一发现发生在早些时候，那时人类还没有演化成现在的样子。

即使在晚些时候的 1971 年，克劳斯·齐·桑尼仍然没有向自己承认过度狩猎是可能的，或者过度狩猎本身已经引起猎物的短缺。对于猎人那从宗教方面来说毫无顾虑的思想来说，总是有足够的动物可供狩猎。对他来说，问题是猎人们狩猎的方式和态度及遵循的规则一直是错误的。作为惩罚，黑神撤回动物并将其隐藏——为他自己隐藏起来，保护它们。

但是，黑神被人类猎手的一个事先派去的代表欺骗了。黑神的地位仍然沉湎于前人类流变的原始状况的对手，为了其他人类猎手将会释放这些动物。这位对手不止一次被认为是化装的小狗，还有狼、说话神，以及第一个人类猎手。在前人类流变状况下，他可以轻而易举地以这四者中任何一种的样子出现，而且随意在什么时候。因此，对他的狩猎方式叫法不一：鹿法、狼法、说话神法。

克劳斯·齐·桑尼的猎手故事表明，处于重新定位的某一时刻的猎手神话正朝着某种牧人宗教转变。20 世纪 70 年代的纳瓦霍人的现实是，大多数宅院中都有羊群。大多数时候，这些绵羊都是妇女的财产，尽管不是一直如此。然而，在狩猎场上，克劳斯·齐·桑尼作为一个过渡中的猎手，依然得让自己的良心围绕着"自然"的乌鸦（黑神）和长耳黑尾鹿团团转。两者在它们保护鹿群的习惯方面很明显。它们怀着保护的愿望照顾它们，俨然真的拥有它们。

克劳斯·齐·桑尼的神话使我寻找其在白令海峡对面的来源。美洲印第安人的祖先曾在数千年前沿着白令海峡旅行。从地上某个洞穴里"释放动物"的神话主题的残余可以在古代雅利安牧人的神话中找到。这一主题记录在《梨俱吠陀》中，在一个名叫因陀罗的战神的德举凭证中。这个神祇由于为他的雅利安人民解放了牛群而受到赞扬。这些牛原来被隐藏在瓦拉山内部。也许在不到 4000 年前，因陀罗神，或者叫另外一个名字的类似的神，在领导自己的雅利安牧人投入到与来自印度文明的其他人民的斗争之前，使其人民成为了牧人。吠陀神话似乎只能表明这些。这位神祇毁坏瓦拉山，后来又如法炮制，毁坏了古印度风水城市。[1]这一神话显然是要为暴力提供某种理由。

过渡中的猎神

不是所有的猎神都已经演变成牧人的支持者。因陀罗演变成战神，就像《梨俱吠陀》中展示的那样，并没有被所有的牧神重复。并非所有的人都陷入猎手的暴力或者直接演变成战争与超驯化之神，尽管对大家来说在不同的时期都有机会。总的来说，从具有动物躯体的畜群主人发展到具有人性且拥有所有动物的主人，这是至关重要的一步。这一步，正是古猎人开始考虑被赋予人性的动物的主人、拥有者或者女主人时所迈出的。10000 至 12000 年前，当地母和天父被再次想象成具有性别特有的基本要素的形式时，哥贝克力山丘

---

①卡尔·弗里德里希·盖尔德纳：《梨俱吠陀》，第 1，62，4.5；1，121，4；1，130，3；3，32.16；6，18，5；等等。马萨诸塞州，坎布里奇：哈佛大学出版社，1951—1957 年。

宗教仪式的参加者们很可能也迈出了这一步。这一变化在有关另一神祇方面已经激发了学者们的兴趣——也就是至高神，这位神祇既是动物的主人、创造者、拥有者，而且通过逻辑延伸，也可以期待他成为人类的创造者和拥有者。这一额外的转变，对于拥有人类的神祇来说，让我们在人类文化演变方面又迈出了一步，进入到超驯化时代。

图腾的主人。在古代猎手诸传统中，通常有两种神祇为动物的拥有权而竞争，正如对依靠动物的肉而生活的人来说有两种适应平台一样。迪恩动物的主人黑神实际上已经是一个牧神。有一段时间，这个牧神似乎一直使日益减少的野生动物远离顽固的猎手们。不过，还有更老的迪恩猎手权威人物，我们可以认为他是传统的食肉的狩猎支持者。动物的主人类型作为牧人已经很活跃了，但这一较老的"图腾支持者"的神祇是狩猎这一事业本身的保护者。在我们讨论的这一点上，他需要得到认可。两种类型的神祇都注定要影响后来的驯化者宗派的宗教信仰，而且在过度驯化者出现时，也会影响他们的宗教信仰。

在现场调查研究过程中，我开始怀疑在全职猎手中，狩猎获得的分享祭品常常大多数都献给了守护的支持型的神祇。这些神祇本身仍然是活跃的猎手。一个人类猎手假扮其图腾模型可能会被强化到很高的程度，结果被保护者放弃了他整个类人身份，去神秘地参加一个高等神祇的活动。随即，图腾支持者及其被保护的人一起成为一个神秘的二元角色。他们一起狩猎，他们以一个单一的被附体的、被拥有的及被赎罪的神—人一体的存在团结在一起。

首先，在宗教上与高于人类自己的狩猎支持者不期而遇并不需要猎手马上从实验性的科学模式转变成浸淫于宗教的信仰与信任模式。只需要说的是，通过邂逅伟大的图腾支持者，原始社会的猎人们更小心地强调了他们的自尊。他们带着恰当的礼仪般的敬意对待图腾。猎人们一直希望他们已经把支持者的补偿仪式选择并学得相当好。在任何多神崇拜的万神殿里，正如在任何人类社会，某些个人地位上升，而其他人的地位下降。通常情况是，一个对地位上升的神表示出礼貌的人可能也会设法为自己的努力获得些公众的尊敬以及提升。

纳瓦霍萨满教从业者克劳斯·齐·桑尼认为所有纳瓦霍人神祇的首领，神的祖父（说话神）创造了其整个狩猎仪式。他也承认了召唤神、山狮和狼（后一种类型的叙述也适合于郊狼和狐狸）的出席。此外，他还把诸如乌鸦、鹰和鸫等看作飞禽圣人（神）。不管所有这些神今天是否能够维持其胜过人类且技术高明的猎手地位，对克劳斯·齐·桑尼来说已经不是问题了。作为服务于猎人的萨满教治病者，他需要几个神圣赞助者为猎人的过失承担责任，并且会帮助他承担各种人类良心上的负担。再多一点劝说，可以使这些神祇少实施一些惩罚、少传播一些疾病。①献给任何神的物质祭品，在

──────────

①见利兰·C.怀曼和克莱德·克拉洪所著《纳瓦霍人对自己歌曲仪式的分类》，《考古学会论文集》（第50卷），1938年。纳瓦霍萨满常常知道不能得罪的32个不同的图腾动物。这些神圣的动物—人掌控32种不同的疾病。冒犯了这些神圣的"疾病管理者"，会招致他们特定种类的、以疾病形式出现的报复。怀曼和克拉洪这篇文章解释了病因。当然，神能让你承受的，也可以为你消除。某一特定疾病的神圣管理者们也有特定的疗法，也就是说，在神的手里，疾病和治疗是捆在一起的一个包。有不同的萨满专门提供不同类型的"包"。在自己本行业出名的萨满也有被污蔑为巫医的危险。被人怀疑向人们施加由萨满自身所控制的疾病中的一种者，或者不提供服务者，永远都有这种危险。实际上，所有纳瓦霍"神疗法"治疗仪式都是和解与赎罪仪式。

任何演变水平上，采取适当的态度，都可以被用便宜的线条人物画替代。祭品甚至可以仅仅是奉承的话语或者吟诵得很优美的歌曲。

假如一个萨满开始怀疑他的支持神祇们的有效性，或者他看到了要应付某种牧人类型的动物主人的必要，那么就真的没有必要过早放弃任何较老的支持者了。"转变"和对另一个神祇的依赖可以轻易地推迟。与一些神祇很有礼貌地交往的人通常能够使其选择的时间拖得更久一些。

克劳斯·齐·桑尼在敢于走上狩猎之路之前，曾在一个令人发汗的小屋经历了一个心理上的神秘仪式。他变成了狼一类的生灵，甚至成为了说话神本身。他把自己看作狼，于是走路时弯着膝盖（就像南方古猿那样身子低下去一些）。作为说话神，他也是"伪装的小狗"，在人类最初开始狩猎时，正是他从黑神的地下围栏中解放了被捕猎的动物。这样，集小狗和说话神于一身的人也是人类第一个猎手：就是后来的克劳斯·齐·桑尼这个人。他在那个发汗小屋中被变成了那个狼人，后来变成了一个合法的猎人。①

正是利用其作为狼崽与说话神的身份，也就是与"前人类流

---

①直至 1975 年后，我在纳瓦霍居留地遇到了一个在西方受过教育的人。他指责克劳斯·齐·桑尼是一个狼人或者化兽人。显然那个人已经听说了关于发汗小屋狩猎仪式的半真半假的话，大致是说，参与者常常会"变成狼之后去狩猎"。很明显，这个人不再理解纳瓦霍猎人传统，对前西方迪恩猎人神秘教理解不多。我感到了危险，因为这个人的行为似乎有敌意，而且好像有更多的这种人在他所在的地方游逛。我现在为历史记录提供这一信息，因为这个在西方接受过教育的人和克劳斯·齐·桑尼都已经去世了。

变"中狩猎的图腾支持者的神秘结合，这个被保护的人可以把他猎杀漫游鹿人的责任推卸掉。狩猎之后，这个被保护的人回到发汗小屋，进行一个相反的仪式转变，以再次成为一个仁慈而安全的丈夫和父亲。由此，他支配死亡的捕食大权也随之被清洗掉了。

从神学角度来说，这意味着所有的猎人拯救，都以对吃这一原罪的理性认识，以及对未予赎罪的宰杀责任的恐惧为基础。他的狩猎从未成为邪恶神祇诱惑他杀戮的问题，也没有成为神祇"让他做"的问题。他总是全神贯注于这个支持神祇的表面性格，这神祇自愿通过自己的联合的猎人性格而行动。在克劳斯·齐·桑尼处于图腾附身的状态中时，猎鹿故事成了猎人个人的宗教坦白。人们可以把它当作一个关于狩猎如何进行的简单故事很真实地来谈论。在其发汗小屋中的仪式期间，说话神以人的样子显身，好让猎人能够参与其神性——具有足够的神性，才能够在一种赎罪状态中与神一起狩猎。承蒙一位神圣的支持者的恩典去狩猎，是古代猎人赎罪祭的终极。

狩猎道路上的祈祷和歌曲。祈祷和歌曲，与详细规定的行为结合，为克劳斯·齐·桑尼的猎人宗教发挥着制衡作用。在他与说话神的亲密状态下，他说着诸如"你会给我"的祈祷词。它们暗含着与神圣的给予者的熟悉程度。用这些及其他话语，他向说话神要一只鹿：

> 说话神，我的祖父！
> 一个早晨的儿子，一只青绿色的草原狗，
> 你今天会给我一匹青绿色的马（一只雄鹿）。

用我手持的黑弓，你会给我。

用我手持的带羽毛的箭，你会给我。

用这不会错过心脏的箭，你会给我。

在太阳落山之前，你会给我。

在我疲惫不堪之前，你会给我。

我的祖父，说话神，你今天会给我。 （第52页起）

之后，猎手克劳斯·齐·桑尼外出狩猎。他假扮说话神，做好猎杀的准备并歌唱：

阿哈那呀呀，我正站在附近，那呀呀（重复）。

我是说话神，我正站在附近，那呀呀。

我正站在黑山顶上，我正站在附近，那呀呀。

雄风（一只鹿）的一个儿子站在附近，那呀呀。

我站在附近时，我手持一张弓，那呀呀。

我站在附近时，我手中有一枝带羽毛的箭，那呀呀……

（第24页）

克劳斯·齐·桑尼已经很好地设法避免提及实际上的猎杀。与此形成鲜明对比的是，比利·黑马的歌却唱到了它。但是，通过把这一事件转移到神圣的空间，使他自己赎了罪并与他称为"年轻人说话神"熔合在了一起。

那呀那呀呀啊啊。

在一个神圣的地方，它发生了（重复），

在一个神圣的地方，它发生了，啊呀。

年轻人，说话神！

这发生在神圣的地方，啊呀（重复）。

这发生在大公鹿身上，

这发生在神圣的地方，啊呀……

割喉咙了，那呀呀（重复）。

说话神，年轻人！

割喉咙了，那哎呀（重复）。

大公鹿来了。

割喉咙了……

这发生在神圣的地方，啊呀……（第65页起）

现在，让我们回过头来再谈谈克劳斯·齐·桑尼。在他继续假扮说话神的时候，在他抽烟的时候，他准备好把肉带回家：

哎那呀呀。

我带着它走开了（三次），那呀呀。

我带着它走开了（三次），那呀呀。

我是说话神。

我带着它走开了（重复），那呀呀。

在黑山顶上，我把它带走了。

我把他带走了，那呀呀……

我指尖冒着白烟……

白烟缭绕在我眼睛四周……

我把他带走了，我把它带走了，那呀呀……

我把他带走了，那呀呀。（第 47 页始）[1]

约翰尼·库克和我在 1971 年见到克劳斯·齐·桑尼时，他告诉我他 72 岁了。尽管这个人漫长的一生中都在猎鹿，但作为一个猎人，他从来没有自己真正猎杀过一头鹿，而总是与说话神一起猎杀的。

---

[1]选自卡尔·W. 卢克特的《纳瓦霍猎人传统》，图森，1975 年。

第十六章　欧洲的牛文化

　　大约 7700 年前，来自近东的一个民族向欧洲方向移民，还带去了小群的牛、绵羊、山羊和猪。他们在匈牙利平原定居下来，并跨过莱茵河，向西、北扩散。在考古学上，这些人是因为其条纹形的陶器图案（条纹陶器）为世人所知。在他们缓慢向西跋涉的过程中，冲突和食人行为日甚一日。最大化的驯化措施似乎已经催生了人类自己的过度行为，并已经发展到了超驯化计划阶段。

　　带给欧洲的一种近东的牛。哥贝克力山丘猎人和采矿者的一些后裔学会了驯化山羊和绵羊，而且他们的放牧风格在文化上受到了他们先辈的影响。他们还成功地驯化了牛。大约在同一时期，其他品种的牛在印度北方和撒哈拉以南的非洲也被人们驯化了。但是从新月沃地的上拱，驯化者则向下游蔓延，到了幼发拉底河和底格里斯河冲积平原。

　　哥贝克力山丘的敬神专用小屋沉静下来 2000 年后，早先分散于欧洲各地的猎人发现，面对下一波来自近东的移民，他们不得不忍住抵抗的冲动，选择撤退。大约 7700 年以前，一个来自条纹陶器制造者文化（LBK 或者条纹陶器）的美索不达米亚民族侵入欧洲，并将牛、绵羊、山羊和猪带到了匈牙利平原。在不到 1000 年的时间内，他们的居民点沿着多瑙河穿过欧洲向西分布，并向北越过了莱茵河。最终，在西部，猎人和驯化者都被大西洋的水挡住了。所有人

都被迫或多或少地变得不那么好动了。很大程度上，考古学家对坚持漫游的生活方式及打猎和采集的人们视而不见。但是最终，这些不那么好动的驯化者的后裔沿着欧洲西部边缘竖起了巨石。这些石碑发挥着从庆祝生殖、生产和生命的奥秘到平静面对死亡等各个方面的作用。

这些来自近东的移民在欧洲使用他们先进的新石器时代工具在森林中开出空地，建造房屋。他们用燧石斧子伐木建造栅栏和尖木桩防御工事。他们学会了如何利用在篱笆上涂泥的方式为房屋筑墙，也学会了安装房梁支撑屋顶。

在他们的住地周围，欧洲最早的养牛人继续捕猎野生动物，包括熊和野牛。在他们的家里，大家能消化多少牛奶就喝多少。对人骨的分析表明，在他们的近东老家，这些移民而来的养牛人的祖先还不能消化乳糖。相反，定居在今天的奥地利、匈牙利和摩拉维亚等地区的大多数后来的条纹陶器人已经有了这种能力。[1]在婴儿死亡率很高的情况下，他们坚持饮用牛奶，很快就产生了这种消化适应性。这些能消化乳糖的人在婴儿时期就已经作为幸存者与众不同了。大约7000年前，这些农民就在整个中欧以及莱茵河以西放牛了。

考古发现，在众多的已经发现的条纹陶器遗址，出现了明显的暴力增加的模式。相反，较少的暴力似乎一直与他们在匈牙利的最早的宅院联系在一起。[2]等这些居民到达其在欧洲扩张的中部

---

[1]大约7500年前生活在欧洲的奶农可能是最早毫无顾虑饮用牛奶的人。见林恩·皮尔普斯：《难道对乳糖的耐受首先是在中欧而不是在北欧演变出来的吗？》，《科学美国人》，2009.8.28.

[2]怀尔德. E. M. 等：《新石器时代的大屠杀：欧洲的地区冲突或普遍性的战争？》，《放射性碳国际会议18》，新西兰惠灵顿，2004年，第377—385页。

和西部地区，也就是今天的奥地利和德国时，他们的生活似乎已经远远比原来更充满暴力，更朝不保夕了。

我们倾向于把这一凶残程度的增加理解为西部和北部边疆抵抗力水平的逐渐增加。但是这种增加来自何方呢？我怀疑稀少地分布在欧洲的早期猎人，仍然有足够的野生动物可以让他们生存下去，但因为没有安全的居住地，在养牛农民兴起的强悍浪潮到来之前，那种对抗慢慢地撤退了。这之后，猎人数目更加密集，加速了动物群稀少的步伐。与农民的入侵同时发生的还有星星点点的猎人部落，他们有可能在向西跋涉的路上，赶在农民之前，更快地往前漫游。驯化者赶着一群群的牛、绵羊、山羊和猪，行动缓慢，远不如猎人上路那么快。在西部地区处于困境的猎人们被迫让出越来越多的领地，为了自我防卫，他们需要加强与那些无畏的定居者的冲突。

当时的条纹陶器进步的整体状况可能与几个世纪前在北美洲所进行的"荒野西部"边疆地区类似。入侵的条纹陶器部族和当地的猎人群体可能发生了战斗，而同时，双方中的一些部族可能已经有了某些程度的适应和融合。于是有一段时间，西部的猎人似乎将燧石箭头射进了入侵而来的定居者的身上——考古学家在（人骨内）发现内嵌的箭头。倔强的定居者则向那些稍早一些而且更加"本土化"的猎人的脑袋挥动石斧。

谁在这场冲突中获胜了呢？由于早些时候的几波猎人可能也是来自近东，冲突双方的基因差异仍然难以发现。近东各民族在这次缓慢向西推移的冲突浪潮的两个阵线都出现了。

很多条纹陶器定居点都发现了暴力和谋杀的证据。在德国的泰尔汉姆已经发现了 34 具受害人的尸体。埋葬的人里面没有成年女性，却有小孩子的尸体，大量的证据似乎表明这次大屠杀的动机是捕获女人。在奥地利的阿帕恩·希来茨考古遗址发现了 67 具尸体；在德国的赫尔克斯海姆的考古遗址，估计有超过 300 具尸体。这些地方可能是一个 5 公顷大小的举行食人仪式的地方，一次三到五个人。①德国范围内的石器时代的遗址还有弗龙霍芬、扎奥斯维辛和霍内塔尔。

在法国的芳特布鲁古，一种考古证据模式表明，这种早期食人做法的一部分在本地的猎人中间可能已经实行了。这些猎人中的一些人把人骨头扔到垃圾堆上，跟其他猎物的骨头混在一起。这些猎物有着相似的被屠杀时留下的痕迹。总的说来，我们并不真正知道在新石器时代晚期的欧洲谁对谁做了什么。是猎人自己或者主要是早期的养牛农民陷入了衰败的猎人的怀旧感，并且怀有过度驯化的梦想？或者是双方同样如此？食人的出现意味着人类和被猎动物之间一个明确的本体划界还没有在当时当地完成。至少这样一个划界在那些新石器时代的祖先中间还没有在宗教和理性上达到平衡。

人们亟须更加细致地对数百个考古遗址的定居点及条纹陶器文化的消失进行仔细考察。此刻，我们只敢很粗略地猜测驯化及养牛业在欧洲开始的过程。大约 7000 年前，条纹陶器文化地区

---

①在新石器时代，也就是 7000 年及以前的欧洲，关于食人的考古证据几乎到处存在。因特网上有大量的报告及评论。一个很好的开端也许是爱德华·派格勒写的一篇英语散文：《条纹陶器谋杀——谁杀死了谁？》，还可以在 http://armchairprehistory.com/2011/01/16/lbk-massacres 阅读他的参考文献。

停止生产自己有代表性的条纹陶器。本地的猎人赢了这场搏斗吗？陶工们厌烦制作同一种产品了吗？养牛业是继续还是停止了？条纹陶器碎片本身并不能解释一个民族的全部生活方式。一种制陶风格并不能体现一个文化的精髓。条纹陶器碎片只是考古学上的时间和群体概念所指示的普通近似物。对人骨的处理方面的证据可以告诉我们更多信息：谁是继续生活在欧洲并开始制造朴素的陶器的人呢？这些民族当中哪个能够消化乳糖呢？为了生存，他们有什么做得与众不同呢？我们希望最终能了解更多。

由全球范围内更近期的猎头和食人文化所提供的文化类比，例如本书第十三章所介绍的摩鹿加群岛的事象，需要对其进行更详细的比较。在中美洲，很多逐渐被废弃的猎人文化共同奋斗，以取得猎头和食人上的霸权。他们使一种仪式怪物得以成形，使其从一个安全的距离看上去俨然是一个庄严的"文明"。①古代欧洲比这个古老4000年的条纹陶器文化似乎契合于转型时期的新石器时代的人类迷失方向的一般模式。当时全世界的人类正努力从狩猎和采集向类似于驯化的某种东西过渡。

结束语。在我们允许自己对原始的欧洲（或别处的）祖先的行为感到震惊这一伪善的体验享受时，我们可以仔细想想人类的暴力向现代的延续进程。最近两个世纪因为现代化而增强的暴力，比古人能够实施的任何暴力的规模都大得

①参见卡尔·W. 卢克特：《奥尔梅克宗教，通向中美洲及其以外的钥匙》，《美洲印第安人丛书》（第137卷），诺曼俄克拉荷马大学出版社，1976年。

多。殖民主义、帝国主义、奴隶制度、世界大战、革命、种族灭绝在整个星球继续着，一个比一个更加残忍。超驯化的过度行为还没有停止，民主和社会主义革命也没有改善不人道行为对人类本身造成的伤害。在我们以其人之道还治其人之身对付暴政时，我们的残暴之"道"会超过他们的，而且会产生更多相同的"道"。当我在2012年写这些话时，近东地区很多地方正燃烧着战火，似乎这些人都想帮我调整我的话。

那些假装要获得人类价值观、从科学发现中提升人类尊严的巧舌如簧的陈词滥调，在很大程度上都只是宣传上的夸张。古代的前人类流变神话，通过努力确保对所有其他"动物"的尊敬，已经展示出其善意。但是，它并不能阻止同类相食现象，所以，我们相应的现代"进化理论"，还没有帮助我们推导出一个基本的本体论，以帮助我们把对人的生命的重视程度明显超过我们对宠物生命所给予的程度。实际上，科学原理本身，甚至因为没有引入古代宗教价值观，对我们自尊的支持比起我们宰杀食用的动物来，还不够高。在战场上，我们把人类的价值看得远不如家畜的价值。我们越是把科学的化学和数学归咎于DNA和人类基因组，就越能显出我们人类的地位的不凡和偶然。今天，我们的价值观及人类尊严，仍然需要利用不同的古代神话的残余片段的支持来维持。现代战争在这颗行星上到处发生，并被人们用科学的理由合理化，仅次于我们坚持使消灭昆虫合理化的标准。

美洲普遍存在的所谓的"神创论"和"进化论"之间的敌对，实际上这与进化的原因或序列的科学研究没有多少关系。而人们对暗含的人类地位和命运的担忧在增强着这种敌对。这个问题并不在于世界上第一个人亚当是不是由猿猴所变化。神创论者很乐意他源自一堆普普通通的黏土。因此，这种担忧使我们当代的科学假设者会多么傲慢地——如果他们要掌握教育和管理权的话——对待那些早些时候承认自己是猿猴的后代而不是上帝高贵的子孙的人。大多数父母至少有一段时间是相信他们的孩子是某种天使。本人在此生的前十年生活在一个灾难性地实施"价值中立科学"的政治制度下。这就是为什么我认为人们应该尽力去识别出缺乏人性的杀戮者的借口——那种蛰伏在现代科学主义基础上的借口，否则我们会落入所谓人类共同命运的陷阱。

第十七章　近东的猎人统治者

饿饿的新石器时代的猎人吃光了所有动物，他们的后代组成大群的武士，抢劫了定居者。定居者的武装没有那么好，只得撤退到防护墙之后，之后埃及帝国被美尼斯统一了。这个狂热的猎人开创了埃及"文明"。纳尔迈调色板描绘了他所做的是自己知道如何做得最好的事情。

美尼斯的三个受害者可能是有着相同抱负的超驯化者，不过他们没那么成功。第一王朝皇家陵墓的人类殉葬者所展现的就是埃及的图腾猎鹰王使其超驯化日程加快的程度。

2000 至 5000 年前，当城市正在建立、文本正在书写时，人们在这个所谓近东的"文明摇篮"里，用故事讲述了这些好事是怎样变成现在的样子的。我们对一些生活在前人类时代的伟大英雄们，也就是神的儿子们，也有了些许了解。他们属于人类，而且娶了人类的女儿做妻子。（《创世纪》6:4）我们得知了几个英勇猎人的名字，这些人把自己变成了战士、国王和城市建造者。之后，国王们聚集了一群随从，成员来自开明的抄写员。这些人本身就急于跟早些时候那些更加保守、技艺精湛的精英们一决雌雄，比如那些有着古代哥贝克力山丘血统的石匠和石灰石雕刻家们，以及其他门类的公共活动分子。

在演说家背史诗、讲传说教育、娱乐人们的同时，抄写员记录了相似的主题用以练习写作。在他们作品的碎片上，我们可以发现古代国王和猎人的名字，比如吉尔伽美什和恩奇都、尼姆罗德、萨尔贡、以扫、美尼斯等。这些故事片段中真实的历史内容是很少的。有些人或许可以识别出最早时期的强大人物而其他人或许只能证明有一段时间的存在，抄写员知道在人类建立城市前，有猎人和野人，而且强大的野人和猎人有时候成为城市的征服者和控制者。

这样的传说偶尔会显现出抄写员重新思考历史的勇气，不过这些文学产物很难称得上历史。幸运的是，在某些情况下，考古学家已经挖掘出了残余物，可以让人们提出新的理解和质疑。在我们这个时代，神灵——国王的骨头和木乃伊被收集到博物馆，当然，曾经被打磨光亮的古代辉煌正在被冲刷。

虽然按照怀旧的梦想，最早的一些城市据推测是猎人建造的，但是，有根据证明最早的居民点更多是被猎人破坏而不是被建造。现已灭绝的一群群猎人并不容易转变成倾向于躲避冲突的驯化者，而更可能成为抢劫者和武士。一些早期的城市可能被破坏、被制伏，之后在征服者的命令之下重建城市。这些征服者很可能为了自我保护从而垒起加固的城墙。他们把驯化者转变成一群群居民，奴役、剥削他们。军阀们建起了保护性的高墙，有利于安全过夜，并在其中雇佣能写字的人，这些人知道如何以传说和神话的形式书写家用开支分类账和支持性的宣传材料。这样，关于早期征服者——他们吹嘘自己是城市的建造者——的传说就缺乏准确性，很有可能它们是贵族的宣传。

传统的漫游猎人在饥饿时，会变成抢劫者、战士、征服者，之后变成各种超驯化的计划制订者，很富有创造性。他们不但把动物聚拢在一起，也把人聚拢在一起，从而制定政策、确立美德。这样，他们增强了遥远的祖先们的雄心，这

些祖先常常用燧石制成"假牙和假爪"。虽然早期的猎人很可能并非是亲手参与缔造古代文明的人，他们或许可以被认为是历史的"牧羊犬"——那些为了安全、控制和获取资源而将采集者、种植者以及动物放牧者赶进更小的圈里面的人。

在最初几轮城市的征服与重建结束之后，当劫掠军队之间的竞争变得激烈时，那些较为明智的军阀决定定居下来保护他们所征服的城市。如果他们每年都抢劫并彻底毁灭这些地方，之后撤回山中，就会错过了一次庄稼的收获，就不会有什么东西可以再次回去抢劫。占据一个定居点，就像占据一个生机勃勃的蜂窝一样，以一种比较有节制的方式定期占有其产品的一部分。而作为回报，他们给劳动者提供保护，从而使他们成为奴隶，这样会更加有利可图。如果一个统治者不看管好其战利品，另一个更加饥饿的游牧部落就会潜伏在山里，伺机取代他。

这就是武士们实施超驯化的方式。在那些安排中，定居的人们被迫变成了家佣和奴隶——就像驯化者驯养牲畜那样宣称占有他们一样。对城市居民有规律的敲诈变成了一种光荣的职业。这就是个别城市王国的开始，而吞并更多的城市王国则是帝国的开始。在一般的历史书上，这种超驯化计划现在被称为"文明"。的确，在正派官员的帮助下，通过执行一个贤明统治者的更好政策，超驯化体制有时候开始变得几乎是正常的——直到其不幸掉进皇朝，或者直到一个愚蠢的小王子被置于宝座上并被神化。

作者随感：有时，对我们来说有必要注意到普通与明显东西之间的鲜明对比。几年前，当我终于有机会观察到已知的中国"文明"中最早的、有组织的社会阶层时，真是大开眼界。在最早的中国文字划痕中，也就是刻在牛肩胛骨和乌龟壳、总称为甲骨文的文字中，仍然可以看出曾经的肆意劫掠的大群猎人的证据，以战士的身份把驯化者们在黄河沿岸的定居点作为私人地产据为己有。商朝的贵族本身就是全力投身于将自己膨化成超驯化者的这么一大群人。为了文饰和增加影响力，他们发明了文字。占卜被监督、被操纵以便为皇室的法令提供理由。大约3000年前，一个野心勃勃的商朝统治者管理着一个由200个左右的抄写员和占卜师组成的官僚机构。这个统治者对于书写下来的一切都有否决权，神祇和祖先利用灼热的金属棒让甲骨裂开这一做法传达信息。

令人非常吃惊的是，历史上中国文明中最初的社会阶层与我几十年前在中美洲的政治和礼仪领域探究的社会阶层非常相似。在那里，原始社会的猎人完全能够建造以玉、蛇纹石、燧石、黑曜岩、玄武岩以及石灰岩为基础的文明。①那些曾经做过猎人的战士、牧师—屠户的最高"精神"境界是劈开大块岩石，而不只是打碎头骨或者砍开胸腔向天蛇祭献（牺牲者的）心脏。

猎人是我们最早的神格化的统治者。美索不达米亚的超驯化王子吉尔伽美什所追寻的是一种被赋予旧时图腾崇拜者的神圣地位。他的故事让我们得以深入了解早年的贵族是如何想通过这些故事树立威信的，因为故事本身就是为打动听众而编的。虽然吉尔伽美什王子为自己获得的只是一个低级

①见卡尔·W. 卢克特：《奥尔梅克宗教，一把打开中美洲及其以外地区的钥匙》，《美洲印第安人文明丛书》（137），诺曼俄克拉荷马大学出版社，1976年。

别的神圣地位，相比之下，他那个更古老的猎人伙伴恩基杜则扮演了一个过时猎人小丑的角色。吉尔伽美什王子追求的目标是将古代美索不达米亚的贵族神格化，也即是说，他瞄准的是用虚假的虔诚美化超驯化者。

迥然不同的是，最早的埃及法老，作为对猎鹰这种天生猛禽图腾的崇拜者，则不那么谦卑，而是对自己的神圣地位更加直率。埃及统治者早就立志取得较高的神圣地位，而正因为这种勃勃雄心，他们至今仍然让人钦佩。不过，还是让我们从历史角度，从其猎人、盗贼到战士的升级演变背景和辩证中来看他们的职业生涯。

埃及的神明—国王并不仅仅亲自扮演了一个名叫霍尔或荷鲁斯（拉丁语）的崇高的猎鹰图腾，而且在其大部分历史过程中，我们会发现他们也是脚踏大地充满激情的猎人，他们把自己升格为合理的杀人者。他们从猎人的自我和情感的纵深处直接安排并支配了后世所谓的"埃及文明"。

美尼斯（阿哈）。公元前 3100—公元前 3038 年：美尼斯是埃及帝国的缔造者，而埃及后来被认为是西方文明的开端。他确定了埃及的方向。他将后来我们知道的上埃及和下埃及两个王国联合了起来。历史上，他曾被称为美尼斯、纳尔迈，最终是霍尔—阿哈。这

图 36　纳尔迈调色板
（承蒙大英博物馆董事会提供）

最后一个名字被归属于埋葬在第一王朝的第一个皇家坟墓的那个人。在美尼斯的名下，第一个法老赢得了全能英勇猎人的名声。在那些依旧把自己看作是曾经的猎人的法老中，最能彰显他们统治权力的就是其屠杀的能力。古代猎人最为之骄傲的所有能力中，杀戮被列为"至美至善"。

有一个关于美尼斯的故事，说他遭到了自己养的猎狗的攻击。他骑上一条鳄鱼，游过米瑞斯湖才逃回一命。这一命运的逆转和成就，通过勇敢地骑上一条危险的爬行动物，显示出了美尼斯对普通的狩猎技术和策略的超越。在他的人民的意识中，这个国王是一个更高级别的猎人——一个鳄鱼驯化者，毫无疑问他也知道如何使人们服从命令。

这一故事中的超驯化元素变得显而易见，因为有人说最早讲述这个故事的人是一个祭司，而他的神正是鳄鱼的神圣主人索贝克。①借助这些意外情况的表述，谢底埃特（鳄鱼城）的建立便毫无疑问归功于美尼斯了。对一位鳄鱼城里主要圣所的祭司来说，暗示他们的庙宇和城市与埃及的建立者、首任法老美尼斯一样，是一种既得利益。在种地的人驯化牛的同时，索贝克的贵族祭司则在庙宇里饲养鳄鱼。

很明显，在人们的记忆中，并非美尼斯所有的非凡狩猎事迹都是荒诞的传说。有一个流传下来的故事听起来很真实，讲的是美尼斯之死。在一生狩猎并且统治埃及 62 年之后，他年纪很大了还外出到尼罗河打猎。在那里，他被一头

①迪奥多罗斯·斯库鲁斯：《历史丛书》，参见弗兰克·约瑟夫著《亚特兰蒂斯的毁灭》，佛蒙特罗切斯特拜尔公司，2004 年，第 99 页。引自"维基百科"。

河马害死了。①第一王朝的第一位奥西里斯（古埃及的冥神和鬼判）阿哈的陪葬品包括400多个雕刻的牛头上面配有的一对对天然野牛角。跟阿哈埋葬在一起的还有狗、幼狮、男仆、女人和侏儒。可以想象，这位法老本人一生中积累的400对野牛角都是他的战利品。

来自赫利奥波利斯的神学。根据最早文字记载的神学暗示，在金字塔文本中，任何古埃及法老去世后都会变成奥西里斯神。据赫利奥波利斯版本称，这一奥西里斯通过继续其神圣而神秘的戏剧方式，借助其后继人的身份，以图腾式的荷鲁斯猎鹰"出现"——以便在适当的时候以彻底改变的形态进行加冕——以完全的人形和光荣坐在埃及的王位上。就这样，每一个古老的法老都是他自己的前任统治猎鹰，而在其死后又变为奥西里斯木乃伊。最后，他再一次变成自己的接班人，以下一个荷鲁斯而出现。因此，随着一代一代的统治，这一古老的神祇将自己变成一个新的荷鲁斯重新登基——变成猎鹰图腾，这个猎鹰图腾曾作为狩猎开始以来最高的猛禽神祇留在人们的记忆中。

与变形的前人类流变猎人神话相当和谐的是，一位垂死的法老在进入坟墓时变成奥西里斯神。②他崛起时重新变成猎鹰图腾荷鲁斯统治埃及——作为一个单一的神，包括在每一个法老的血

---

①盖尔文·约翰：《阿比杜斯：埃及文明开端时的生与死》，《国家地理》，华盛顿特区，2005 年 4 月，第 106—121 页。

②由于这个主题的整个范围都在《埃及之光与希伯来之火：进化视角下的基督教神学和哲学根源》（纽约州立大学出版社，1991 年）一书中广泛地讨论过了，这里提供这一引证以补充我们目前这一主题。由于那本书已绝版几年了，我们请读者参看 www.history of religions. com 参考书目中的五篇文章。除引言部分有修改外，其余部分与该书内容一致。

统中，不管是过去、现在还是将来。在他作为奥西里斯的葬礼和作为荷鲁斯的再现之间的某个时刻，他借助复活完成了变形。

埃及的死亡神秘并不受可见的、实在的法老的尸体的局限，由此，每具尸体都会包含一个神的精神。那些神圣的国王共同组成了一个个人和神的精髓，每一个都有双重的生命的产出物——由闪烁的灵魂"卡"（ka）和持久的意识"巴"（ba）组成。①这样，在他统治期间，法老总是忙于以一个继续神圣的人物显示自己，有生杀予夺的大权，而且永存。正是腾图崇拜、变形以及前人类流变本体论的内在逻辑提供了古埃及超驯化的动力。

古埃及由猎人衍生的图腾神秘主义支持以神圣的荷鲁斯猎鹰身份统治的神明的皇家子弟。它使埃及的超驯化维系了大约 3000 年时间。很明显，这样的同一个埃及政治意识形态至少部分地被耶路撒冷的所罗门王，之后又被波斯的大流士一世、马其顿的亚历山大大帝及罗马的奥古斯大帝都接受了。这些统治者都自称"上帝之子"或者使他人这样称呼他们。

神权的帝国主义的传统最终激起了平民的反对。罗马帝国人民开始更喜欢一个被钉在十字架上的人，而不是那些神化的、超驯化的支持者。尽管他们的上帝之子只是一个平民，他们还是坚持说他由天父所生并由天父复活。拿撒勒的

---

①"卡"（ka）和"巴"（ba）之间一个简要的、介绍性的区分如下："卡"（ka）是死亡后回到阿图姆神那里的明亮的精神灵魂；"巴"（ba）则是徘徊在奥西里斯的木乃伊周围的阴影灵魂。

耶稣的福音宣称"神的帝国"是一个宗教的替代物。罗马皇帝们"神所独生"的地位在尼西亚信经中被暗中削弱了。由于聪明的基督教神学家们（比如亚他那修）的努力，这一信经竟在君士坦丁本人的监督下得以批准。耶稣基督就这样被认可为"上帝生的唯一儿子"。罗马帝国皇帝们的神圣称号被 379—395 年任罗马皇帝的弗拉维乌斯·狄奥多西一世正式废除了。他将"神之子"这一称号让与了耶稣基督。

如果我对哥贝克力山丘的一些怀疑在方向上正确的话，那么最早的表达超驯化抱负的纪念碑可能需要在狮子小屋和更远的地方寻找。

第一王朝的人祭。埃及早期风格的超驯化是由考古中发掘的人祭所记录下来的。这些人祭均与第一王朝的皇陵有关。根据考古记录，第一王朝（约公元前 3000 —前 2800 年）的皇陵总共产生了 860 座所谓的"陪陵"[1]。

阿哈（Aha）	墓葬编号 B 10. 15. 19	33 座陪陵
哲尔（Djer）	墓葬编号 O	318 座陪陵
杰特（Djet）	墓葬编号 Z	174 座陪陵
梅里特妮特（Merytnit）	墓葬编号 Y	41 座陪陵
德闻（Den）	墓葬编号 T	136 座陪陵
阿涅德吉布（Anedjib）	墓葬编号 X	64 座陪陵
瑟默凯特（Semerkhet）	墓葬编号 U	68 座陪陵
伽阿（Qa´a）	墓葬编号 Q	26 座陪陵

鉴于这些坟墓已被盗窃并弄乱这一事实，我们不能肯定陪陵是不是实际上的人祭，也无法肯定其中一些不是。不过，尽管不

①卡洛琳·希莱特：《古埃及的人祭》，http://touregypt.net/feature stories/humansac.htm.

是所有的坟墓，但大多数似乎都埋葬过侍从，这些人除了在那些神圣皇家葬礼上死去别无选择。死去的法老的后嗣和继承人，或者他们的顾问，可能认为，如果这些人中有一些被提升到冥界，埃及会变成一个更好的地方，或者至少是更容易统治的地方。

即使这些数字听起来比中美洲的祭献教门的数量好一些，在那里总数多达数千——人类被认为是低等财产而且也被当作低等财产浪费掉，并被早期埃及的超驯化者捕获，似乎自己就是牛这样的战利品，这一概念呈现得很清楚。如果你从图腾猎人的原本枝上选取一个神圣接穗，嫁接到埃及的王位上，让它生自伊希斯（或由其孵出），那么从那个巢中生长出来的神就仍然是一个荷鲁斯，一个猛禽，一个杀害者。

一些历史学家一直倾向于通过解读陪陵和献祭的数量来反映被献祭国王的伟大。的确，如果已故国王的数量可观的随从可以作为人祭献给他，必定会反映出统治的一个相应的稳定程度，一个以恐惧感维持的对命运顺从的程度。但在笔者看来，这些数字反映了一个补偿序列。哲尔为了从阿哈那里安全接管政权，显然杀掉了 33 个家臣。杰特认为他需要消灭 318 人以求得自己位置的稳固。而他的遗孀梅里特妮特和她军事上的支持者共同策划，认为他们需要除掉他们中间的 174 人。那么，似乎这一体制之所以维持下去是因为王位上有一个过渡期的寡妇王后。当她的儿子德闻长大成人可以亲政时，这一体制很大程度上已经比较稳固，而且臣僚们也已经承诺支持他了。他和他最亲近的随从感到，他们只需要除掉 41 个靠不住的人。德闻本人可能在这些事情上没有多少话语权。不过总体上来说，我怀疑一个成年继承人的正式

地位越不稳固，需要的补偿性的影响就越大，需要的祭品就越多，以便下一位领导可以为自己赢得地位，并为那些与自己联合起来、之后作为大臣的"行刑者"赢得权力。

第二王朝的首位国王赫特普塞凯姆威象征性地杀死了 26 人献给其在阿比多斯的前任，以确保自己可以继承第一王朝的执政权。之后，他离开阿比多斯，顺水而下迁都到萨卡拉。据我们所知，他的继承者们废除了葬祭，用仆人的小雕像作为替代物陪葬。

第一王朝人祭的大多数评论者倾向于凭着表面的真实性接受最早的狂热崇拜故事——去解释为去世的国王所做的适当的后世的安排。不过，在本书作者看来，为人祭所做的这些辩解不大有说服力。另外一个合理的解释，也就是在第一王朝时代，奴隶和忠实的自由仆人之间有所区别——说明仆人可能在王室的葬礼上是自愿成为牺牲品的——也看来让人怀疑。即将死去的国王们可能给出了一些建议，但是谁死谁活这一决定还是由已被列为继承者的人说了算。这些继承者包括王室的继承人及其密谋的合作者。

这一体制的构建实际上就是为了创造其牺牲品。如果你是个仆人，想要使下一位荷鲁斯让你活着，你可以尽量讨好他。但是每个人都会注意到你在干什么。如果最后一刻由祭司和摄政王构成的内部圈子让一位你没有预料到的继承者登基了，你的赌注就下在一位错误的荷鲁斯身上了。你本来可能走上第二轮为老国王尽职尽责的征途。但因为你表现出了不一致的忠诚，所以你会受到怀疑。在王位继承者看来，最安全的解决办法总是让有矛盾心理的仆人到冥界侍奉奥西里斯。

不过毫无疑问，能够看到在他们的超驯化的黎明到来之际埃及法老们并不是对人类的最糟糕的剥削者，也是一种暂时逃避吧。然而，被神化的主人们是希望他们的仆人甚至一些重要大臣能够陪伴他们进入后世的。如果这就是法老对那些曾帮助他们扩充遗产者所给予的期望，那么人们还能希望法老们会如何对待那些他们根本无需面对的普通人呢？他们的体制暗示，君王就像拥有财产一样拥有臣民。猎人出身的图腾皇帝们的统治很坚决地促使驯化文化扩展到超驯化。

也许是那些围绕古埃及的较小的游牧部族的缓和作用所提供的谈判能力促使陪陵活动在第一王朝之后结束。其影响程度也许类似于一千年后希克索斯的侵略者所产生的那样。①可以推定，在周围的王国里，热爱自由的牧人漫游着；当超驯化者获得了过多的特权时，牧人们曾试图抵抗。一些次要的王室发迹者，在一定程度上还有法老本人，似乎在他们的猎人本能中增加了一些牧人的精神特质。法老被描绘成手持象征性的鞭子标志，就像赶车人和奴隶的监工那样。在第一王朝时期，一些法老已经被表现为拿着象征性的弯柄杖的样子。这个弯柄杖是牧羊人在管理羊群时用来钩住羊后腿的。显然，驯化者的象征符号本身并不能使这一体制人性化。牲畜的命运还是被屠宰，正如野生动物必然被猎人捕猎屠杀一样。

可能是埃及的超驯化者和次要的近东牧人传统之间的文化交流在不同的程度上使一个"好牧羊人"精神特质最终成

---

①希克斯的首都是阿瓦瑞斯，在三角洲的东北部。他们占领的时间从公元前 1783 年至公元前 1550 年，跨过"第二中间期"。第十五王朝（前 1663—前 1555 年）由外国"牧羊人国王"或"沙漠王子"们构成。

为可能。这一精神特质已经在犹太教、基督教和伊斯兰教上留下了烙印。"好牧羊人"这一观点与坏牧羊人或者人们知道地潜伏在黑暗中的猎人形成对立。但是所有这些可怜的"牧人人道主义"未能使埃及以及其后文明中的仆从脱离奴隶制度。

那些作为战俘以及冲突的无辜受害者被捕获以及被享有神权的皇帝奴役的群体也未能逃脱这一命运。猎人图腾，那些在哥贝克力山丘已经成为扁平的石灰岩浅浮雕的人们，在定居文明的开端还在到处移动，自由地漫游着。埃及，这一西方超驯化的诞生地，首先被图腾荷鲁斯猎鹰统治。这就是在西方国家徽章、旗帜和纸币上，鹰仍然是主要标志的原因。在这里，在美国，向我们的埃及之根致敬用的是土生土长的美洲秃头鹰、首都的巨大方尖石碑以及印刷在美元钞票上的金字塔形象。为了达到真实效果，上面还留着荷鲁斯的眼睛。

从古至今人祭一直都是超驯化的终极行为。神灵所认可的杀人行为不但用于战争，也可使祭献自家牲畜相形见绌。历史上，以猎人的方式向最高神报恩时，是用动物的肉祭献；若以驯化者的方式，则是用尸体献祭以获得对牲畜的拥有权。到 3700 年以前，人祭在世界上并不罕见。阿尼莫斯皮利亚、米诺斯的大地女神显然阻止了这一向她致敬而实施的行为。之后，可能早在 3000 年前记录下来的亚伯拉罕的神话讲到了一个牧人，可能在他去世 700 多年后，该故事才被记录了下来。故事所强调的是人祭这一观念的愚蠢性。故事讲的是一个愿意把自己所剩的唯一的儿子用来献祭的即将成为族长的人。故事解释了耶布斯·撒冷城的大卫王赞助的全能神耶和华的崇拜，是如何开始规定让牧人用牲畜进行替代性献祭的。

第十八章　全能的神盖亚拒绝人祭

地球母亲盖亚点燃的火炬。盖亚在古希腊语中意为大地母亲——她在米诺斯的 B 类线性文字①书写系统中叫马卡（Maka），在弗里吉亚语中叫作西布莉（Cybele）。在本书第一部分，我们曾从考古学角度对她进行识别。我们将其腹部

---

①关于 B 类线性文字详见：http://www.palaeolexicon.com.

看作哥贝克力山丘，即怀孕的大山女。之后，大约3000年前，当大卫的君主国在耶布斯的一个帐篷圣所将希伯来利未人的崇拜与麦基冼德的迦南人的崇拜结合在一起时，全能的神（El Elyn）这一名称与 古代以色列的神（Yahweh）这一赞美上帝的词语便联合在一起了。那时正当耶布斯城被归为撒冷的一部分，再后来就成了耶路撒冷。

向盖亚献人祭的最令人吃惊的证据，是1979年在克里特岛发掘米诺斯文明的考古学家发现的。证据发现于一个约3700年前一次地震中坍塌的三间套庙宇的废墟中。庙宇的上半部结构已被烧成了灰烬。之后在东边的大陆，那一时期的状况与人们认为是传说中的希伯来人祖先亚伯拉罕的崇拜性活动差不多相配。

克里特这次地震使阿尼莫斯皮利亚一个乡村庙宇坍塌了。这个庙宇位于诺萨斯的巨大宫殿以南七公里，在朝北的一个山坡台地上。三个平行的房间沿着朝北的正面与一个入口走廊连接起来，这个走廊跨过三个房间的宽度。中间那个房间里放着神像的残余部分，也就是逃过破坏性大火但被烧过的赤褐色陶俑的两只脚。一排排容器立在神像前。在东边的房间里，放着更多的一排排罐子等容器。这一地点发现的陶制容器的总数超过400个。

在这个庙宇的西边那个房间，发掘者发现了进行中的人祭的尸体。这是个18岁的男性，像胎儿那样侧躺着，似乎被困住过。这可能是正常的程序，因为即使受害者被迫服用了麻醉药，他的生存本能也会使他醒来，做一番最后挣扎。突然，祭奠仪式过程被地震打断了。当建筑物的木质覆盖结构塌陷时，用于内部照明的火炬引起了大火。隔壁赤陶脚神像的巨大维度，很明显是这一典礼引起的。大地母亲盖亚本人颤抖了，醒来了，于是阻止了正在主持仪式的祭司。这些人被困在地上，备受火烤的折磨，保留下来成了遥远的未来的历史学家的证据。

那个受害者侧躺在高出地面的台子上，到火焰开始烧到他时，从他的身体里只流出了一半的血。火把他上半身的骨头烧得发白了，则使还有血液的下半身的骨头在闷燃中变成了较深的颜色。那把锋利的 16 英寸长的神圣的铜刀还放在受害者的尸体旁边。[①]它在两边都有精美的程式化的野猪头形象，是用优美的线条雕刻的。祭司及其女性助手倒在了受害者旁边的地板上。这次神圣的典礼中总共有三位熟悉内情的祭司遭遇灾难，被困在了原地。[②]

亚尼斯·萨克拉拉吉斯和埃菲·萨普纳·萨克拉拉吉斯两位作者，利用约瑟夫·阿尔索普提供的历史角度，敏锐地意识到了他们发表的作品将会引起的骚动。他们预料，他们的发现结果会让很多人难过，会影响到一直都在古希腊文明的智力方面的辉煌成就中寻找自己身份的人的感情。据我们从远处的判断，这些考古学家在物质证据方面给读者提供了一个充分的总结。不过，那又怎么样！在米诺斯·希腊文明的根基部分，不是已经有人祭被献上了么？大多数西方民族都愿意认为这一古老文明与源自其中的建筑风格与哲学一样优秀——在那些创新中，苏格拉底的处决长久以来被作为难以预料的不幸事件不予重视。可以预料，所有读者都不愿意将

①这已经是青铜时代了，但是青铜尚未改变石器时代的心态。

②《国家地理杂志》，1981 年 2 月，第 204—222 页。为了准确起见，我们将在文本中引用来源页码。

其文明作为超驯化予以批评。这一发现的确是令人不安的消息。在这一意义上，作者们犹豫了，最终坦言道："首先，以前从未有过这样有力的证据证明克里特的史前的米诺斯人进行过人祭活动，虽然这一点长期以来受到质疑。"不过，在考古学家"敢于大声说出'人祭'"这一可怕的词语之前，在冒险发表成果之前，"他们花费时间痛苦地考虑过这些证据"。（20页）

实际上，任何熟悉米诺斯神话的人都了解迷宫中的牛头怪米诺陶尔。大多数读者可能知道它有吞噬进入迷宫后迷路的人的习惯。他们还知道世界其他地方一些关于迷宫仪式幸存的比较性材料。[①]他们本可以怀疑，在这个蒙着神秘面纱的牛头怪的入会故事附近会有滴血的神圣短刀。

当几位作者最终发表其证据时，其形式是出色地给予合理性证明的白皮书。毫无疑问，这一伟大文明的祖先们应该得到原谅，因为"在不同寻常的压力下，古人绝望了，于是把人献给了愤怒的神灵。比如，普鲁塔克告诉我们，地米斯托克利用三个人献祭以确保萨拉米斯之战取胜……公元前7世纪，一位先知下令杀死一个人，以使雅典脱离瘟疫"。以这些证据为根据，作者们得出结论说："如果一场决定性的战役和一次极具破坏性的瘟疫会带来超乎正常的压力，我们可以肯定，地震也一样会的。"（218页）

---

①关于迷宫的意义，见约翰·雷亚德的《马勒库拉岛的迷宫舞蹈及迷宫仪式》，《民俗》，1936年，第47卷。另见 A. 伯纳德·迪肯著《马勒库拉人：新赫布里底群岛上一个正在消亡的民族》，1934年；《来自马勒库拉岛和其他新赫布里底群岛的几何图》，《皇家人类学研究所杂志》，1934年。

这一情况引起注意之后，我们就可以了解考古学家的总结中所包含的态度了：

> 我们非常合理地相信这些明显的事实：3700 年以前，在地震摇动克里特岛时，一个米诺斯祭司采取了罕见而绝望的应对行为，努力避免灭顶之灾：向山坡庙宇中的神献出了终极祭品——一条人命。但是受害者白白丧命了。（205 页）

显然，这个用"绝望的制止"理论所做出的考古学总结，是建立在一个严重的史料编纂和考古错误上的。就史料编纂错误而言，这些考古学家未能尊重正确的因果顺序。这一次活人献祭在地震到来之前已经计划、开始并且完成了一半。倘若用这些作者的逻辑，我们可以说拿撒勒的耶稣被钉在十字架上处死，是为了避免地震——据说他死的时候，发生过地震。

对这次米诺斯的人祭来说，一个好得多的解释就包含在考古证据当中。该数据把恳求者准备献祭仪式时的想法解释得相当好。虽然那些作者们认真提供了更多的考古数据，但却不知道如何有逻辑地将这些数据与地震联系起来。

> 在走廊里，我们发现了一排排的容器，里面盛着水果、谷物、豆子，很可能还有牛奶、蜂蜜、葡萄酒之类的贡品。在其中一些罐子里（很多罐子奇

迹般地没有打烂），我们发现了烧焦的果树种子。[①]

（213 页）

还有一排排的容器摆在神像前，这些神像靠在正中那间屋子的后墙上立着。那个房间里的黏土容器和神的赤陶脚逃过了这场大火。每个容器里食物的确切构成会是很有趣的。

基墙的整个建筑布局和庙宇的功能配置在 3700 年前的地震和大火中相当完好地幸存了下来。今天，它们读起来就像一本打开的关于献祭象征主义的书。实际上，我们或许比当时的农民更容易地读它们。3700 多年前，这些农民恐惧地看到了大火，从外面看着那神秘地的废墟，但永远不敢走近或者再次提到它们。

在地震灾难带来厄运的那天，那座庙宇中的典礼并非马上采取的应急措施，而是有规律、长久计划的庆丰活动。那 400 多个为神放在那里的满满的容器，就是公众广泛参与的证据。容器里的东西是人们代表家庭作为祭品拿去的，并非祭司们购买的。从历史角度考虑，不能说这次地震事件跟这些人的准备工作有关——地震来袭时，悲惨的事情业已发生，那个年轻人的血都流掉一半了。当时一个祭司助手已开始工作，要么在中间的房间给神献上第一杯鲜血饮料，要么正要动手去做。

正中那个房间里的神像朝后靠南墙立着。这个房间是庙宇所在的院子中最神圣的一间。它是神庙中的至圣内殿。一个祭司助

---

①看着作者们所提供的照片，读着他们的话语，我们怀疑摆着一排排容器的"走廊"可能不是较早识别出来的那个将三个平行房间连起来的入口"走廊"，而好像是三个平行房间中最东边的那一个。没有理由就这一不重要的含糊之处进行争论。这些额外容器的大部分在庙宇中什么地方，并没有本质上的区别。

手可能刚刚从房间出来，还没来得及再次转身朝西到祭祀房间去取另一罐血。坍塌的房顶将三个主持仪式的祭司都困在了里面。所有的动作都停止了，该庙宇成了以宗教确立人类暴力合法的一个悲剧演变的定格——为了文明的编年史。

庙宇的整体建筑有助于将农产品和人血方便地聚到一起，以便处在中央的神灵吃喝。农产品来自神自己的储藏室，也就是东边的房间。新鲜人血从神的"厨房"（西边的房间）中的大盆子中被取走。这个房间是祭坛平台的所在，后来发现被杀死用来献祭的人原先就被绑在那里。所有这些事情都是很自然地为特殊的日子安排好的，即为中间的神灵设宴。因此，所有证据表明当时有一个定期举行的季节性的农业超驯化仪式。虽然这一祭祀肯定是该庙宇中的最后一次，但很有可能它并非第一次。

不过，在这个由三部分组成的庙宇中，人类牺牲可能并非经常出现在神的菜单上。被拿到雕像那里的盛有人血的瓶子（在走廊里打碎了），上面显著地刻画着一头公牛的形象。这可能意味着公牛血在这一庙宇中是最常见的献祭饮料。但是，不可否定的事实是，在3700年前这一灾难性日子里，在大火吞没这座建筑、烧死假装圣洁的杀人者之前，一个年轻人是被作为牺牲品的。当然，在那一天，他们的"公牛"有着人的骨头。

关于礼仪和血祭功能规律性的更为明显的证据很难通过建筑物这一中介得到表达。驯化者通过增加人牲的这种献祭，旨在使仅仅献上农产品和牲畜相形见绌，这是超驯化者的逻辑中的习惯性例子。水果、谷物、豆子、蜂蜜和葡萄酒就在那些容器里。献上屠宰产品，再附加上农产品和园艺产品，在那些情况下，这样的结合对神祇的盛宴来说是符合逻

辑的。放出人的血液，为的是让那些虔诚地带去装满农产品礼物的容器的农民充满对上帝的恐惧。一些农产品可能是为了最终让祭司们消费。我们不应该忘记，献给神的所有食物供品的进化原型都是猎人们成功杀戮后自己所能够承担得起的部分。他们与图腾主人公一起吃掉猎物的某些部分。

在米诺斯的阶层社会中，农民和牧人可以像任何贵族一样，将公牛击倒并宰杀。我怀疑，在这样一个环境中，普通的公牛祭祀看起来不再那么令人振奋。贵族们由狩猎衍生的自我及其萨满祭司——那些以超驯化者身份出道而无需首先学会简单驯化的萨满的自我——在这种情况下感到了威胁。当普通驯化者也可以拥有牛并屠宰强大的公牛时，王族和贵族的祭司仆从们已不再能通过献祭屠宰而获得他们渴望得到的惊叫与喝彩。这很可能是皇室的占卜者进入下一个强度级并借助人祭启动令人畏惧的神秘效应的原因。

牛血可能比较小的动物的血更加珍贵，而人血比牛血更加珍贵。当然，贵族的血比普通人的血更加珍贵。虽然普通人的血通常足以教给人们不一般的教训，但偶尔也冒险拿贵族献祭。任何首领都可能遇到兄弟姐妹或者牧师威胁其地位和职位的情况。总的来说，我怀疑在这个社会中人类祭品主要是普通的驯化者——正如贡献那 400 多个罐子的人一样普通。

之后在阿尼莫斯皮利亚可能发生了什么？ 作为人祭的人死了，三个祭司在烈焰之下不出声。人们非常吃惊，吓得悄悄溜回了家。他们只是压低声音小声提到这一事件。在忘记该事件之前，人们可能都彻底避开这片地方。3700 年时间里，没有人接触庙宇的废墟。考古学家来了，作为虔诚的后裔，他们为直系祖先的理智辩护。尽管有一件事情看起来是不理智的行为，这些米诺斯祖先显然是有理智的人。

　　如果把这一故事讲得深入一点，我们会问：对那些虔诚地认为自己献祭是为了得到神的恩典的人来说，这一事件意味着什么呢？的确，作为祭品的人并没有像发掘者认为的那样"白白死去"。在他们的血液献给其雕像那一刻，地球神似乎非常愤怒。这时，她是拒绝了还是吞下了当天献给她的所有牺牲品，那要看你自己的看法了。这是神祇们通常吃喝的方式吗？那是一个没有价值的牺牲品吗？祭司们为不恰当的程序感到愧疚吗？

　　如果祭司们活下来的话，他们可能会想出一个办法，旁敲侧击地指出村民们没有带去足够的祭品。不过事实上，对人们来说，这是他们最后一次在这里献祭。神在那一天拒绝了祭司们献给她的所有东西。三位主持仪式的祭司被困住了。身处 7 公里以北的克诺索斯的宫殿中的皇家上司们可能需要跟他们南边的这群农民一起匍匐一会儿。甚至有可能他们在克诺索斯的宫殿也在这次地震中倒塌了。然而，随着一次又一次普通地震的发生，这次特殊的地震被人们淡忘了。贵族和祭司们可能有一段时间失去了权威。但是最终，我们可以设想，另一种祭祀典礼取代了被放弃的这一种。统治者及其臣民都不能在本体真空中共存。那一刻，改革者有机会改变他们的宗教演变道路了——如果他们当时有相关问题在酝酿之中的话。只要新的做法减少了恐惧，鼓舞了人们日常对生存的追求，改革的仪式的细节可能不会很重要。

　　我们不知道在米诺斯王国有过预言式的抗议反应。1979 年以前，我们甚至不知道结束了当地一个狂热崇拜的这次祭祀。不过，现在我们知道这种习俗被一个超越人类的力量终止了。最了不起的虔诚的石器时代习惯，也就是为神杀人，突然停止、

并在当地被放弃了。来自大地母亲的震颤终止了这一事件。

震动的地球与人们在田野中劳动时所折磨的地球是同一个。把自己想象成地球母亲吧，被人用燧石锄头经常"剃头"。贵族及其祭司可能设法利用灾难使人们对神采取一种稍微不同的顺从。作为忏悔的采集者，作为猎人心态的保持者，他们中多数人本能地知道自己需要对什么表示后悔，并成为更好的人。所有原始社会的猎人对猎杀和食用这种原罪都有所了解。但是，什么是转变成驯化的人类原罪呢？猎杀和食用，正如《创世纪》中一个讲故事的人叙述的那样，是禁果吗？我们知道它与所有权、权威、食用及那400多个罐子中的所有水果有关。

耶和华/上帝减少规格的祭品。 3700年前，我们本来可能从克里特岛航行到最近的大陆岸边，之后向东边和南边漫游。在同一生之内，我们本来可以进入我们的下一阶段。我们刚离开一个烧成灰的山坡庙宇，回到阿尼莫斯皮利亚。一群盲信的信仰者杀人献祭。而大地母亲毁灭了自己的庙宇，拒绝了人们带去的所有祭品。她杀死了自己的祭司。但与此同时，在世界上大多数地方，类似的人类杀人行为仍在继续着。然而，当审视各种文化和宗教时，我们不要因藐视而急于得出判断和结果。我们不应忘记，我们用来说明考古数据和事实的任何解释性的话都是假设的说法，它顶多只是对有关石头、骨头、绵羊皮和脆弱的纸莎草传说的评论。

对于大地母亲在阿尼莫斯皮利亚的反映，我们有考古事实和数据；而对于耶和华/高高在上的主的行为，我们只能拿古人的话凑合了。由于这些话植根于历史，植根于发生在3700年前发生的事情，这个希伯来故事只包含着2500年前古代以色列的文士对只言片语和谣传的理解。

如果上帝让一个人把唯一的儿子拿来献祭，会怎么样呢？如果一个希望成为族长的人遵守这一命令就会因此断后，会怎么样呢？如果这个族长已经被安排好将成为我们的祖先，会怎么样呢？我们及我们研究的所有神圣的真相会怎么样呢？这些都是关于亚伯拉罕和以撒的故事中所包含的存在困惑。

关于人祭的任何故事，不管是屠宰者还是头上有光环的殉道者的受益人讲述的，结局都将是遭到这样或那样的歪曲。亚伯拉罕把大儿子及其母亲赶进沙漠之后，上帝告诉他把剩下的那个唯一的儿子献给他。据说，这同一个上帝承诺使亚伯拉罕的子孙多得成群结队，构成众多民族——多得难以计数，如同天上的繁星或者海滩上的沙粒。而要获得这个祝福，需要亚伯拉罕将剩下的那个儿子作为燔祭献给上帝。这个渴望成为族长的人接着展示了自己的盲目信仰。为了表现出最高的虔诚——但显然也表现出了对承诺的回报的贪婪——这个人拿自己的后代打赌。然而，他还未能将盲目的信仰付诸实践，神就改变了对先祖亚伯拉罕的宗教的原则。

与阿尼莫斯皮利亚低俯的大地母亲相反，亚伯拉罕的高高在上的神注意到了在血液从受伤的动脉中喷出之前他的信徒将要干什么。亚伯拉罕即将动用他的神圣的短刀时，神阻止了他。①

①如果真有亚伯拉罕的话，他会生活在铜器时代早期的巴勒斯坦。但我们没有证据证明他拥有在阿尼莫斯皮利亚发现的具有皇家品质的青铜短刀。没有理由说明为何据说生活在哥贝克力山丘附近的哈兰的一个牧人不可能随身携带心爱的燧石圣刀作为来自北方神圣家乡的纪念品。

讲故事的人并不想为神的动机寻找理由，让他省了很多麻烦。神残忍吗？他饿了吗？神是不是想测量能使一位老人继续盲目信仰所需要的理智是多少？如果此人真的希望成为众多后代、众多民族的祖先，那道德高尚的盲目信仰起于何处呢？他作为牧人和祖先的才智又终于何处呢？这个牧羊人的脑子是否聪明——聪明到足以帮助自己养育一个孙子？

按照我们现在根据历史上的线索进行的猜测，亚伯拉罕试图杀人献祭的故事可能写就于 3000 年前。在随后五个世纪的过程中，它可能被修订过，修订者很有可能是大卫王朝雇佣的文士。为某个王朝撰写的故事总是有政治目的。大卫王的统治时期大约在公元前 1003—前 971 年之间。国王和亚伯拉罕这个很久以前的族长式的故事人物之间，有着共同的利益。一个梦想成为族长的人需要后代、追随者、领地、军队以及与上帝订立的契约。大卫同样需要这些。

在亚伯拉罕的故事中，大卫王一开始就知道谁需要成为后代。他努力把一些部落和小城邦统一起来——这最好是由他们所共有的族长头顶上的某一神灵所下的命令。有没有可能说服大卫招募来的所有部落同属于一个共同族长的谱系呢？这是即将成为君主者本人所接受的挑战。要实现这一目标，他需要民众、领土和神权——所有这些都包含在一个族长故事中。任何与现世之神祇有牵连的传说都会被提升到指导性神话的地位上。我们将"神话"定义为将人类之存在与超越人类之事物诸方面联系起来的故事。传说与神话的不同之处在于前者用不着或不再去解释积极参与超越人类之现实这类事。

大卫王需要的不仅仅是军队和一个故事。人的数量、领土和与神订立的协约并不意味着一个王国已在运转。为保护其君主国，国王需要效忠于他并愿意接受其神权的人民，这些人最好是彻底服从、盲目相信他。这就是国王的愿望清单，这几点也是国王设法迫使其作家们坚持的主题。亚伯拉罕史诗是为一个国王组织的宗教崇拜零碎记录的基础性的故事，以帮助加强其统治。

将众多不同的部落统一起来，并非仅仅以一个宗教故事为基础就能实现。政治现实需要相配。正如超驯化开始以后每一朝登基的古代国王那样，大卫正在搜寻容易遭受攻击的群体以为他们提供军事保护。以安全作为交换，他希望这些群体将其地区并入新王国。这个接受过神祇的涂油礼的王国建立者很熟练地努力建立值得信赖的友谊，巩固了宗教及政治联盟。

为了政府所在地，大卫王接管了迦南城市耶布斯。这让他事先进行了一些秘密外交，妥善安排了接管，重新雇佣了该城的长老，并将利未人对耶和华的崇拜与迦南对上帝的城市崇拜结合了起来。从组织上来说，他的计划需要让希伯来和迦南的祭司言归于好。从神学上来说，它意味着"耶和华"和"上帝"都是用来指代统一万能的神祇的别名。

《创世纪》中的亚伯拉罕神话（或者推定的大约在其七个世纪前开始的"信仰的历史"）讲述了亚伯拉罕和耶布斯城的祭司及国王的友好邂逅。后者名叫麦基洗德。为了七个世纪后统一的崇拜大卫任命的迦南的大祭司而被命名为扎多克。很明显，国王的文士知道他是麦基洗德这一古老的王室和祭祀家庭的后裔。

大卫的王国正被有关亚伯拉罕的族长神话统一起来并合法化。当时需要一个与神缔结的契约，文士就起草了一些上帝

与其选择的祭司之间的合适的"契约"和与此后的国王之间的契约。随着时间的流逝，契约数量增加并被重新安排。这些版本的契约中最具雄心的一个给亚伯拉罕的后代留下了一片领土，即从埃及的河谷（埃拉瑞西河或者尼罗河三角洲）延伸至流过乌尔的河流（幼发拉底河）的地区。这一说法的问题——当时涉及的人都不知道——在于，世界最繁忙的游民大通道，从非洲到欧洲和亚洲，正好穿过那片土地。

作为被选择的族长，亚伯拉罕被承诺会有无数子孙，多得像天上的星星和海边的沙粒。他的后代将会征服、占有敌人的城门，最终组成一个帝国——很多国家。神所选择的牧人获得这些偏爱，代价是顺从和盲目信仰，包括其所有后代的顺从。那些后代民族相互为敌的可能性尚未被作家们预测到。

实际上，族长有三位——亚伯拉罕、以撒和雅各（又名以色列）。大卫的作家们将三人结合起来构成了一个最初的族长家族。这个联合古代先祖的家庭，从父亲到儿子到孙子，是希伯伦的亚伯拉罕、基色的以撒和伯特利的雅各。这个三位族长构成的联合家庭的故事，通过按时代顺序代表这片土地的南方、西方和北方，将一个王国联合在了一起。伯特利那位族长把自己的名字借给了联合王国以色列——"上帝的游击队战士"。

讲述重要的故事需要有重要的主题。3000年前大卫王时代的最重要的主题是超驯化的普遍性的政治图谋——包括奴隶制度的负担、强盗贵族的统治，以及士兵和祭司的屠杀行为。显然，大卫及其随从想避免最差的超驯化方案。亚伯拉罕故事本身的存在表明，大卫王策划废除了礼仪性人祭。然而，他的目标也许并非最早的后见之明所暗示的那么纯洁。大卫是个精明的军阀和阴谋家，他并不反对用阴险的手段杀人。读一读他的年代记录者插入的一些模棱两可的话，就知道他的第一个动机就是从他任命的两个祭司那里夺走执行权。显然，作为军队的最高指挥官，他希望把这样的权力更安全地掌握在自己手中。然而，通过鼓吹盲目顺从，他为继承王位的儿子所罗门的独裁统治铺平了道路。

不管大卫起初的政治动机是什么，但最早讲述有关第一个族长亚伯拉罕的故事就是为了把神选择和宣布的"亚伯拉罕的子孙"诱入新国王的政治联盟，服从上帝和他自己。这同一最终目标也在《出埃及记》史诗的利未人作家的心中。这些人想通过将其与上帝所诅咒的埃及文明加以对比来界定以色列的新王国。但是，君主国有一段时间像是一个整体。通过任命来自耶和华和上帝传统的大祭司，两位大祭司的权利各减少了一半。这一策略控制了神权政治家。如果不这样，他们可能会试图发挥行刑者和最高法官的双重作用。亚伯拉罕的牧人和建立者神话控制了超驯化，将王国的献祭狂热限制在了早期的宗教水平——献祭不用人牲。

在摩利亚山，高高在上的神没有用法律语言明确说明其新的宗教地位，而是上了一堂实物教学课。亚伯拉罕的盲信使自己遭到了训斥。上帝让这位梦想成为族长的人在丛林中发现了一只羊，用它替下了自己的儿子。这位族长清楚自己需要做什么。他是经验丰富的屠宰者，手中本来就有一把准备好的圣刀。一只用来献祭的公羊出人意料地出现在了故事中，这样就强调了神的革新。

大卫在温和的超驯化方面的努力，使其人民恢复了更加原始的以群居动物献祭的做法——这样就使他们恢复了普通的驯化崇拜。使宗教信仰偏向种种盲目顺从的族长神话的发

展，在所罗门之后也可能发生。怀有帝国主义雄心的所罗门被推崇为埃及风格的"上帝之子"。他有了暴君的名声之后死去了，其王国四分五裂，不可逆转。

在为此书假设的较大的进化环境中，我们可以在这一古老的亚伯拉罕契约神话中看到一个比大卫的作家们所知道的更加古老的问题。那些在亚伯拉罕时期之前，像神灵—国王那尔迈（美尼斯、阿哈）那样以人献祭的人，仍然是从神圣捕食者图腾那里获得超驯化习性的猎人。相反，亚伯拉罕故事的作者们实际上在把自己的羽毛笔和墨水放在食腐动物宗教和超驯化宗教之间的支点上。

走向超驯化的猎人们一直都在威胁并为祭祀而杀害人类。根据《创世纪》的故事，即使亚伯拉罕族长听到了上帝承诺的超驯化的回报，大卫王朝的文士也已经为将来努力界定了一个更加普遍而温和的一神教。他们采取的步骤已经不可避免地使驯化和放牧的文化水平倒退了。在从四面八方包围并诱惑他们的超驯化的试验中，这些文士毫无疑问地改革并使其超驯化崇拜倒退到了只需要动植物驯化献品的更加有限的仪式。说真的，从神学角度来讲，他们因此减少了他们的神的胃口，这与一般驯化者的普通追求是一致的。虽说这些人帮助建立了君主制，但以当时的标准衡量，他们也尽了最大努力对超驯化文化进行破坏。

亚伯拉罕因此成了世界宗教中三支流派的一位遥远的、传奇的缔造者——犹太教犹太人暨撒玛利亚传统、基督教和伊斯兰教，外加一些民族和教派的小溪流。他被认为是以实玛利和以撒的父亲、雅各的祖父（以色列），他也被看作是一些宗教创建者的祖先之一，比如摩西、大卫、所罗门、以斯拉、施洗者约翰、拿撒勒的耶稣、塔尔苏斯的保罗、麦加的穆罕默德及其后裔。在历史上重要的宗教创立者的祖先中，亚伯拉罕无出其右者。前面提到的一神教传统的信徒认为，亚伯拉罕即使不是其部落祖先，也是在其传统中后来的建立者和先知改革家做其学徒和受到委任的宗教的先辈。亚伯拉罕站在了简朴的牧人文化和超驯化之间的转折点上。他被万众的牧人上帝阻止了，没有完成其超驯化祭祀。

安阳和西安的考古挖掘为我们了解史前历史打开了新的视野。中国最早的武士部族和朝代是如何在史前出现的呢？甲骨文中的一些文本让我们对这些精英们的想法有些许了解。最早的皇家游牧部族都是顽固的漫游猎人，后来变成了抢劫者、武士和贵族。他们建立了自己特殊类型的超驯化。鉴于我们现在对哥贝克力山丘的了解，我们知道是猎人、武器制造者和潜在的武士后来漫游在亚洲各地——他们可能会捕猎猛犸象，但也会抢劫家畜，奴役驯化者。甲骨文文本描述了仍处于抵达过程中的猎人武士部族。

第十九章　中国的猎人与祖先①

　　西方古代的超驯化者，其领地毗邻地中海和波斯湾，有时候已能通过声称自己具有唯一创造力所独生的继承人的领导地位来统治人类。如果有人在这点上提出质疑，他们的退路就是宣称自己是最强大的图腾模范神祇的"最早的代表"。可以假设，随着时间的流逝，家长式的牧人逻辑和道德因素已渐渐出现在这些神

---

　　①本书忠实于原著，故本章的观点不代表译者及出版社的观点。——编者著

316

权政治方案中了。

通过某种较小的对比，在中国，最早的王朝统治者强调了图腾猎人宗教的一个更加纯洁或者更加狂野的方面，也就是一个掠夺性的祖先血统的中心地位。这样的血统本质上是新石器时代每个图腾柱所努力传达的信息。似乎一个合乎逻辑的推定是，最优秀的图腾祖先自然会产生最尊贵的后代。[①]一旦某种猎人文化中每个人都已习惯于为自己的图腾捕食者谱系感到骄傲，那么谁也不敢真地怀疑任何人的祖先的重要性了，尤其是不能怀疑作为皇帝、表现得仿佛他是世界最强猎手的人。无论何处，猎人的后裔缺乏勇气时，都可以吹嘘祖先的伟大。即使在自己的葬礼上，这位祖先也主持着规模最大、最难忘的无节制的杀戮。

中国的猎鹿者骑着龙。关于中国文明的来源，正如其他地方的文明来源一样，考古材料所能提供的信息如涓涓细流一般。而且在中国，那些最早的少量信息也许可以从石器时代的层面中去寻找。但在中国发现定居的新石器时代猎人的时候，也可以发现最早的人类殉葬品的踪迹。在仰韶一个大约 6000 年前的重要的墓葬中，已经有此类迹象。1953 年，考古学家发现了石器时代祖先的遗体。这些祖先是定居的猎人、农民和渔夫。他们沿着黄河打鱼，在附近的田野种谷子。

---

①就我们自哥贝克力山丘故事以来所获得的信息看，古代西方和古代中国文明之间的差异正在缩小。在我们重新思考埃及第一王朝时，这已经变得很明显；在我们将话题转入中国时，它会变得越来越明显。

我们所指的是今河南省濮阳西水坡遗址发现的"蚌塑龙虎墓"。[①]

　　一个精致的三室墓穴里最突出的男性遗体（M45），左边是人一样大的贝壳拼成的老虎，右边是截至目前中国发现的最古老的龙的形象。这样，地上用蚌壳拼出来的两条马赛克龙就在主室陪伴这个人的骸骼（图37）。另一图案在南边两室之外展开，似乎描绘的是死者的鬼魂，骑在他的龙背上（图38）。

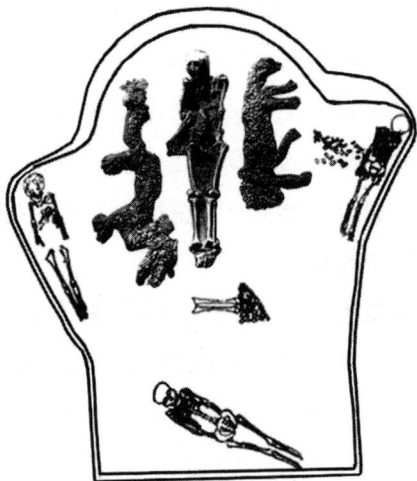

图 37　濮阳西水坡仰韶墓地 M45 墓坑第一室

　　来源：《中原文物》1988 年第 1 期整版插图 1、第五页图 6。由杜小钰提供。由作者重绘并构图。

　　[①]这一章节中的大多数数据和参考文献我都要感谢南京大学历史系的博士生杜小钰。本章结尾部分关于安阳的内容，也要归功于她的翻译协助。另见《中原文物》1988 年第 1 期《文物管理委员会濮阳西水坡遗址试掘简报》；《华夏考古》1988 年第 1 期《文物管理委员会濮阳西水坡遗址试掘简报》；《中原文物》1988 年第 3 期；《文物》1988 年第 3 期《文物管理委员会濮阳西水坡遗址试掘简报》以及《考古》1989 年第 12 期《濮阳西水坡遗址考古队：1988 年河南濮阳西水坡遗址发掘简报》等。

图 38　骑龙者

濮阳西水坡仰韶文化墓葬 M45 南面的第三组蚌图，参见《考古》1989 年第 12 期，第 1060 页图 4，杜小钰供图，作者转引。

　　我之所以提到"他的龙"，是因为我认为死者是一位具有领导地位的萨满。他在世时，至少指挥着两个图腾助手：一条龙和一只虎。与老虎一起的可能还有一只鹿。但其阴间世界的二号墓室里所描绘的形象（这里没有展示）似乎并不能产生确切结论。那里提到过的"精美的石斧"在鹿和虎之间看不到了。根据有限的信息，不可能排除这种可能性：二号墓室指的是一个普通的狩猎场景，其中常见猎物是鹿。不过，在第三个墓室内，墓主人似乎被描绘为正在跨龙而去。

　　死者在世时，可能在萨满教僧人的降神会期间在黑暗中骑过龙，于是赢得了骑龙者的声誉，但这一点无法确切了解。在后汉时期寿衣上所织的图案中，以及在中国的民间传说中，一些凶猛的马被象征性地变成了龙。①直到 12 世纪，

------

　　①例如 1973 年文物出版社的《马王堆一号汉墓》中的图 38（这里没有展示）。

西边远至欧洲的骑马武士都喜欢自认为是骑龙者。但是，仰韶人在他们那个时候还没有马可骑。

三个陪葬墓。我们必须考虑另外三个与这一石器时代的墓坑有关的"储存物"（图37）。三个十几岁的年轻人的尸体被加在墙角，从其精心设计的距离看，仿佛是一组贴身仆人。这些6000年前的额外的骨架暗示着一长串不祥陪葬的开始——其原型为人牲，被发现均与此后中国王公贵族的墓葬有关。

西方读者习惯于在埃及的古代文本中发现最古老的书面材料，并阅读过美尼斯王狩猎方面英勇事迹的种种传说，于是可能希望从仰韶文化考古学的观点，重新思考下面这一埃及故事。当美尼斯自己的猎狗攻击他的时候，他骑着一条鳄鱼游过一个湖泊逃脱了。由于中国的龙也是云，早出大约1000年的中国"美尼斯"可能梦见骑着他自己的龙，在云中飞翔。

这个早期的仰韶骑龙者有一个继承人，此人用三个仆人向他献祭。三人中至少一人颈骨上的伤是明显的。当然，这些牺牲者是死者的继承人送去的，我们可以设想，他不是没有不可告人的动机，比如在仰韶这个地方展示、建立自己的权威。

显然，我对这些事实和数据的解读应该被认为是假设性的。甚至在有机会查阅所有文献之前，我的立场已遭到一些早期评注者的质疑了，理由是一个"无阶级"的新石器时代的社会及一个6000年前的坟墓，不可能有牺牲者的骸髅。不过，祖先文化当今的继承人普遍想要否定的是祖先的恶行。从当今欧洲人的反应来判断，我们说欧洲的条纹陶器文化中有食人现象，并报告了米诺阿的一次人祭，这都绝非例外。在任何文化中，尊敬、捍卫自己的祖先，都是值得称赞的孝顺行为。另一方面，1953年结束考古学家的与"无阶级社会"相关的思想教条，现在很少提及了。现在看来，似乎超驯化的不公正行为早就在石器时代的猎人中间开始了。当时最早的渴望成为英雄的人昂起头，骄傲地立起了个人主义的图腾柱纪念碑。

从此以后，在中国历史上，人们不必再问皇帝们何时有了假冒龙或者大型猫科动物的想法，以及为何一些皇帝作为龙，也接受为农业生产提供良好气候的责任和荣誉。中国官府的天才以其在农耕方面主要的司雨之龙和恩人的身份进行统治。

这些有帝国倾向的、代表图腾形象的超驯化者已经知道了管理温顺的驯化者的秘密。这些驯化者 6000 年前已出现在黄河岸边新石器时代的仰韶人中间了。

在对此后商朝所进行的人祭加以思考，并对孔子令人尊敬的传统及其教育改革重新思考之后，我会重新考虑将西水坡场景与一个现代片刻做对比。我会重新思考 2002 年在张佐堂的帮助下拍摄的礼仪活动（见图 41）。然后我们将有机会想起 6000 年前一次葬礼期间被割断喉咙的三位仰韶牺牲者。

商朝的狗、马和战车。根据大卫·N. 凯特利的重建及分层，商朝的众神包括：（1）最高神上帝；（2）诸如河、山和太阳之类的自然力量；（3）昔日的贵族。这三个水平的力量共同组成众神的"更高力量"这一类。之后是：（4）正在被塞进商朝统治体系的、王朝以前的一些著名的祖先；（5）王朝的祖先；（6）王朝的女祖先。总的说来，崇拜主要强调的是第（4）和第（6）两个层面的祖先。从更高权力中（1 至 3），在商代的祖先祭祀宗教活动中，帝王的实际参与程度似乎是最少

的。[①]

中国历代超驯化最明显的层次是在商朝（又称殷朝）最后一个首都的遗址发现的。当时，在今安阳附近，一个旨在证明屠杀数千人献祭是合理之举的王朝图腾思想体系正被合理化。虽然凯特利教授依照传统不把上帝看作来自最糟糕物质崇拜的空洞的闲神，但我则倾向于将此至高无上的存在，即"上帝"，看作遥远的、有史以来从未准确界定的"图腾祖先"。献祭似乎至少已经跟"上帝"这一概念一样是商朝帝国主义的一个系统的成分。上帝似乎已成为商朝世系最早而且最高的崇尚图腾的祖先，他成了后来所有朝代祖先的顶峰和源头。商朝可能开始于神话时代上帝的图腾时刻。

古代中国的宗教一直都被归为祖先宗教、家庭主义或者完全非宗教的东西。因此，比较宗教学的学生们在费尽九牛二虎之力区分中国宗教同西方宗教的差别时，总是要区分祖先和神灵。但是埃及的奥西里斯—荷鲁斯神学是否与商朝的众神根本不同这一问题仍有争议。至少从政治和功能效果来说是这样的。

凯特利论文的主旨认为，之所以"造出"商朝的祖先，就是为了征服民众，而对这些民众我们至今知之甚少。用进化论的和政治敏感的词汇来说，这事可以表述为"商朝众神被杜撰出来，其目的是为了超驯化"。在一次宗教方面的学术研讨会上，商朝的神圣祖先"万神殿"就会合理地归于"宗教"这一标题下——

---

① 见大卫·N.凯特利：《制造祖先：商朝晚期的宗教与传统》，载于《宗教与中国社会》（第1卷），劳格文编，香港中文大学出版社，（2004），2006，第5页起。凯特利默认，谈论商代的万神殿是以"分析的目的"。从字面上讲，只将祖先加起来是无法组成"万神殿"的。

正如古埃及的赫里奥波利斯神学一样。在文化和政治考虑的问题中，两者作为"合法化方面的努力和宣传"，在支持商朝或者埃及的超驯化方面都会很成功。新石器时代的图腾过去常常发挥捕食者和祖先的作用。

整个人类历史上，国王、皇帝和篡位者都通过各种狩猎和人祭方法，通过以实物偿还他们假装拥有的东西，来索取对领地的控制权。但是，无论何人，一旦权力在手，就需要马上开始对其拼命维持。他需要不断地用新的办法表现自己的屠杀本领，为预防篡位而证明自己执政权的合理性。他这些表现的意义在于说明，为了拥有，他能够而且会进行屠杀。

这样，超驯化的暴力行为注定要发生恶性循环，总是有螺旋冲出圆形极限的危险。即使很讲原则的君王和理想主义的革命者也不小心踏进了恐怖陷阱。为实现渴望达到的目标，他们努力地防卫性地、暂时地利用恐怖行为。他们希望到达沿途某一点，之后在多数情况下做好事就足够安全了。然而，同样原始的"进行复仇以推行平衡"的规则，从未留下足够的自由使人在巧妙地"为击败邪恶而作恶"之后转向"善良"。

正如世界其他文明一样，早期的中国文明始于新石器时代的技术，之后因为有了火和冶金而加速。人们用金属复制和重塑燧石武器的锋尖，庄严的、可加热的青铜器在庆祝胜利时煮人肉的锅（鼎）里证明了其实用性。与青铜器铸造同时的，还有另一成分给商朝猎人文化多彩的遗产增加了力量和层次性。在安阳，增加的就是马的驯化，一种最终与造车技术结合起来的技艺。

除了武士和牧人，商朝贵族也控制了种植业者。根据甲骨文记录中的蛛丝马迹，这些是被期待从事播种、照料田地和收割谷子的人。但是人们对商朝的平民了解甚少。就商朝的精英们及其领地管理来说，最重要的是他们保存和扩大其狩猎这一古老生活方式的皇家本领。的确，在古代中国，大多数猎人一直保持着力量，经常纠缠并控制当地的驯化者。外来的牧人（可能是西方和北方的匈奴或者萨摩耶人）及其牲畜都在甲骨文的记录中作为俘虏流传下来了。有些人可能被抓住以后作为战俘被扣留了一段时间。然而，在战争与抢劫及任意掠夺难以区分的情况下，怎么能把俘虏跟一般人区分开呢？①似乎早期的亚洲驯化者、牧人及种植者从未能够逃脱被紧抓图腾不放的古代猎人控制的命运，这些猎人将自己重新组织起来，过起了武士和贵族的生活。

　　从商朝最早的书面文献甲骨文中，我们了解到有大批的人参与狩猎探险。国王很为自己的马车担忧。在地面崎岖的条件下，这些青铜器时代的骑兵装备显然很容易出现事故。它们或许更适合从场外监督狩猎，或载着国王，使其作为指挥官处于高出军队几英尺的地方，或者拖拉设备，而不是驶入狩猎者中间，或驶入混战的士兵中间。商王发愁如何避免狩猎事故。他爱用"犬兵"狩猎的实践并非缺乏深思熟虑——尽管诸事都离不开专门的占卜。

　　青铜时代早期那些商王在随从中使用两种军官。首先是与狗

---

①赫伯特·普鲁丘还在那些牺牲者中识别出了养羊的羌部落的土著人。《从生成人类学看古老的中国献祭习俗》，《考古诗学》，第1卷第2号，第5页，1995年12月，加利福尼亚洛杉矶大学。

一起跑的人。步兵与狗共同进攻。他们像狗一样进攻。所有这些军官和他们的狗简单地被称为"犬"。然后是有装备和驾驶皇家马车的军官，这些人被称作"马"，是以其驯化和使用的动物命名的。

把士兵叫作"犬"和"马"这一奇怪的语言现象，不但表明了一种具有缩略技能的书面语言的开始阶段，而且显示了商朝超驯化的思想剖面。在商朝精英们的眼中，普通士兵的确就是犬和马。普通人就跟其他动物一样，等级远远低于精英们。

狗在大约15000年前被驯化了；或者恰恰相反，是它们出于自愿，猎人在哪里宿营它们就到哪里，就这样驯化了自己。家狗或者狼最早在猎人中间的出现并没有产生驯化文化。家狗仅仅使一种捕食者联盟更有效了。后来当这一人类和犬类猎手团队在人类首领和国王手下得到重组时，他们的任务是发挥同样的基本作用——像狗一样捕猎。他们被图腾所授权的国王利用，这些国王认为作为"驯化者"，自己就是他们的主人。实际上，人类的最高层把自己的人类社会思潮提升到了逼近神圣的狼文化的程度。

如果在人类演变的这一关键时刻，真的有人类和犬类文化之间的竞赛，那么犬类会因为其顺从而取胜。狗成了其人类主人值得模仿的榜样。狗愿意为人类主人做的，所有人从此以后都被期望为其图腾神化的人类主人做得同样好。

但是，把商朝皇权炒作得更加厉害、让第一个祖先上帝的权力高于王权、祖先和国王，并且奠定马的地位的东西，是能额外发出嘎吱声响的马车。因此有必要对马在亚洲的驯化做一简要回顾。

最早的栅栏和柱子围起来的空间在哈萨克斯坦，里面有大量马粪以证明占有权，时间已经确定为大约公元前5000年。和其他地方的牛、绵羊、山羊一样，哈萨克斯坦的克拉斯尼雅尔的马是用以供人类吃肉和挤奶的。①马被乘骑，也就是马的牙齿被马嚼子磨短的最早证据，也是在哈萨克斯坦发现的，时间在公元前3500—前3000年之间。这些马只有几匹被乘骑，可能是为了狩猎或者将野马赶到一起。最早用马来拉马车或战车大约出现在公元前2000年的美索不达米亚。大约八个世纪后，在中国的商朝，马车出现了，双套双轮。已经发现马也被用来献祭了，还有战车和车夫，以及成千上万的俘虏和犬侯（图39及图40）。安阳附近的殷（大约公元前1200—前1045年）是商朝的最后一个都城。

随着马和车的到来，狩猎和战争的方式开始变得更复杂了。但是，狩猎、军事训练和战争之间的关系在战国（公元前475—前221年）时期及其以后更加紧密了。英勇的武士会赤手空拳和拿着短剑面对公牛、老虎等野兽。战略上讲，军事行动和狩猎活动之间并无太大区别。狩猎时赶拢动物就是为了用网子捕捉它们，然后杀死并献给祖先。战争则用来俘获成群的人，用来干活或献祭，还有牧人及其牲畜，都是为了光耀同样的祖宗。狩猎，作为对动物发动的事实上的"战争"，是为对人作战而进行的良好训练。即使中国的外来征服者，也认可古老的传统。他征服动物时也征服了人。喜欢在亚洲各地捕猎野羊的马可·波罗发现，很难将忽必烈的狩猎活动与军事战役区分开来。狩猎时也是成千

①玛莎·A.莱文：《马的驯化、品种多样化及早期历史》，麦克唐纳考古研究所，英国剑桥：Http: // research. vet. upenn. edu/Havermeyer Esquire Behavior Lab Home Page/Reference。

上万的人参与驱赶野兽。①

商朝所发动的所有战争都类似于原始人类进化的开端。类人的非天然捕食者都与被捕食者相对加以分组，并被作为其天敌的竞争者进行安排。商朝的养狗官吏（犬侯）和养马官吏（马正）在一个神——人国王指挥下服务，该国王是一个白手起家的图腾王朝的神圣祖先或者一个"物种"——战斗军队的传人。他们听从指挥对抗野牛、鹿和野猪，也对抗在四周移动放牧的老虎——多年后人们才模仿它们的策略。据推测，战车是国王们用来侦察畜群的下落和拖网及其他装备的。犬侯会被派到指定位置，抓着网以减慢被驱赶动物的速度并将其缠住。之后，如果情况允许，或者国王要求，将它们捆住或杀死。

为了确定狩猎的策略或其他任何征战活动的策略，商王让人把求取祖先襄助的提议刻写在牛肩胛骨或龟壳上——它们被发掘者统称为甲骨文。这些东西被用火红的金属条弄裂，以发现国王希望可以从其祖先那里得到多少帮助。国王养着差不多 200 名博学之士，这群人记录其官方的占卜、官方的决定和修改的结果。国王一直掌管这一过程，因为只有他进行最终的破解和解释。核实的结果依照事实也刻写在同样的骨头上，以证实国王的准确性——可能是为了奉承国王，让其祖先感觉良好。除了他的被彻底控制的官僚随从和国王的祖先，没有别人接受过足够的训练，或者接受过授权，可以阅读这些记录。这样，通过正规化的官僚体制，并

———————

①见马克·爱德华·刘易斯：《中国古代被制裁的暴力》，纽约州立大学出版社，1990 年，第 145—146 页。

在中国最早的有文化的雕刻师以及占卜师的助手的帮助下，商王在其祖先的荫蔽下进行统治。

在国王设法证明自己的决定正当、自己的命令合法后，就期待民众在人造的识读云彩——由精英祖先专用法宝包装起来的识读能力下彻底服从。

不过，国王以书面神谕进行统治的办法，显示了巨大的力量和富有创意的精明，但也引入了一种暗含的精确和脆弱的新标准。为什么国王有必要什么都要向祖先解释呢？他就没有力量控制整个系统吗？这是一件向祖先表明自己可以比他们在没有文字的情况下更好地欺骗并控制手下的事情吗？在前面一章，我已经假定类人的技工兼捕食者说的第一个词可能是一个否定和谎言。看起来，进化过程好像在文明的摇篮中就已经复制了口头语的最早的进步。除户籍账簿外，最初的书面话语很可能也是虚假的和幻想出来的。

超驯化者的命令需要被准确记录下来以打动手下。而且，如果不发出绝对命令，国王甚至不能有效打动自己的祖先，也不能镇住识字的官员，而这些官员可能已经逐渐意识到了前后不一致的情况。所以，秘密的"占卜"不能永远统治古代中国。文人学士，就其职责和工作而言，无法对皇家编造的神谕提出质疑，但是，后来的世世代代的抄写吏则使自己掌握了语言技能，很明显能够将超驯化的谎言变成官方的真理。书面语言是可以客观学习的。书面语言可以帮助发现先前行政记录和解释中前后不一致的情况。因此，没有商王的早期官僚的掩盖，后来的诸子百家，包括儒家、道家和法家，就没有把柄可抓，没有工具可以用来发现谎言和分歧，或者找到可执意改进的缺陷。

遭到掠夺的人包括武士、牧人及其牛、羊、马。所有的驯化者都可以被宣布为敌人或者合法的被掠夺对象，他们的财产可以充公。毫无疑问，国王自己的一些雕刻师学徒，由于年幼无知，可能会问些令人尴尬的语言方面的问题，他们很容易就成了牺牲品。当然，按照商朝的文字占卜方法，任何武士王国的存在都能以实施防卫的名义找到正当理由。任何富有侵略性的军队都可以同样轻而易举地被动员起来。对生存的热爱需要防卫，先发制人的攻击是使防卫无懈可击的最保险的方法。更多的暴力是必要的，而且在大多数情况下也足以镇压较小规模的暴力。

四个甲骨文铭文概括了一次当时认为很成功的狩猎：

今天，宜，如果国王狩猎，整日没有灾难，不会遇到大雨……[145]。在癸卯（第四十天）（我们）（狩猎时）真的烧了灌木丛并捕获[兕牛]十一头；野猪十五头；虎……幼鹿，二十只[146A]。国王应加入犬侯，（这样）就不会有灾[146B]。如果国王加入到犬侯中，就能捕捉到（猎物）[144]。

在甲骨上，人类的囚犯得以纪念；他们是作为国王支付给其祖先的报偿以换取他们的支持和协助的。不管国王支付时用的是牛还是人，占卜过程总是一样的。提议献祭的是国王，祖先可以通过甲骨上出现的裂纹而决定接受或拒绝。但是，国王进行最终的解释。于是，我们知道饥饿的祖先在下一次收到了什么："如果国王献十名羌人（俘虏），就会

得到帮助。"①

在安阳这一中华帝国文明诞生地附近发现的，可以被看作一个早期超驯化的特别放大的例子。带着贵族气派般地熟悉各种类型的驯化计划的进步猎人，超过了普通驯化的目标。他们从控制动植物开始，发展到征服人类。为使其侵略风格合法化，他们操控着与尊贵的祖先和神祇的交流。当统治者着手占卜这些臣民中任何人的命运时，正如甲骨证实的，普通的人类战士与商朝王族投入战斗的马和犬之间的区别抹去了。国王是首席文士、是占卜师、是解读者，是他自己的以甲骨为基础的合法官僚体制的更新者和记录者。

在这一体制下，神、祖先、最高祖先（上帝）本人都不能传达商朝统治者不允许的任何东西。与此同时，在安阳，人"犬"的骷髅与四条腿的狗、马，两条腿的车夫的骷髅和两轮车的残骸都被发现并发掘出来了。甚至还有一头大象。考古记录中，武丁时期献祭用的牺牲者的数量高达数千人之多。

下面是国王对父乙做出承诺的一个例子，是由王室占卜师刻在一片甲骨上的：

> 在为父乙驱魔时，（我们）将劈三头母牛，并保证三十个肢解的（人牲）和三十只栏中之羊（I.宾——甲骨文合集886；Y891.2）。在河水中溺死动物也是商王用以祭祀的一个策略：（我们）给……献燔祭，栏中小羊三只，中间劈开的小牛一头，（通过礼仪）溺死的小

①大卫·N.耐特利:《祖先的风景……》，2000年，第3页、第106页和第108页起。

牛十头。①

当代学术性的合理性解释，一般开始于通过使我们确信古代中国人的宗教天性，使我们确信他们与祖先之间保持的亲密关系。由此，不管某些评论者是否同情商朝大屠杀期间变成牺牲的祖先，或者是否为上演那些事件的精明的王室人员而道歉，或者某些外国学者出于礼貌，为避免得罪人不提出问题，我们不能期待他们中的任何人会做出清醒的历史评价。

在有着后见之明的现代人敏感的脑海里，为对祖先表达孝敬或者为了策略性地恐吓被征服者而实施的任何形式的人祭，都是应该受到谴责的。不过，西方、中东和远东的现代社会，仅仅在 20 世纪，杀死的人都超过以前 1000 倍。他们在追随古老的虚荣风尚时，或者追求难以达到的祭司或王室统治的王朝的稳固时，杀死的人比古代中美洲、古代中国或

图 39　中国安阳：商朝人祭场地的一个发掘坑
作者照片，安阳博物馆惠许。

---

①大卫·N.耐特利：《祖先的风景……》，2000 年,第 9 页、第 32 页、第 64 页。

两者之间的地方最血腥的统治者杀死的人还要多。

无论人们用什么样的宗教忏悔为贵族的祭祀开脱，我们的历史观测资料应包括对这样一个事实的承认：这些所谓的虔诚的统治者几乎从未像他们的受害者那样对相同的宗教信仰怀有敬意，反之亦然。从来就没有过一个统一的中国的祖先宗教，除非它是可以更好地进行研究、自成体系、作为帝国的宣传部分。老百姓无法逃脱这种意识形态的影响力。

图40　战车及车夫祭祀
作者照片，承蒙安阳博物馆惠许。

荣誉只应属于王族至高无上的祖先；也就是说，属于大卫·耐特利确定的"造出的"王族的祖先群，其地位仅次于上帝。[①] 如果你的被杀是为了祖先，那他们不是你的祖先。作为一个商朝战士，当你突然发现自己被一群犬侯围住，你的双手被反绑起来时，你自己的唯一宗教，就是向他们的上帝和你的命运屈服。将你"尊"为高贵的牺牲的犬侯不是你的亲戚，在下一次某个王室人员死去或牙疼时他有可能得到同样的荣誉。

---

①大卫·N. 耐特利：《制造祖先：商朝晚期的宗教与传统》，约翰-劳格文编《中国社会的宗教》，第3—63页。不用说，除了不多的英语学术研究成果之外，在中国本国有大量的学术研究成果。

在任何王室葬礼上，一个新的祖先候选人，也就是驾崩的国王，就会被引诱进入已经神化的商朝祖先之列。驾崩的国王的地位被提高到了其神圣的诸位前任的地位，其继任者为了自己进入此后的生活，也为了继任者之权力对在世的人们的控制权的增加，上演了最排场最值得注意的事件。动物和人的整场屠杀显然是为了提高去世和在世的两代王室捕食者共同的地位。这一祖先宗教使这一朝代有了安定的希望。它所赐予普通人的是奴隶制度和对其有限性的不断提醒。

有成千上万的人为其浪费生命的已故王族人员，甚至不再积极参与这些为炫耀而做的事情。他们死去时，杀人的日子就到头了。该轮到继承者为自己的利益清理权力圈了——清除旧官场的人，选择自己那一代的战士。他自己的人类"斗犬"，就是他设法使其灵魂承受新的责任的那些人，以制造新一代杀人者。这些人为了自保，需要像骨肉兄弟一样相互忠诚，也忠实于新的继承者，只因为世上其他人都会鄙视他们每一个人。他们需要紧密团结来抗拒恐惧、力争集体荣誉。

贵族祭祀的虔诚归根结底是为了诱发恐惧。官方可以打着虔诚的幌子，利用前任葬礼之机清洗朝廷班子。在继任统治者的余生中，不再可能这么容易地清洗朝廷了——当然，除非他的清洗礼仪和自我合理化恰到好处，否则会弄巧成拙。之后，他可能遭遇叛乱，还没有来得及巩固其支持者群体，就被迫加入其令人崇敬的、商帝之下的饥饿的祖先们了。王朝可能崩溃，国王的身体（或脑袋）可能煮在一个气派的青铜大鼎里，而这大鼎是专为下一个篡位者和神权赢得者铸造的。

孔子：龙穴中的教师礼仪。在本章前面几部分，我们让读者粗略看到了中国石器时代的猎人是如何对超驯化早期阶段的发展做出贡献的。我们注意到，仅仅是具有延展性的青铜代替燧石并不能改变石器时代猎人文化或宗教的实质。冶金只是让杀手的武器更加锋利，效率更高。

这一巨大进步也开始了书写艺术以加强对财产和人民的控制。数以千计的人在安阳被献祭，仿佛统治者在通过数尸体来学基本的算术。[①]而对一位考古学家来说，商朝国王实施的暴政给他留下的印象，要比他们的孝顺深刻得多。

大约七个世纪后，在中国，为拯救人类的尊严和宗教平衡的重任留给了孔圣人和其他改革者。他们的看法是有限的。孔子不可能像摩西被人们认为的那样从一座山上走下来，带着一个新的神祇题写的牌匾，并宣布上帝的一系列戒条。上帝在演变方面仍然较为接近一个图腾支持者，一个"超猎人"，而不是更接近一切生灵的创造者或者父亲。在百姓中没有他的先知，他也不会颁布公共法律。那一功能被商王及其少有人知的占卜官僚体制抢先取得了。考古证据表明，中国最早的两个朝代，商朝和西周，实行过人祭。在随后的春秋战国时期，人祭作为国家级别的仪式终止了。

作为总结，我们再一次提一下赫伯特·普鲁丘的辛勤的劳动：

①1934—1935 年之间，在商朝国都安阳发掘出了 1200 多个献祭坑。1976 年，考古学家在 191 个掘坑里共发现了 1200 个牺牲者。见赫伯特·普鲁丘：《荀子与古代中国关于人性的哲学辩论》，《人类诗学》第 8 卷第 1 期（2002 年春/夏），加利福尼亚加州大学洛杉矶分校东亚语言与文化学院。献祭坑的样品见图 38。

春秋战国时代没有其他著名哲学家反对人祭：孔子、墨子、孟子、庄子以及韩非子。令人费解的是，这些哲学家只把最早的一些朝代及其统治者理想化了，但谁都不曾提到人祭，甚至没有提到一个负面的、不再可取的国家支持的仪式。在他们的著作中，仿佛人祭根本不存在。被他们理想化为治国之父的明智的尧、舜、禹、商朝的汤王、周朝的文王和武王，都实行人祭这一做法，但他们忽视了这一事实。[1]

就所假定的孔子的"沉默"而言，学界的看法的确存在差异。江西省考古研究所徐长青教授率领考古队于 2007 年 1 月发掘出了一个 2500 年前的贵族墓葬。墓中有 47 个人类受害者的遗骸。一直以来徐长青解释说，孔子"一生都在批评血祭"[2]。的确，我同意徐教授的说法，即这一态度含蓄地存在于孔夫子的学说中。然而，跟普鲁丘一样，我也没有发现直接证据可以证明孔子公开反对这一做法。我必须继续考虑可能导致这位圣人的矛盾心理的历史背景。

一想到上帝对殷商朝廷的领导角色、朝代的祭祀和暴行时，孔子及其他具有改革热情的历史学家一定非常惊讶。作为历史学者，他们可能对这些残暴行为有所了解。对于这些做法一直在贵族圈子里持续到他们那个时代这一事实，他们也可能知道一二。公开批评这些做法，对这些教育者来说，

---

①见《人类诗学》第 8 卷第 1 期（2002 年春/秋）赫伯特·普鲁丘文章。尧和舜是传说中的中国古代明君。汤王是商朝的建立者。周文王和周武王是周朝的奠基人。

②凯文·霍顿·普拉特，美国国家地理 2008 年 1 月 29 日的报道（2010 年 10 月 28 日）。

只能招致死刑，而这会有助于证实这一做法本身。这些超驯化的做法之所以能够持续下去，是因为它们增加了潜在牺牲者的恐惧感，提高了统治精英们的地位，增加了其特权。如果这些教育者敢于直言，他们辩论的话可能会使这些献祭行为作为管理的需要成为正当做法。因此，孔子似乎通过忽视古老的最高图腾商朝祖先（上帝）来改变宗教。他尽最大努力，使自己面向维度更宽阔但并不那么亲密的天。①

让特殊的人成为万能的个人神祇特殊的朋友的麻烦，或者万能的祖先和君王的后裔们的麻烦，在于这些人可能长得太大了，不能与普通人类的世界共存。"天"是孔子用来称谓最高神的字眼，意思是有点像"天堂和天空"结合起来的东西。它暗指一个比上帝更为广阔且关怀人间的神。在这种情况下，在儒家的视角和平衡中，"天"这个万能的名字需要被认可为一个最高标准和规范，同时也要保持在皇帝可触及的范围之外。与此不同的是，上帝与坚持人祭风尚的商朝所有的祖先之间的联系过分密切了。

当然，儒教的整体结构对那些过去 2000 多年间依靠它的人来说产生了一些问题。本书没有空间进行这一讨论，但我推荐威廉·西奥多·狄百瑞的一个讲座。②在现代人的脑海里，儒家的一些意义上模棱两可的东西依然很顽固，尽管如此，为了解决那些困

①一般来说，宗教的建立者特别注意重塑本体论和神学，而且局限于改变各种社会风格的预设。比如可以看一看基督教、佛教和伊斯兰教建立者就奴隶制度这一超驯化做法保持的沉默。人们在修剪一个制度的脚趾甲时，对手指甲的修剪必须推迟。

②威廉·西奥多·狄百瑞于 1988 年 5 月 4 日在加州大学伯克利分校人类价值特纳讲座上所做的《儒学的困境》讲演。http://www.tannerlectures.utah.edu/lectures/documents/debary89.pdf。

难，必须首先理解这些改革家及圣人的历史背景及其目的。

孔子传授礼仪，这等于改善人们的行为方式。人们期待改善了的社会行为所产生的压力会带来改革。比如，孟子所要解释的是几乎民主化的帝王继位习俗，那是以尧传位于舜而不是自己儿子这一事件为基础的。根据孟子所说，舜善于主持仪式，所有的音乐人都很喜欢他，而且"天视自我民视，天听自我民听"（《孟子》十八，7—8 节，理雅各译文）。

这样，作为对儒家观点更进一步的阐发，学者们所期望的是避免统治者想凌驾于上天的企图。于是，这些学者努力减少神权政治的超驯化的危险。孔子及其他古代学者没有很多实实在在的历史上的先例可以模仿和推荐，可能一个也没有。

冒着支持皇帝暴政的危险，虽然仍要维持表面上的仁慈和秩序，但孔子需要沿着社会地位等级向上和向下为社会的两个维度推荐仪式。向上，他需要控制皇帝的权力；向下，他需要给普通人权利，以便有助于使其生活仪式化，使其能与精英们竞争。在向上这一维度，孔子放置了一个过去的理想模型，以值得模仿的圣人国王的形式体现出来。在向下这一维度，他宣扬一系列简单的仪式，以扩大普通人的葬礼崇拜。精英们的祖先崇拜一直都被用来控制群众的活动。然而，普通人越是学会尊重和赞颂自己的祖先，相比之下，就越能降低皇家祖先的地位。

增强活着的人们的自信但不牵涉其祖先本来会是巨大的变革，但是，教会普通人向自己的祖先鞠躬，会被解释为对精英们对祖先表现出的虔敬的极好的模仿。所以，普通人被教给了一种办法，即通过虔诚地定期举行仪式提高其地

位——谦卑地模仿精英们。

中国普通人的祖先崇拜如何与皇家精英们的祭祀性祖先崇拜竞争并对其进行模仿，今天仍然可以通过作为替代祭品的纸糊马车看出（见右图41）。2002年，有了仪式需要的资金后，张具才这样一位宁夏普通村庄的普通农民，在埋葬三年后，被提升到了家庭祖先的地位。其礼物仍然模仿古代精英们献祭的礼物，有一栋豪宅、一男一女两个仆人、两座亭子（代表金银二山）、一个男性随从及其照料的一匹马。所有这些都与自家印刷的一捆捆的冥币和祭奠用的高粱酒一起成了祭品。

那三个献祭用的假人似乎仍然与6000年前西水坡的石器时代的葬礼相对应（见图37）。令人吃惊的是，即使迟至当代中国的历史阶段，还没有在民间宗教或者理论原则上建立什么禁忌，去禁止代表人祭这一基本概念的东西。

孔子教导其贤能弟子、绅士和教育者（君子）该如何生活，如何把合适的礼仪教给社会各阶层。然而，舞蹈和礼仪教师怎样才能希望或者敢于改革对皇帝、图腾老虎、狮子和龙这些荣耀的、神圣的捕食者的崇拜呢？当然不能通过直接教给它们用来献祭的羊的行为和道德！但是，如果走运的话，可以用假设业已改进且能模仿的忠诚模式这一方法鼓励改革。利用那个"展示加讲解"的方法，孔子就史上最好的国王发表了看法。展示"明君"模式的必要性比传达我们今天认为是"基于事实的历史"的东西更加紧迫。作为一个教人改革的人，孔子需要使掠夺成性的图腾精英们的血腥光荣的精神特质黯然失色。他需要给他们灌输值得效法的更明智、更柔和的模范。在这一点上，大师对前面提到的传说中的明君舜的评论很能说明问题："无为而治者，其舜也

图 41　2002 年夏天宁夏范马沟村张具才去世三周年纪念。四个阴阳师傅主持了这次仪式（左下方）。亡者是一位普通农民，在那一天成为了正式祖先，在阴间获得了古老的下层绅士的地位。给他的葬礼祭品是纸糊的马车复制品，包括一个大房子、两个仆人（一男一女）、两座亭子、一个马夫及其照料的公马。所有这些都在坟前烧掉了。我是受张具才的侄子张佐堂（右下微微弯腰拨弄火堆者）的邀请参加这一仪式的。戴着帽子站在张佐堂背后的是他的父亲、亡者的哥哥。照片采自作者的录像。

与。夫何为哉？恭己正南面而已矣。"[1]

当然，从孔子那里求教，并不为其教育人类的实际作用，而是要给统治者以优势。因此，给予"君子"故事，让他去讲述很久以前统治过的明君（比将要得到建议者更明智、更年长，比任何人可能听说过或读到过的更明智）。这样的统治者生活在很久以前。他用无为的方法，也就是用静坐冥想的方法去约束自己。

暗含的对统治者的指责是明显的，而且有两个方面。首先，孔子将无情的祖先国王重新界定并柔化成了让人沉思和效仿的模范。其次，他在说，无为而治会给人民和土地带来较少的伤害。

---

①阿瑟·威利译：《论语》（卷十五），佳酿图书，1938年，第4页。

　　原始的猎人宗教中几乎所有仪式，以及驯化者宗教中的部分仪式，都是为赎罪、正常化和正当化所做出的努力。对于猎人来说，令人追悔的事情是伤害、杀害和食用；而对驯化者来说，又增加了一个方面，即不正当的占有财产。屠杀行为在两种生活方式里都有所暗示。有些牧人用全牲作奉献以换取畜群；用第一胎的动物换取同一母畜所生的动物同胞。赎罪日献祭动物是因为驯化者欠上帝的东西。在一位国王的资助下，举行赎罪仪式向上帝和国王致敬。在往昔狩猎时代，阿撒泻勒是山羊主人，关注的是让野山羊群活着。

第二十章　哥贝克力山丘附近阿撒泻勒的山羊

用以赎罪的耶和华的牛

　　曾经有一张古代的羊皮，上面满是古老的希伯来字母。它编写于 2500 年前，有几份流传了下来，因为这个羊皮卷已经成了更大圣书收藏的一部分。这一文本叫作《利未记》，或者《圣经》首五卷之三。修订的古卷是犹太祭司的自信的后代书写的，显然是在巴比伦之囚期间（公元前 597—前

538 年)。这些作者希望他们的书以后会用作教科书。他们有一天可能会回到耶路撒冷，重建庙宇。那样的话，他们会需要一个很好的手册用来举行古老的庙宇仪式，包括准确地屠宰明确规定的动物的仪式。

这些犹太人的职业写手编写、重写并编辑他们所记得的关于以色列最早的帐篷礼拜堂宗教的半神话沙漠流浪故事和活动的故事——那些曾经被大卫王在耶路撒冷所创建的帐篷礼拜堂宗教假定为原型的故事。他的儿子所罗门王将流浪的帐篷礼拜堂升级为一个石庙。所以，那些有远大抱负的祭司们在巴比伦之囚期间编写、校订的崇拜和仪式所用的课本，包含着对历史记录——可能还有一些为将来所做的不切实际的改进之处——的回忆。这些要素中的任何一个都有助于我们了解在仆从头脑中缓慢发展的活着的传统。

关于新月沃地一带驯化过程开始时的宗教，《利未记》中让人没有想到的一段话给我们提供了线索。其中一部分建议就驯化山羊、绵羊和牛方面的努力做出假设。我们为这一讨论选择的文本是《利未记》第16章——这同一部分依然被犹太仪式的实践者在赎罪日诵读。这一文本中有几个句子，让我们粗略看到了史前近东地区驯化者的宗教，包括可能回忆到对远至哥贝克力山丘附近地区它们的开端的推论结果。

必须坦率地说，在这一事例中，我们正在处理一个可能连《利未记》的巴比伦校订者也未必完全理解的难点。不过，必须说，他们值得赞扬的是，即使与一神的耶和华宗教的主要教条相矛盾，他们也没有从其故事中清除有疑问的"山羊事件"。这一片断之所以免于被抛弃的命运，可能是其在耶路撒冷第一座庙宇中传统的赎罪日庆典那一系列仪式中独特的适合性。后来在巴比伦之囚期间不可能进入庙宇时，人们深入思考了这些仪式。被剥夺公民权的祭司们继续坚守自己对每年一次的山羊献祭的那点记忆，可能恰恰是因为这些奇特仪式的文化环境在其他情况下已经变得模糊不清了。

在犹太人半神话沙漠流浪期间，耶和华崇拜的第一个大祭司是亚伦。后来，在巴比伦，祭司们的回忆录中反复琢磨了可能是上帝给予摩西的弟弟亚伦的与传统仪式正确进行有关的"最初的"神的指示。

图42 《替罪羊》，威廉·霍尔曼·亨特（1827—1910年）的画作
承蒙维基共享资源提供。

《利未记》16章选段（修订标准版译文）：

（3—4）亚伦进入圣所时，要带一只作赎罪祭的公牛犊和一只作燔祭的公绵羊。他要穿上圣洁的细麻内袍……

（5）他要从以色列会众那里取两只公山羊作赎罪祭、一只公绵羊作燔祭。

（6）亚伦要先献上那头公牛犊作赎罪祭，为自己和全家赎罪。

（7）然后，他要把两只公山羊带到会幕门口，放在耶和华面前。

（8）亚伦将抽签决定哪只归耶和华、哪只归阿撒泻勒。

（9）亚伦要献上那只归耶和华的公山羊作赎罪祭。

（10）要将那只归阿撒泻勒的公山羊活着献给耶和华，用来赎罪，然后把它放到旷野归阿撒泻勒……

（15）然后，他要出去宰杀那只为民众作赎罪祭的公山羊，把羊血带进幔子里，像洒牛血一样洒在施恩座的上面和前面。

（16）因以色列人……在他出来之前他要这样为至圣所赎罪、为自己、全家和以色列全体会众赎罪……

（20）在他结束赎罪之后……他会献上活羊。

（21）亚伦会把双手放在羊头上，承认以色列人的过犯、叛逆和罪恶，将这一切罪归到公山羊的头上，然后派一个做好准备的人把它送到旷野。

（22）这只公山羊担当他们的一切罪，将这一切罪带到荒无人烟的地方。

（26）把羊送交阿撒泻勒的人要洗衣、沐浴，然后才可回到营里。

缺失的替罪羊

那些继承了圣书《利未记》的人问他们的老师，如何解释这个额外的神阿撒泻勒在赎罪日的献祭这一系列戏剧性事件中的位置。几千年来的众多解释蔚为大观，即使大多数不过是对无知的巧妙掩盖。此外，"Aza'zel"（阿撒泻勒）一个错误的英语翻译用"替罪羊"这一范畴丰富了我们的语言。它用来指一个被人错误指责并承受痛苦的人。这个名词的错误使用，如果真实地反映第一座庙宇的仪式的话，会将那里主持仪式的大祭司描绘成一个职业的、给山羊做不利伪证的人。

然而，"替罪羊"这个词语现在是一个真正的英语误译，一些社会科学家同时已经采用其字面意思并且相当违反历史地将其转变成一个科学话语范畴。这一幽默的处理，也就是"替罪羊"误译的科学的那一面，使我今天不必提心吊胆地处理它了，因此可以自由讲述我的基于假设的故事，讲的是最早的阿撒泻勒，山羊的主人，正如一个可以被安置于相近的进化论背景中的神圣。对我的演变假设来说，几乎不可能比界定"替罪羊"使其适合一个误译的科学更加错误了。作为一个副产品，我的故事也会对耶和华传统中的第一个大祭司亚伦更加公正，对所有在耶路撒冷的第一个庙宇服务的祭司和文士也一样。

牛、绵羊、山羊和祭司

祭司用公山羊向耶和华献祭以及用同样的山羊献给阿撒泻勒的仪式，认可了两位神祇。这似乎暗示着一种冲突：当时，已经公开宣布了一神论，而且耶和华正在被确认为一神论的神。它甚至暗示，在耶路撒冷的庙宇，有些像"双崇拜"的东西每年得到一次承认。一头公牛、一只公绵羊和一只山羊的最重要的获得者当然是耶和华/最高神。耶和华的利未/迦南双重崇拜中心在耶路撒冷的圣所。另一个获得者是一个名叫阿撒泻勒、漫游于荒野的神。这意味着亚伦，作

为摩西的弟弟和耶和华的第一个大祭司，在记载中不但铸造了金牛犊偶像，而且承认了另一位山羊的主人——此人有可能貌似山羊，住在沙漠中，并且像耶和华那样有权得到每年一次的山羊祭品。①

这两位神祇有一个明显的区别。耶和华是驯化者和屠宰者的上帝，这些人很得体地坚持把耶和华的羊宰杀并烤熟，正如他对自己的其他动物那样进行处理。至于阿撒泻勒，人们都知道，让人把自己的羊活着送给他。这一区别需要解释。

相对来说，宗教史研究者的确比较了解这个阿撒泻勒是谁。他可能是较早时期猎人的动物主人类型的神祇。在远离进步的近东地区的地方，这种神一直存在到较晚时期，并且作为一个野生畜群的主人，他在我们的一些民族学书籍中很成功。在近东地区，崇拜他的一些痕迹似乎已经沿着驯化者文化古老的边缘继续存在了 7000 年，长久得足以在大卫王朝的庙宇书籍中仍然不可忽视。

在野山羊尚未绝迹的时候，阿撒泻勒显然拥有它们。随着驯化方式的进步，他看到很多猎人信徒离开了他的领地。猎人们把这位神灵剩下的野生动物一个一个杀光了。随着猎人们自己成为全职的山羊和牛的主人，他们一个个不再崇敬这位古老的山羊主人了。然而，直到3000年前，似乎至少一个或者几个充当祭司的山羊牧人给这位神灵送去一年一份的山羊。从历史角度来说，这一习俗当时还存在着，足以让大卫王和所罗门王，或者他们的

①此刻，已经没有必要对第一庙宇时期潜伏的多神信仰进行更广泛的讨论。来自西奈的耶和华—阿舍拉证据到现在已广为人知了。我们在此的目的不是说明犹太人的一神信仰的范围，而是说明阿撒泻勒宗教的古老。

一些继承人，在对皇家的犹太教尊神耶和华/最高神崇拜的同时，还能在仪式上对阿撒泻勒有所表示。《利未记》中关于阿撒泻勒的那一段不可能是耶和华的谨慎的一神崇拜祭司随意编造的。而从君主制的观点来看，向阿撒泻勒献一只山羊，即使不能允许一定的宗教方面的轻率，也会允许一定的管理方面的仁慈。对于一些较贫穷的牧羊人团体或宗族来说，这有可能是一个政治妥协。①

山羊被认为不如绵羊和牛，是穷人的家畜。不过山羊一直养在宅院附近，以训练年轻的牧羊人并不断获得羊奶。山羊可以在较差的、牛和绵羊不能生存的牧场放牧。而且，山羊牧人的政治上匿名的农民文化可能一直沿着沙漠逗留了几千年。

我们怀疑在新石器时代较早时期的大近东地区，几个神圣的动物主人被认可为某些野生物种的监督者和拥有者。几乎可以肯定有一个绵羊主人、牛主人，可能还有一些骆驼和驴的主人。不过，大约一万年前，这些主人的一些野生动物开始被人类捕获和驯化。在驯化开始后 7000 年的《利未记》第 16 章这个历史焦点，皇家的耶和华崇拜被组建了，所有最早的神圣的绵羊和牛的主人把自己的动物让他人拥有了。这意味着绵羊和牛不再在野外吃草了。耶和华/最高神的中心崇拜到那时已经吸收了所有较早时期的物种特有的献祭仪式，要求绵羊和牛的所有主人都要效忠。但是由于某种持久

---

①很有可能我们对大卫或所罗门朝代的印象过度放大了。文本中归功于第一庙宇崇拜的很多东西可能真的夸大了。不过，有关古老的解放山羊的事例看来仍然是不相关的信息。没有很好的理由说明被放逐巴比伦的一些祭司抄写员有必要编造这样一个故事。

的社会政治原因，又给用山羊献祭分配了一个份额——可能是因为献活山羊仍然是习惯做法。

赎罪日那天，国王的祭司们向耶和华献上的先是一头公牛，之后是一只公绵羊，最后是一只山羊。早些时期的动物献祭，本来可能献给多种多样的神圣的动物主人，作为他们拥有畜群的份额回报，已经被这些虔诚的活动吸收进了更大的耶和华崇拜，这位神作为所有物种的创造者深受崇敬。人们因此被融入了君王的组织计划、公共献祭、人口统计和税收政策、市场经济，以及货币估值——简而言之，融入其整个超驯化影响力网络。一个业已成为有义务给皇家所供奉的神祭献牺牲的驯化者同样也有义务遵守这位人类霸主，该霸主是由同一尊神授权提供安全保障的。

随着山羊在所罗门王建造起庙宇之前大约 7000 年在哥贝克利山丘地区的驯化，对阿撒泻勒作为一个物种特有的山羊主人的记忆肯定持续了整个时间段，故而仍然存在于《利未记》中。在其他动物主人正被吸收进入某个唯一的、普遍的造物主兼地球一切生物的主人的神学或领域时，阿撒泻勒显然已经保持了自己的独立。一个奇特的阿撒泻勒崇拜古风可能被国王容忍，只要在政治上无害，而且对他的祭祀来说在神学上似乎是可以忽略的就行。

每年献给阿撒泻勒一只山羊，对最重要的耶和华/最高神这个统治一切的唯一神祇的崇拜来说，几乎没有构成什么竞争。耶和华的祭司们都是文人学士，就这点而论，耶和华崇拜可以成功地与埃及和整个近东地区普遍存在的偶像崇拜一争高下。这些祭司鄙视雕像，禁止人造的相似物。他们的上帝耶和华是说话者和文士的保护者。

山羊牧人在赎罪日捐献两只公山羊，一只给耶和华，另一只给阿撒泻勒。在耶和华的祭司眼中，这些牧人是可有可无的、贫穷的文盲。显然，国王更愿意维持这种边缘化的人作为自己忠实和安全的外环。在他的帐篷圣所里，耶和华对所有烧烤的任何物种（包括山羊）的动物祭品都有优先权。首先献给他一只他选择的公山羊，烤制的；之后他甚至可以为了自己的目的利用阿撒泻勒的山羊。这一调整就出现了一个答案：为了自己崇拜的目的，耶和华的祭司们似乎把阿撒泻勒的山羊用作了方便的"垃圾拖运车"，对于赎罪节上象征性的卫生打扫很有用。这种屈尊的推理可能解释了这一事实：阿撒泻勒的出现对以耶和华为中心的一神信仰未能构成威胁。耶和华的王室官员仅仅利用阿撒泻勒的民间宗教作为将以色列人的罪恶拖走、倒掉的工具。贫穷的山羊牧人可能永远也没有完全理解过这其中暗含的侮辱。①但是，幸运的是，时代改变了。现在，考古学家和古生物学家很高兴研究任何岩层或形状的垃圾。文化垃圾堆包含着了不起的"曾几何时"的信息。

一个假设的驯化情景

这一章到此为止，我已从超驯化时代引入了一个文学来源，它使人想到为构建一个较早时期的石器时代假设需要的历史持续性。我的目标是使人理解古代近东的牧人文化和宗

---

①即使耶和华的祭司们安排赎罪的仪式是为了嘲弄阿撒泻勒宗教，也应该了解能够弄到某种活山羊牺牲品是用以嘲弄的。如果活山羊不存在的话，与活畜献祭相比，祭司们就会有嘲弄自己的屠宰献祭的危险。

教的演变更容易一些。为了这一目的，我在此将写一篇假设的记叙文，讲述在哥贝克力山丘的结束阶段，在其最好的情况下，山羊的驯化是怎样发生的。

我一直很肯定，阿撒泻勒的崇拜不会像我的故事那样进展得那么顺利。但我认为我们应该发现某个假设的小道起点，它能够在普遍的查尔德考古理论之外开辟一条小道。查氏理论把新石器时代的事件本质上解释成一个经济学驱动的"革命"。[1]不太可能的是，古老的直立人断定，将来有一天，驯化会是一个比狩猎或采集更理性的生存策略。这么重要的有关存在的改革，不可能仅仅是关于经济学的推断的结果。人类对物质必需品的依赖在数百万年之久的顽固演变过程中变成什么就是什么。

以一个假设的故事的形式，我将因此猜测一个叫阿撒泻勒的山羊主人，怎样最终在大卫王或所罗门的官方耶和华崇拜的边缘得到了认可——而这些国王多数情况下忙于一些超驯化的重要问题。我们会尽量想象一个更大的范围，在其中阿撒泻勒的史前史可能会依据《利未记》第16章和现今从哥贝克力山丘发掘出来的数据做推定。

据我们所知，最早的山羊是在幼发拉底河谷北部、安纳托利亚高原或者伊拉克北部驯化的，大概在一万年前，差不多是哥贝克利山丘崇拜似乎要衰退的时间。绵羊的驯化大约同时发生，可能方式相似，而且发生在同一地区。牛在那一地区的驯化可能是在几个世纪以后。一两千年之后，在卡塔尔霍由克，某种野牛还在野外被猎杀。

---

①参见查尔德·V.戈登：《人类创造自己》，益友图书，纽约新美利坚图书馆，1951 年（1936 年）。

我们有理由假定，进步的猎人部族并没有在一开始就用山羊和绵羊的驯化同时进行试验。不过一旦处理一个物种明显成功的话，用另一物种进行试验的兴趣就控制不了多久。在较短的时间内，人们可以设想，成功的驯化策略传播到了幼发拉底河谷南部，一直到家乡，在那里，以色列人的放牧、牧人文化以及牧人宗教的传奇故事在大约7000年后让演变微弱地继续着。大卫王温和的超驯化试验的牧人传奇故事被浪漫化了，以便为自己的政治和治国之术获取神话般的支持。这样，一个以栩栩如生的、比亚伯拉罕的更古老的境况为主要特征的故事，显得足以适合简述一个早期的驯化假设。有了恰当的预想，就可以讲述我们这关于猎杀山羊者以及阿撒泻勒的山羊的故事了。

山羊故事。在幼发拉底河上游某个地方，一个猎人出门打猎。他跟随着一小群野山羊的踪迹。他猎杀了一只公山羊，把一小份肉献给了山羊的主人阿撒泻勒。神接受了这份奉献，于是山羊尸体其余部分成了猎人的合法财产。他把它拿回家，他的部族吃到了肉。

尽管他打猎很成功，但猎人心里还是忐忑不安。在近些年，因为定期的冰川融水和雨水，草场好像茂盛而碧绿，但是野山羊群却变得又小又少了。悲剧在发生，需要采取激进行动了。彬彬有礼地请求山羊主人提供更多的动物，近来好像没有什么很好的结果。于是，下一次打猎时，猎人猎杀了一只母山羊，这是善良的猎人努力避免的。他把象征性的一份献给了神，宰了山羊，用它的皮把肉包起来。母羊的两个几天大的羊羔，被他活着带回了家。几个成年女人住在这个营地。她们是他大家庭的成员，其中两个是哺育婴儿的母

亲。她们给羊羔喂奶，直到它可以断奶，能够从罐子里吱吱地吸粥。当然，它们被一个假乳头欺骗了——那是人的手指。

几年之后，在这个猎人的营地，人们可以看到一小群温顺的山羊在附近吃草，周围是它们的顽皮而温顺的羊羔。那时，这一小群山羊还被认为是属于他们的人类养母的。这些女人哺育了最初那几只成为孤儿的羊羔，替代了猎人杀死后变成美味的母山羊。她们从未与山羊的主人阿撒泻勒打过交道，但却成了窃取神的权威的共犯。那时，母亲和年龄较大的孩子轮流看护驯化的小动物。这样，人类母亲及其孩子逐渐成了这些家养的山羊最早的主人，因此也成了它们实际上的驯化者。假如我们几年后去过这个猎人的营地，就会发现更大一群活泼的驯养的山羊，在营地更远一些的地方吃草，由一个较大的男孩看护着。这个年轻人手持一根长长的棍子，枝杈上截剩下的一节成了一个钩子。

与此同时，在开阔的牧场上，残余的野山羊群在减少、消失。猎人很难仅靠打猎生存了。邻近营地的较为缺乏远见的传统猎人在忍饥挨饿并计划搬迁。与此同时，一些人在策划偷猎邻居的畜群。当然，畜群的主人们事先就考虑到这种危险了。为此，这个手持长杖的年轻人与他的山羊群一起永久地待在那里了。

但是，新兴的山羊牧人有什么正当理由索要羊群，并一直占用同一片牧场呢？为什么囤积者吃得饱饱的，而很多诚实的循规蹈矩的猎人在他们周围忍饥挨饿呢？山羊牧人看得见的牧羊杖已不再足以把那些饥饿猎人都吓跑了。

实际上，这个男孩的父亲已经让他不要对抢劫山羊的猎人使用牧羊杖了。这位父亲不愿意为了救一只驯化的山羊而失去儿子。而且，这位父亲把自己也是个全职山羊猎人的日子记得清清楚楚。他明白，把整只动物献给阿撒泻勒了，任何猎人都能轻而易举地正当地抢一只他驯化的山羊。阿撒泻勒这位猎人神祇，人们并不知道他是支持人们对他的活山羊拥有所有权的。在献上完整的动物尸体之前，所有这些动物都属于这位神祇。在新石器时代任何猎人的记忆中，这仿佛是宗教的基石。

很好！主宰不幸事件的古老规律一千年前有效，就像现在一样：归根结底，会出事的就会出事。临近营地的猎人走近驯化了的畜群，宰一只山羊，将一份献给阿撒泻勒。这个男孩没有为了山羊而打斗，不过可以预见，富有者和贫穷者双方会互相嘟哝着抱怨对方。不过，这个男孩的牧羊杖并不适合从身体上威胁一个手持长矛的猎人，那燧石枪尖的长矛可能产于哥贝克力山丘。他右手握着这把长矛。两个男人对这次冲突、对对方、对自己都感觉不好。

晚上，山羊牧人父亲和儿子们进行了长时间的交谈。这个年长的男人已经成为几个成年山羊牧人的父亲了。幸运的是，他也是一个明智的人。他知道他小小的部族无法对抗所有还在漫游的、饥饿的、循规蹈矩的山羊猎人。他需要想出一个聪明的计划，一个给他的部族完全拥有他们驯化的山羊的权利的计划。当然，这一合法化需要山羊主人阿撒泻勒的某种赞同，以前他们还从来没有得到过。这位父亲花了整整一周时间反复思量，并且掂量了需要说的话。一周之后，他估计抢劫者部族已经吃掉了那只山羊。之后，他们可能受到诱惑再次袭击。但是，这位父亲决心预先阻止这次不幸。他决定，从此以后代表自己和所有邻居，扮演阿撒泻勒的调停祭司的角色。这样，为了承认这个人的智慧和勇气，也为了故事的清晰性，我们将把阿撒泻勒这第一位牧师命名为"阿扎"。

阿扎，阿撒泻勒的祭司。我们把"阿扎"称为第一个俗家祭司这一行为，将阿撒泻勒的宗教从一个猎人屠夫宗教修正为对驯化者和屠夫都有用的宗教。如果有可能将近东所有猎人都迅速变成有理性的家畜驯化者，在一个比阿撒泻勒更伟大一些的神祇主人统治之下，或者在以后可以重新想象成家畜驯化者的普世神祇的某个绵羊和牛的主人的统治之下，或者可能是在一对男女神统治之下，那么，可以想象，有可能其附近地区从狩猎到驯化的转变是能够和平进行的。但是，几乎可以肯定，情况并非如此。人类花了 12000 年的时间才使自己摆脱图腾猎人神祇中的一部分的命运。而且，一些古老的捕食者图腾，作为致命的政治魔鬼，今天还在每个大陆烦扰着我们。

沿着三个演变阶段之间的文化界线蹒跚而行，主要是由人类引起的食物短缺是由以下原因导致的：（1）人类智慧和技能的增加，这又引起了（2）有助于更加有效的狩猎行动的更好、更多武器的生产，并且（3）导致人口数量的增加，人类能够以超过动物繁殖的速度杀死动物。除此之外，（4）随着北方高山冰川的融化，越来越多的动物能够穿过高山，慢慢离开这一地区。因此，尽管气候改善了，但越来越多的猎人却因食物短缺被迫离开这一地区，或者采取驯化策略和积累干燥食品的方法。

这里讲述阿扎的故事，是为了说明从狩猎到普遍驯化这一变化，需要猎人在精神上的痛苦的转变，因为这些猎人数百万年来习惯于狩猎了。狩猎和采集是仅有的普遍继承和理解的生存策略。但是，驯化和耕作需要所有人在精神上很快能够学会驯化山羊、绵羊、牛和驴的技术，并且成为到当时为止他们只想屠宰的动物的仆人。让所有人一致并自愿从捕食者转变成避免暴力冲突的驯化者，即使有着现代的通讯和劝诱手段，也是不可想象的。

要平稳地在整个古代中东地区完成这一革命性的改变，可能会跨越"创造"和"演变"这两个奇迹。

动物要被人类拥有，与人竞争的猎人神祇要接受其被削弱的职责，整个来自经验的跷跷板刻度（见第十章）需要重新安排。身份地位的水平需要朝着似乎高于人类的东西重新调整。不管驯养什么物种，比如绵羊、牛或者谷物，一旦注定在经济上变得重要，都要融入当时的进步祭司萨满凭直觉理解的更大的神正论体系。有远见的人需要看到，那些住得越来越远的传统的神圣的动物主人，利用自己的隐居，使人类成为任何可以留在身边的动物的合法主人。更强大的人类的神圣主人通过仪式被发现和承认。在一个后猎人文化秩序变得正当、安全和可能之前，新的、超越人类的界线需要探索，幻影需要看到，听到的内容需要听到，契约需要与更强大的神协商。为了祭祀，需要采用不同的理由；为了回报和赎罪，需要发现不同的方法。

众所周知，直到新石器时代的危机发生之前，在人口成倍增加的同时，没有猎人因为如此大规模的饥饿而忧心忡忡。新型神祇启示的应急驯化崇拜，需要时间来显示他们提供的策略的合理性。能够使派生的人类的所有权合法化的神圣的主人需要发现、思考、理解和支持。新的希望需要发现和分享。

新的驯化者文化需要花时间去发现其中心，使潜在的牧人和种植者的需求和权利合法化。我们知道最终发生的事情。全球的猎人和驯化者超越了平衡点，结果使超驯化和控制人类的方法正当化了。

阿扎故事的结尾。 有些乐观地结束这个故事吧：祭司阿

扎叫来自己的三个儿子，告诉他们从羊群里挑选一只三岁大的公山羊，之后跟他走。他们牵着这只羊走向饥饿的邻居的营地。猎人通常都很机警，营地的猎人看到这四个人走近了。那位父亲没有携带武器，只有三个儿子手握牧羊杖引导着一只山羊。山羊猎人的世界里，这样奇怪的行为可以表示多少意思啊！

在营地的边缘，山羊牧人礼貌地等待猎人走上前迎接他们。猎人们稍微耽搁了一阵功夫，商量好不携带武器，只派了四个人带了三根矛杆去迎接客人。

看到他们所选择的棍棒，阿扎老爹很高兴。之后，他说："让我们和平相处吧！我知道你们不能肯定我们为什么来了。我们来是为了表达善意。我们也需要表明，我们把一支驯养的羊群看作家庭的一部分。我们很幸运，当时领养的两只山羊羔中一公一母。我们没有把它们杀掉，先是当作孩子的宠物养着，之后让它们繁殖。收养的那只公山羊在牧场上养了三年后，放养到野外了。我们把它作为对阿撒泻勒的回报给放了。连续五年，我们都放回去一只三岁的公山羊，作为对阿撒泻勒让我们领养那两只羊羔的回报。我们就这样一份一份地回报阿撒泻勒。你们看到我们领来的这只公山羊是我们第六次的贡品。我们现在正去猎场把它放掉。

"当然，我们知道，很短的时间内，猎人会发现这只山羊。要猎杀这只羊并不难。它已经被训练得喜欢跟人在一起了。这样，这一地区的各种猎人一直都在猎杀阿撒泻勒的友好的公山羊，一年一只，已经五年了。我们知道，一只羊对这个地区饥饿的猎人家庭来说吃不了多久。所以，我们向你们提供一个计划。我们把一只怀孕的母山羊借给你们，以及每个来我们这里的临近部族首领，让你们繁殖自己驯养的羊群。而且，如果将来你们外出打猎，仍然发现羊羔在野外到处跑，不要宰杀吃掉，而是要带回家，放进你们的羊群中。之后，你们的羊群繁殖四代以后，而且等羊群中有几只母山羊怀孕了，你们就可以带回来一只给我们，作为对借给你们那只羊的回报。

"就我们来说，你们不必像我们那样，每年向阿撒泻勒献上三岁公羊，至少不必为了我们的羊群繁衍的后代而这么做，尽管只要有猎人在野外漫游，饥肠辘辘，我认为那样做是个好主意。那样做会让这些猎人知道，有了驯化策略，山羊的短缺会变成充足。无论如何，从我们的营地，作为一个神圣的传统，我们会每年给阿撒泻勒献上一只活山羊。我们会作为我们所有人的呈献者，为我们开始驯养的畜群向阿撒泻勒表示回报。至于你们从野外带回来加入畜群的小山羊，为了它们献上贡品是你们和阿撒泻勒之间的事情。"

"我的孩子们，我们把这只公山羊带到山里放生吧！"阿扎又转身对邻居说："如果我们碰巧看到你们哪一位跟着我们，想第一个到达放生的山羊那儿，我们会视而不见的。我们把羊放了之后，你们把它怎么样，那是你们和阿撒泻勒之间的事了。我们会很快回到营地，保持沉默。而且我们会等着你们上门，好借给你们一只怀孕的母羊，让你们繁殖自己的羊。我们会怀着良好的愿望，感谢阿撒泻勒的保佑。"

到了这里，我们新石器时代的山羊故事可以结束了。我们不知道猎人们会对阿扎的帮助有什么反应。就像这里所说的，可能这个故事会对新石器时代人类的惯常做法有一种过于乐观的看法。也许还需要几千年的学习才能就驯化问题获得更加友好的合作。即使几个世纪后大卫王和继承者雇佣的抄写员记录的、有关亚伯拉罕族长的具有代表性的牧人传

说，也仍然充满了有关水的权利、牧场和家畜所有权（包括对人类家庭的所有权）方面的经济争端。这些争端导致了牲畜盗窃、激烈的追击、绑架，以及争斗联盟的形成。

我甚至无法估计，从狩猎到放牧过渡的最早几千年期间，近东地区的人们流了多少血，或者在冰川融化、干涸、人们迁移到更容易开挖灌溉渠的两个河流低洼地期间，多少人在随后的牧人和农夫的冲突中死去。大概在越来越强大的神祇之间缔结的盟约之下，需要很多世纪的宗教学习和妥协，才能让阿扎这样的人的社会和宗教眼光变得普遍。到那时，建有防卫工事的城市之间的暴力行为会变成超驯化的过度行为，包括战争和奴隶制度。成群的人以更新、更强大的神的名义互相争斗。为了对结果感觉好一点，现代人已经把这种争斗产生的弊病称为"文明"了。目前，我们大多数学校把那个名称当作想起来时有些满足和自豪的东西教给学生。

参考文献

Allen, Thomas George, trans. *The Book of the Dead or Going Forth by Day.* Studies in Ancient Oriental Civilizations 37. Chicago: University of Chicago Press, 1974.

Andrae, Thor. *Mohammed, the Man and His Faith.* New York. Harper Torchbooks, 1960.

Bartz, Richard. Http://creativecommons.org/licenses/bysa/2.5/deed.en. Munich, "boar" habitat photo.

Bonnet, Hans. *Reallexikon der Aegyptischen Religionsgeschichte.* Berlin: Walter de Gruyter, 1952.

Boas, Franz. *The Central Eskimo.* Bureau of American Ethnology, Smithsonian Institution, Washington D.C., 1888.

Breasted, J. H. *Development of Religion and Thought in Ancient Egypt.* New York: Charles Scribner's Sons, 1912.

Burkert, Walter. *Homo Necans; the Anthropology of Ancient Greek Sacrificial Ritual and Myth.* Peter Bing transl.. Berkely. University of California Press. 1983.

Childe, V. Gordon. *Man Makes Himself.* A Mentor Book, New American Library, New York, 1951 (1936).

Clark, R. T. Rundle. *Myth and Symbol in Ancient Egypt.* London: Thames and Hudson. 1959.

Deacon, A. B. *Malekula, a Vanishing People in the New Hebrides*, ed. Camilla H. Wedgewood. London. Routledge and Sons. 1934.

_____. "Geometrical Drawings from Malekula and other Islands of the New Hebrides," ed. Camilla H. Wedgewood. *Journal of the Royal Anthropological Institute, LXIV.* London. 1934.

De Bary, Wm. Theodore, editor. *Sources of Chinese Tradition vol. 1.* New

York. Columbia University Press. 1960.

De Waal, Frans. *Chimpanzee Politics*; *Power & Sex among Apes.* New York. Harper and Row. 1982.

Dehnhardt, Rene. *Die Religion der Olmeken von La Venta*: *eine religionsar-chaeologische Analyse.* Doctoral dissertation, Philosophische Facultaet der Rheinischen Friedr. Wilhelm Universitaet, Bonn, 2010.

Dhammika, Ven. S. *The Edicts of King Ashoka, an English Rendering.* Buddhist Publication Society, 1993. Dharma Net Edition, Berkely, 1994, http://www.cs.colostate.edu/~malaiya/ashoka.htlm.

Diodorus Siculus, *Bibliotheca Historica.*

Eliade, Mircea. *Patterns in Comparative Religions.* New York and Scarborough. Sheed and Ward. 1958.

_____. Shamanism: *Archaic Techniques of Ecstasy.* New York. Bollingen Foundation, 1964.

_____. *The Forge and the Crucible.* Chicago. University of Chicago Press. (1962) 1978.

_____. *A History of Religious Ideas*, 3 volumes. Chicago: University of Chicago Press, 1985.

Eno, Robert. "Was there a High God Ti in Shang Religion," *in Early China* 15, 1990.

_____. "Shang State Religion and the Pantheon of the Oracle Texts," in *Early Chinese Religion*, John Lagerwey and Marc Kalinowski eds. Leiden and Boston: Brill, 2009.

Erman, Adolf. *Die Religion der Aegypter*: *Ihr Werden und Vergehen in Vier Jahrtausenden.* Berlin und Leipzig: Walter de Gruyter, 1934.

Faulkner, R. O. *The Ancient Egyptian Pyramid Texts.* New York: Oxford University Press, 1969.

_____. *The Ancient Egyptian Coffin Texts.* Warminster, England: Aris and Phillips, 1973.

Freud, Sigmund. *Das Ich und das Es* (1923). Studien Ausgabe, Bd. III. Psychologie des Unbewussten. Fischer Verlag. Frankfurt 1975.

Galvin, John. "Abydos: Life and Death at the Dawn of Egyptian Civilization." National Geographic. Washington D.C., April 2005: 106–121.

Garstang, John. *Burial Customs of Ancient Egypt.* Great Britain: Kegan Paul Limited, 2002.

Geertz, Armin W. and Michael Lomatuway'ma. *Children of Cottonwood; Piety and Ceremonialism in Hopi Indian Puppetry.* ATR series vol. 12. Karl W. Luckert, general editor. University of Nebraska Press, 1987.

Geldner, Karl Friedrich. *Der Rig –Veda. Erster Teil.* Cambridge, Mass. Harvard U Press. 1951.

Goldin, Paul R. *Ancient Chinese Civilization: Bibliography of Materials in Western Languages.* April 8, 2009.

Goodall, Jane van Lawick. *In the Shadow of Man.* London and Glasgow. Collins Clear–Type Press. 1973.

Guthrie, W.K.C. *The Greeks and Their Gods.* Boston: Beacon Press, 1955.

Haile, Father Berard, O.F.M. *Women versus Men—a Conflict of Navajo E- mergence—the Curly To Aheedliinii Version.* American Tribal Religions, Volume Six. edited by Karl W. Luckert. University of Nebraska Press, 1981.

Hali, Awelkhan; Li Zengxiang and Karl W. Luckert. *Kazakh Traditions of China.* Lanham: University Press of America, 1998.

Hantl, Otto. *Der Urglaube Alteuropas, Die Edda als Schlüssel zur Steinzeit,* Tübingen. Grabert–Verlag, 1983.

Hesiod. "Theogony," in *Hesiod, the Homeric Hymns and Homerica,* trans. H. G. Evelyn White. Cambridge, Mass: Harvard U. Press, 1977.

Hodder, Ian *The Domestication of Europe.* Oxford: Blackwell, 1990.

_____. *The Leopard's Tale: Revealing the Mysteries of Çatalhöyük.* London: Thames and Hudson. 2006.

_____. editor. *Religion in the Emergence of Civilization: Çatalhöyük as a Case Study.* Cambridge University Press, 2010.

Jensen, Adolf E. *Das religiöse Weltbild einer frühen Kultur.* Leipzig, 1939.

      . *Mythos und Kult bei den Naturvölkern*. Wiesbaden, 1951. English Translation: *Myth and Cult among Primitive Peoples*. Chicago, 1963.

Jensen, Adolf E. and Heinrich Niggemeyer. *Hainuwele : Volks –Erzählungen von der Molukken Insel Ceram*. Klostermann Verlag, Frankfurt, 1939.

      . *Die Drei Ströme : Züge aus dem geistigen und religiösen Leben der Wemale*. Leipzig, 1948.

Johnson, Buffie. *Lady of the Beasts, Ancient Images of the Goddess and her Sacred Animals*. San Francisco : Harper and Row Publ., 1981.

Joseph, Frank. *The Destruction of Atlantis*. Rochester, Vermont : Bear and Company, 2004.

Keightley, David N. *Sources of Shang History ; the Oracle Bone Inscriptions of Bronze Age China*. Berkely. U of California Press. 1978.

      . *The Ancestral Landscape ; Time, Space, and Community in Late Shang China (ca. 1200–1045 B.C.)*. Berkely. U of California. 2000.

      . "The Making of the Ancestor ; Late Shang Religion and its Legacy," in John Lagerwey, ed. *Religion in Chinese Society, vol. 1*. Shatin, N.T, Hong Kong, (2004) 2006.

Kramer, Samuel Noah, ed. *Mythologies of the Ancient World*. Garden City, New York : Anchor Books, Doubleday, 1961.

      . *Cradle of Civilization*. New York : Time Inc., 1967.

Krickeberg, Walter. *Altmexikanische Kulturen*. Berlin. Safari Verlag. 1975. Layard, John. "Maze Dances and the Ritual of the Labyrinth in Malekula." *Folklore XLVII*. Folklore Society Great Britain. 1936.

      . *Stone Men of Malekula*. Chatto and Windus. London. 1942.

Levine Marsha A., "Domestication, Breed Diversification and Early History of the Horse," McDonald Institute for Archaeological Research, Cambridge, UK. Http://research.vet.upenn. edu/Havermeyer Esquire BehaviorLab Home Page/Reference.

Lévy–Brühl. *How Natives Think*. (1912). Translated by Lilian A. Clare, London, 1926.

Levy, Mark. *Technicians of Ecstasy : Shamanism and the Modern Artist*. Ruth–

Inge Heinze Books, 1993.

Lewis, Mark Edward. *Sanctioned Violence in Early China*. Albany. State University of New York Press, 1990.

Li, Shujiang and Karl W. Luckert. *Mythology and Folklore of the Hui, a Muslim Chinese People*. Albany: SUNY Press, 1994.

Luckert, Karl W. *The Navajo Hunter Tradition*. U of Arizona Press, Tucson, 1975.

_____. *Olmec Religion, a Key to Middle America and Beyond*. Civilization of the American Indian Series, Vol. 137. U of Oklahoma Press. Norman. 1976.

_____. *Navajo Mountain and Rainbow Bridge Religion*. Flagstaff. Museum of Northern Arizona Press. 1976.

_____. *A Navajo Bringing-Home Ceremony; the Claus Chee Sonny Version of Deerway Ajilee*. Flagstaff. Museum of Northern Arizona Press. 1978.

_____. *Coyoteway, a Navajo Holyway Healing Ceremonial*. Johnny C. Cooke Navajo Interpreter. Tucson & Flagstaff. Univ. of Arizona Press and Museum of Northern Arizona Press, co-publishers. 1979.

_____. *Egyptian Light and Hebrew Fire; Theological and Philosophical Roots of Christendom in Evolutionary Perspective*. Albany. SUNY Press. 1991.

_____. *Dragon over America, Religion from Olmec to Aztec*, a downloadable video-script, 2000. <www.historyofreligions.com/dragon.htm>

_____. *Out of Egypt an Other Son*, a downloadable video-script, 2002. < www.historyofreligions.com/outofe.htm>

Malotki, Ekkehart and Michael Lomatuway'ma. *Stories of Maasaw, a Hopi God*. ATR series vol. 10. Karl W. Luckert general editor. University of Nebraska Press. 1987.

Mann, Charles C. "The Birth of Religion: The World's first Temple," in *National Geographic*, Washington D.C. June, 2011.

Mauss, Marcel. *The Gift*. Transl. by W. D. Halls. New York, London. W.

W. Norton Co. 1990.

Milankovitch, Milutin. "Glacial and Interglacial Scale, NOAA Paleoclimatology," http://www.ncdc.noaagov/paleo.

Mithen, Steven. *After the Ice; a Global Human History 20,000 to 5,000 B.C.*, Cambridge, Mass.: Harvard University Press, 2003.

Morgan, Lewis Henry. *Ancient Society, or Researches in the Line of Human Progress from Savagery, through Barbarism to Civilization.* 1877.

Paproth, Hans –Joachim. *Studien über das Bärenzeremoniell.* München. KIaus Renner Verlag. 1976.

Peeples, Lynne. "Did Lactose Tolerance First Evolve in Central, Rather Than Northern Europe? " in *Scientific American.* August 28, 2009.

Herbert Plutschow. "Archaic Chinese Sacrificial Practices in the Light of Generative Anthropology," *Anthropoetics I,* no. 2, p. 5. University of Los Angeles, CA, 1995.

_____. "Xunzi and the Ancient Chinese Philosophical Debate about Human Nature." *Anthropoetics 8,* no. 1 (Spring / Summer 2002).

_____. "Ancient Human Sacrifice on China's Periphery," in *Anthropoetics 14,* no. 1. 2008.

Pritchard, James B. ed. *Ancient Near Eastern Texts Relating to the Old Testament,* 3rd ed. Princeton, N.J., Princeton University Press, 1969.

Radin, Paul. *Primitive Religion, its Nature and Origin.* New York. Dover Publications. 1957.

Rasmussen, Knud. *Intellectual Culture of the Iglulik Eskimos.* (Report of the Fifth Thule Expedition 1921–1924. Vol. VII, Nr. 1.) Copenhagen, 1929.

Reichholf, Josef H. *Warum die Menschen sesshaft wurden....*Fischer Taschenbuch Verlag. Frankfurt a. M. 2010.

Renfrew, Colin. *Archaeology and Language: The Puzzle of Indo-European Origins.* New York: Cambridge University Press, 1987.

Richey, Jeffrey. "Confucius (551–479 BCE)." Internet Encyclopedia of Philosophy. Http://www.iep.utm.edu/confucius/.

Riegel, Jeffrey. "Confucius," 2006. Http://plato.stanford.edu/entries/confucius.

Rudolph, Ebermut. *Schulderlebnis und Entschuldung im Bereich säkularer Tiertötung Religionsgeschichtliche Untersuchung.* Peter Lang Verlag. Frankfurt a. M. 1972.

Sakellarakis, Yannis and Efi Sapouna –Sakellarakis. *National Geographic Magazine.* Washington D.C. February, 1981.

Sayce, Archibald Henry and Edward Gibbon. *Ancient Empires of the East*, *1.* Philadelphia: J. D. Morris. 1906.

Schärer, Hans. *Ngaju Religion.* The Hague: Martinus Nijhoff, 1963.

————. *Der Totenkult der Ngaju Dajak in Süd –Borneo.* S' Gravenhage: Martinus Nijhoff, 1966.

Schmidt, Klaus. "The 2003 Campaign at Göbekli Tepe (Southeastern Turkey)." *Neo–Lithics 2/03.* Berlin.

————. *Sie bauten die ersten Tempel; das rätselhafte Heiligtum der Steinzeitjäger.* C. H. Beck, München (2006), dtv edition 2008.

————. *Göbekli Tepe—a Stone Age Sanctuary in Southeastern Anatolia.* Exortiente—www. exoriente.org. English edition of the 2008 German volume, expected publication date Dec. 2012.

————. "Göbekli Tepe—the Stone Age Sanctuaries. New results of ongoing excavations with a special focus on sculptures and high reliefs." UDK 903.6 (560.8)"633/634":636.01. *Documenta Praehistorica XXXVII* (2010).

Smith, Jonathan Z. "A Pearl of Great Price and a Cargo of Yams: A Study of Situational Incongruity." *History of Religions 16*, no. 1 (1976): 1– 11.

Spencer, A. J. *Death In Ancient Egypt.* Great Britain: Penguin Books Ltd, 1982.

Turnbull, Colin M. *The Forest People; a Study of the Pygmies of the Congo.* New York. Simon and Schuster. 1961.

Ucko, Peter J. and G. W. Dimbleby. *The Domestication and Exploitation of Plants and Animals.* Aldine Publishing Co.. Chicago, New York. 1969.

Vajda, Edward J. "The Dene Yeniseian Connection," (February 2008 Sympo-
sium) in *Anthropological Papers of the University of Alaska*, edited by
James Kari and Ben Potter. June 2010.

_____. "Ket Shamanism" in *Shaman*, Vol. 18. NOS. 1-2. Spring/Atumn, 2010.

Van Seters, John. *The Hyksos, a New Investigation*. New Haven, Conn.: Yale U-
niversity Press, 1966.

Waley, Arthur, transl. *The Analects of Confucius*. Vintage Book. George Allen &
Unwin. 1938.

Wei, Cuiyi and Karl W. Luckert. *Uighur Stories from Along the Silk Road*. Lan-
ham: University Press of America, 1998.

Wild, E. M. et al. "Neolithic massacres: Local skirmishes or general warfare in
Europe? " *International Radiocarbon Conf.* 18, Wellington, NZ. 2004.

Wilkins, Jayne, Benjamin J. Schoville, Kyle S. Brown, Michael Chazan. "Evi-
dence for Early Hafted Hunting Technology." *Science Magazine*. Vol. 338
no. 6109 pp. 942-946. 16 Nov. 2012.

Wilford, John Noble. "With Escorts to the Afterlife, Pharaohs Proved Their Pow-
er." *New York Times* 16 Mar. 2004.

Wlosok, Antonie. *Römischer Kaiserkult*. Darmstadt: Wissenschaftliche Buchge-
sellschaft, 1978.

部分译者简介

张佐堂，美国马里兰大学（巴尔的摩郡）哲学博士，现任教于美国乔治亚南方大学（Georgia Southern University）外语系，研究方向有语言教学理论、翻译技巧等。

冯春波，南京大学文学博士，现任教于岭南师范学院翻译系，主要研究方向为翻译学、词典学。

贾荣慧，宁夏大学英语语言文学专业硕士，现任职于宁夏回族自治区旅游发展委员会国际市场开发处。